明、清、民國時期珍稀老北京話歷史文獻整理與研究

音韻逢源

主　編　周建設
副主編　冯　蒸　于润琦

首都師範大學出版社
CAPITAL NORMAL UNIVERSITY PRESS

圖書在版編目(CIP)數據

音韻逢源/周建設主編．—北京：首都師範大學出版社，2015.11
(明、清、民國時期珍稀老北京話歷史文獻整理與研究)
ISBN 978-7-5656-2639-5

Ⅰ.①音… Ⅱ.①周… Ⅲ.①北京話—文獻—匯編—中國 Ⅳ.①H172.1

中國版本圖書館CIP數據核字(2015)第282332號

音韻逢源

周建設◎主編

責任編輯：趙自然　封面設計：劉銀霜

首都師範大學出版社出版

(北京西三環北路105號　郵政編碼100048)

(1)68418523(總編室)68982468(發行部)

(2)www.cnupn.com.cn

全國新華書店發行

湘潭市風帆印務有限公司印刷

710mm×1000mm　1/16　印張：25.5

2015年11月第1版

2015年11月第1次印刷

印數1—3000

ISBN 978-7-5656-2639-5

定價：78.00元

出版說明

北京是千年古都，在其歷史發展過程中，融合了多民族的文化習俗，尤其在語言方面，形成了極富特色的京腔、京韻，是北京文化中不可或缺的部分。隨着時代發展，人口流動頻繁，語言交互影響，老北京話中的精粹如京味兒小説、民謡童謡、方音字彙等，日漸淡出，已趨消亡之勢。

爲了更好地挖掘、保護和研究老北京話這一珍貴非物質文化遺産，首都師範大學北京話研究中心啓動了『明、清、民國時期珍稀老北京話歷史文獻整理與研究』項目。本項目是國家社科基金重點項目（編號： 10AYY005）『三百年來北京話的歷史演變和現狀研究』、北京市社科重點項目（編號： 12WYA002）『北京話的歷史與現狀研究』的學術成果，受到多方關注，同時得到了國家出版基金資助，及北京市教委科研基地建設項目、首都師範大學文化研究院的支持。該項目以對明、清、民國時期珍稀老北京話歷史文獻的整理與研究爲主要目的，并將之集結成册。本套叢書的編輯出版以『調查、整理、傳承、研究』爲基本方針，分小説、音韻、歌謡三大部分。編纂工作繁難復雜，兹將有關事宜略述如次：

一、小説部分。以明、清、民國時期京味兒小説爲主，涵蓋損公、徐劍膽、冷佛、文康等人的代表作品，主要介紹當時北京社會生活狀態、風俗文化、人情世故，同時保留了當時的北京話，反映了北京話的歷史變化。

二、音韻部分。包括記録明、清、民國時期北京語音的《音韻逢源》《京音字彙》和《南北方音》等韻書、字典。

三、歌謡部分。包括《一歲货聲》《孺子歌圖》和《北京歌謡》等歌謡、吆喝。

四、每種圖書均由今人撰寫導讀一篇，主要簡述原作者生平、成書過程，該書思想内容、語言特色、學術價值、版本源流等，采用繁體竪排形式，置於該圖書之前，一并出版。爲方便閱讀，導讀中所引原書部分均進行標點。

五、本套書全部據原書影印出版。有些資料因年代久遠，珍貴難尋，或有個别頁碼缺失、字迹脱落現象，實難求全，謹以歷史文獻原貌呈現。

六、在部分圖書中，後来學者直接在書上作了校勘或標注，影印出版時亦予保留，以存原貌。

七、爲方便閲讀，保留了原書的扉頁、版權頁等。又每册之首均新編了目録，以便檢閲。

八、因當時印刷技術所限或人爲抄寫等原因，原書中會出現錯、脱、衍、乙字等情況，請注意辨别。

《明、清、民國時期珍稀老北京話歷史文獻整理與研究》文獻卷帙浩繁，時間倉促，難免出現缺失疏漏，誠望社會各界批評指正。

二〇一五年十一月

編　者

目録

《音韻逢源》評介

馮　蒸

清人裕恩（字容齋）撰，刊於道光庚子年（一八四〇）。書前有禧恩的序，序中稱裕恩爲『五弟』，並叙述裕恩撰書的兩個主旨：一、『五方之音，清濁高下各有不同，當以京師爲正』，所以不列入聲。可見此語反映的是北京音，而北京音入聲已消失。但從禧恩的提問中也可知道，當時北京以外的許多地方是仍存入聲的。二、『此譜只爲傳聲射字之用，固音韻之遊戲耳，故多收俗字而略僻字。』

書分四部：乾、坎、艮、震，實即合、開、齊、撮四呼。有十二攝，每攝分四呼：

子	光	剛	江	（居汪切）
醜	官	干	堅	涓
寅	公	庚	京	扃
卯	昆	根	金	君
辰	（姑鏖切）	高	交	（居鏖切）
巳	乖	該	皆	（居挨切）
午	（姑歐切）	鈎	鳩	（居歐切）
未	規	（哥厄伊切）	（基衣伊切）	（居威切）

申	鍋	歌	（基嬰切）	（居哟切）
酉	（姑曰切）	（歌噎切）	皆	（居曰切）
戌	姑	（歌詩切）	基	居
亥	瓜	噶	嘉	（居窪切）

四聲用巽、離、坤、兑代表上平（陰平）、上聲、去聲、下平（陽平）。

聲母有二十一，皆用星宿名角、亢、氐、房等代表。有相當於疑、微兩母的聲母，而没有舌面音聲母。

正文爲韻圖，十二韻各統四呼，如『子部一』有乾一、坎二、艮三、震四四個圖。每圖横列角一、亢二、氐三等二十一聲母，下注滿文。縱分巽一、離二、坤三、兑四十四欄。縱横相交的格子裏列常用的同音字，無字者注反切。原入聲字與四聲混列。

從列字看，『張掌章長漲張丈障昌商傷上』、『占展戰善』、『正撑逞秤成生』等字不再列入齊齒呼，而在開口呼。『狂誑獷』等字不在撮口而入合口呼。『戈科顆課多朵懦那玻撥鉢頗鄱莫抹』等字在合口鍋韻。在開口歌韻者全是見組字。『翁』以及『風豐峰封鳳奉』等皆在公韻。『德碑北丕媚倍』等在未部開口。耳二兒等字亦在未部開口，而聲母爲［ng］，可能實際上念［ər］。『皆階街界介解』等字在酉部，顯已讀爲［ie］。『諸初助書鼠舒輸暑殊』等字已從撮口轉爲合口。照組字已不與［i］相拼，『池持馳時食十士世施詩師是』等字列入開口。

這本韻圖因爲是『爲傳聲射字之用』，故必合於實際語音，反映了當時北京語音的實際情況，是很重要的一本書。

由於該書是用滿文標音，今根據國際滿語學界通常使用的穆麟德的拉丁字母轉寫法，把該書的全部音節轉寫如下，以供研究該書音係者參考。

一、子部一

1　18　陰10 上1 去7

滿文標音［gong guwang］（1）角一

guang：①陰平　光

眖桄洸珖侊挄硄姯茪

②上聲　廣

③去聲　桄

誑絖迋獷逛偟

2　16　陰10 上2 去4

滿文標音［gong guang］（2）亢二

kuang：①陰平　筐

劻恇軭眶匡誆框洭閏

②上聲　懭

懬

③去聲　曠

纊壙眶

滿文標音［ong］氐三

滿文標音［dong］房四

滿文標音［tong］心五

3　3　陽3

滿文標音［nong］（3）尾六

nuang：①陽平　噥

譨儂
滿文標音［bong］箕七
滿文標音［pong］鬥八
滿文標音［mong］牛九
滿文標音［dzong］女十
滿文標音［ts」ong］虚十一
4　15　陰8 上1 去6
滿文標音［song］危十二
滿文標音［jong juwang］（4）室十三

zhuang：①陰平 莊
妝粧裝樁荘䮩䳬
②上聲 奘
③去聲 壯
狀撞戇憃覲
5　20　陰6 陽5 上7 去2
滿文標音［cong cuwang］（5）壁十四

chuang：①陰平 牕
窻窗瘡創摐
②上聲 磢
剙搶𡡹傖搶閶
③去聲 創
刱
④陽平 牀
床幢淙噇
6　17　陰13 上4
滿文標音［ṣong ṣuwang］（6）奎十五

shuang：①陰平 霜
雙孀鸘驦鷞驌慡籰騻艭
𩨃欆
②上聲 爽
塽樉漺
7　47　陰6 陽23 上12 去6

滿文標音［hong hūwang］（7）婁十六

huang：①陰平 荒

慌肓衁巟㠵

②上聲 晃

晃榥謊恍怳兤爌曂肮㨪㿠

③去聲 滉

況況貺軦纊

④陽平 黃

皇凰潢篁璜簧蝗隍鰉遑徨惶

餭煌喤湟偟艎蟥鐄騜鍠

8 12 陰3 陽2 上5 去2

滿文標音［ong］（8）胃十七

wang：①陰平 汪

尪泓

②上聲 枉

往枉瀇迬

③去聲 旺

王

④陽平 王

蚟

滿文標音［wang］昴十八

滿文標音［fong］畢十九

滿文標音［long luwang］觜二十

滿文標音［z̨ongz̨uwang］参廿一

9 21 陰16 上2 去3

滿文標音［gang g」ang］（1）角一

gang：①陰平 剛

釭綱鋼岡崗缸䌺扛掆肛堈杠

罡矼棡

②上聲 甿

航

③去聲 掆

烱槓

10　18　陰8 陽2 上3 去5

滿文標音［kang k'ang］（2）亢二

kang：①陰平 康

糠慷㝩躿砊軚漮

②上聲 慷

忼骯

③去聲 亢

抗炕伉閌

④陽平 扛

抗

11　5　陽5

滿文標音［ang］（3）氐三

ang：①陽平 昂

卬枊䭹棉

12　27　陰8 上7 去12

滿文標音［dang］（4）房四

dang：①陰平 當

噹簹襠鐺蟷蟷艡

②上聲 黨

攩讜譡黨欓䣊

③去聲 檔

當宕碭蕩盪擋菪蕩崵瑒逿

13　36　陰5 陽20 上9 去2

滿文標音［tang］（5）心五

tang：①陰平 湯

鏜趟鼞湯

②上聲 帑

倘曭淌儻矘灙曭

③去聲 燙

蕩

④陽平 唐

堂棠螳鎕糖塘搪摚螗煻膛餳禟

瑭漟螗鎕傏糛

14　10　陰2 陽1 上4 去3

滿文標音［nang］（6）尾六

nang：①陰平 囊

䰱

②上聲 曩

攮擃㶞

③去聲 儾

饢儾

④陽平 囊

15　18　陰7 陽6 上5

滿文標音［bang］（7）箕七

bang：①陰平 邦

梆幫幚挷搒幇

②上聲 榜

牓䧛髈綁

③去聲 謗

傍棒蒡蚌玤

16　24　陰9 陽10 上4 去1

滿文標音［pang］（8）門八

pang：①陰平 滂

磅雱胮胖䨦膖鰟鎊

②上聲 搒

塝覫髈

③去聲 胖

④陽平 傍

旁螃膀龐彷蒡逄房䨦

17　21　陽15 上6

滿文標音［mang］（9）牛九

mang：①上聲 蟒

莽漭蟒蟒㟐

②陽平 苽
怭牤茫薆矼駹汒邙宊龙厖哤
娏犛

18 9 陰4 上1 去4
滿文標音［dzang］（10）女十
zang：①陰平 臧
贓牂牂
②上聲 駔
③去聲 臟
藏臟葬

19 6 陰4 上1 陽1
滿文標音［ts」ang］（11）虛十一
cang：①陰平 倉
蒼滄鶬
②上聲 蒼
③陽平 藏

20 8 陰2 上5 去1
滿文標音［sang］（12）危十二
sang：①陰平 桑
喪
②上聲 顙
磉嗓搡鎟
③去聲 喪

21 32 陰16 上4 去12
滿文標音［jang］（13）室十三
zhang：①陰平 張
章彰璋樟麞漳粻傽嫜慞障獐
鄣暲蟑
②上聲 掌
長仉鞝
③去聲 帳
漲脹障嶂瘴張丈杖仗長痮

22　31　陰8 上7 去6 陽10

滿文標音［cang］（14）壁十四

chang：　①陰平 昌

娼菖猖閶蟗倀鯧

②上聲 敞

廠氅昶鋹惝僘

③去聲 暢

鬯唱倡悵韔

④陽平 長

常嘗場腸嫦萇償鱨瑺

23　15　陰6 陽3 上4 去3

滿文標音［sang］（15）奎十五

shang：　①陰平 商

傷觴殤湯湯

②上聲 賞

上晌扃

③去聲 尚

上

④陽平 裳

尚徜

24　12　陰1 陽7 上2 去2

滿文標音［hang h」ang］　（16）婁十六

hang：　①陰平 夯

②上聲 沆

頏

③去聲 桁

行

④陽平 航

杭行頏吭笐迒

25　8　陰2 上6

滿文標音［ang］（17）胃十七

yang：①陰平 鉠

咉

②上聲 姎

盎坱泱峡鴦

26　21　陰8 陽4 上8 去1

滿文標音［fang］（18）昴十八

fang：①陰平 方

芳妨坊肪枋祊邡

②上聲 倣

紡仿彷髣昉訪舫

③去聲 放

④陽平 房

防魴汸

27　18　陽6 上8 去4

滿文標音［wang］（19）畢十九

wang：①上聲 網

罔輞惘魍誷蝄菵

②去聲 望

朢妄忘

③陽平 忘

望芒亡茫鋩

28　27　陽21 上4 去2

滿文標音［lang］（20）觜二十

lang：①上聲 朗

閬烺筤

②去聲 浪

埌

③陽平 郎

廊榔螂瑯狼琅浪鋃稂桹筤蓈躴

筤硠艆哴蜋莨駺

29　21　陰2 陽12 上4 去3

滿文標音［z̨ang］（21）参廿一

rang：①陰平 鬤

䑋

②上聲 壤

嚷攘爙

③去聲 讓

儴懹

④陽平 瓤

禳穰攘瀼鄾勷儴𡔬蘘篣纕懹

三、子部一

30　27　陰13 上7 去7

滿文標音［giyang］（1）角一

jiang：①陰平 江

豇茳畺螿疆僵薑韁僵礓橿

②上聲 講

港顜𧝑鏹膙繈

③去聲 絳

降洚糨弶彊虹

31　12　陰5 陽3 上3 去1

滿文標音［kiyang］（2）亢二

qiang：①陰平 腔

羌蜣椌啌

②上聲 勥

彊强

③去聲 唴

④陽平 强

彊漒

32　1　上1

滿文標音［yang］（3）氐三

yang：①上聲 仰

33　3　陽2 去1

滿文標音［diyang］房四

滿文標音［tiyang］心五

滿文標音［niyang］（4）尾六

niang：①去聲 釀

②陽平 娘

孃

34 10 陰4 上3 去3

滿文標音［biyang］箕七

滿文標音［piyang］鬥八

滿文標音［miyang］牛九

滿文標音［jiyang］（5）女十

jiang：①陰平 將

漿螿醬

②上聲 獎

蔣槳

③去聲 醬

將匠

35 17 陰8 陽6 上1 去2

滿文標音［ciyang］（6）虛十一

qiang：①陰平 槍

鎗瑲搶鏘蹡蔣斨

②上聲 搶

③去聲 戧

嗆

④陽平 墻

薔蘠檣嬙戕

36 23 陰12 陽4 上2 去5

滿文標音［siyang］（7）危十二

xiang：①陰平 襄

鑲纕瓖驤欀相廂箱葙緗湘

②上聲 想

鯗

③去聲 象

相像橡蟓

④陽平 祥

詳庠翔

37 22 陰4 陽4 上8 去6

滿文標音［jyyang］室十三

滿文標音［c」yyang］壁十四

滿文標音［ṣiyang］奎十五

滿文標音［hiyang］（8）婁十六

xiang：①陰平 香

鄉薌膷

②上聲 享

響嚮向饗鄉蠁餉

③去聲 向

巷項衖向坰

④陽平 降

栙跭䂫

38 36 陰6 陽16 上6 去8

滿文標音［yang］（9）胃十七

yang：①陰平 央

鴦秧泱殃佒

②上聲 養

癢懩瀁鞅柍

③去聲 漾

樣恙養揚煬羕怏

④陽平 陽

揚楊洋羊暘佯徉鍚暘瘍癢烊瑒

敭蛘

39 28 陽14 上6 去8

滿文標音［fiyang］昴十八

滿文標音［wei yang］畢十九

滿文標音［liyang］（10）觜二十

liang：①上聲 兩

緉裲魎蜽掚

③去聲　亮
量諒輛飀晾喨倆
④陽平　良
涼量糧樑涼踉飀俍粱綡輬醇糧
滿文標音［z̨iyang］參廿一
子部一
滿文標音［giowang］角一
四、醜部二
40　38　陰13　上8　去17
滿文標音［gon guwan］（1）角一
guan˙˙：①陰平　官
闗冠觀莞綸鰥擐瘝倌棺倌涫
②上聲　管
館琯筦輨脘錧痯
③去聲　貫
灌盥冠觀罐鸛祼瓘慣丱攢串樌

爟毌雚
41　4　陰2　上2
滿文標音［kon kuwan］（2）亢二
kuan˙˙：①陰平　寬
髖
②上聲　款
窾
42　11　陽6　上2　去3
滿文標音［on］（3）氐三
wan˙˙：①上聲　輐
魭
②去聲　玩
翫忨
③陽平　頑
岏蚖刓□園
43　12　陰3　上1　去8

滿文標音［don duwan］（4）房四

duan˙˙ ①陰平 端

耑鍴

②上聲 短

③去聲 段

斷鍛椴煅緞碫煅

44　12　陰3 陽6 上2 去1

滿文標音［ton tuwan］（5）心五

tuan˙˙ ①陰平 湍

貒煓

②上聲 疃

畽

③去聲 彖

④陽平 團

摶漙慱鷻糰

45　4　上4

滿文標音［non］（6）尾六

nuan˙˙ ①上聲 暖

煖偄渜

46　17　陰2 上8 去7

滿文標音［bon］（7）箕七

buan˙˙ ①陰平 般

搬

②上聲 鉡

板版坂阪鈑昄粄

③去聲 半

絆伴拌姅柈靽

47　26　陰4 陽14 去8

滿文標音［pon］（8）門八

puan˙˙ ①陰平 潘

拌拚番

②去聲 判

泮洋叛拚畔泮頖

③陽平 盤

蟠槃柈磐磻鬆蹩胖弁瘢鞶鞶瀊

48 32 陽17 上4 去11

滿文標音［mon］（9）牛九

muan‥ ①上聲 滿

懣鏋鏋

②去聲 慢

幔墁縵謾漫嫚僈曼鄤幕

③陽平 漫

鏝鬘瞞曼僈蹣謾鬗澷饅鄤輓

蔓鰻蹣摱

49 8 陰1 上5 去2

滿文標音［dzon］（10）女十

zuan‥ ①陰平 鑽

②上聲 纂

纘纘攢鏄

③去聲 鑽

攥

50 11 陰2 陽3 去6

滿文標音［ts」on］（11）虛十一

cuan‥ ①陰平 攛

爨

②去聲 竄

爨攛鑹躥篡

③陽平 攢

巑欑

51 7 陰3 去4

滿文標音［son suwan］（12）危十二

suan‥ ①陰平 酸

狻痠

②去聲 算

算蒜筭

52　20　陰8上2去10

滿文標音［jon juwan］（13）室十三

zhuan：①陰平　專

磚甎鱄剸塼顓鄟

②上聲　轉

囀

③去聲　篆

轉傳撰僎譔賺瑑臊

53　14　陰2上7去5

滿文標音［con cuwan］（14）壁十四

chuan：①陰平　穿

川

②上聲　喘

舛荈蝡腞歂踹

③去聲　傳

船椽遄篅

54　8　陰4上1去3

滿文標音［ʂūn ʂuwan］（15）奎十五

shuan：①陰平　拴

欂閂栓

②上聲　腨

③去聲　孿

涮鸞

55　47　陰6陽16上6去19

滿文標音［hon］（16）婁十六

huan：①陰平　歡

歡歡獾歡貆

②上聲　緩

浣澣莞皖睅

③去聲　幻

喚煥渙奐換瑍宦豢患逭擐轘槵

澴瘓繯豲 㯬

④陽平 桓

還環鬟寰鐶鍰闤澴䴉䝠圜 絙䴉

峘絙

56 21 陰6 陽8 上5 去2

滿文標音［on］（17）胃十七

wan‥ ①陰平 彎

灣剜蜿豌帵

②上聲 椀

盌綰琬晼

③去聲 腕

惋

④陽平 丸

完紈汍洹芄萑梡

57 29 陰8 陽16 上3 去2

滿文標音［fon］（18）昴十八

fan‥ ①陰平 翻

旛幡繙番飜繙反

②上聲 返

反飯

③去聲 販

飯

④陽平 煩

繁樊蘩礬 璠蹯燔膰墦蕃袢笲藩

蹯蘋

58 10 上5 去5

滿文標音［wan uwan］（19）畢十九

wan‥ ①上聲 晚

挽輓娩

②去聲 萬

萬蔓曼脕卍

59 9 陽7 上1 去1

滿文標音［lon luwan］（20）觜二十

luan‥ ①上聲 卵

②去聲 亂

③陽平 鸞

鑾巒灤欒圝攣

60 6 上6

滿文標音［z̨on z̨uwan］（21）參廿一

ruan‥ ①上聲 軟

輭愞蝡稬蠕

五、醜部二

61 39 陰14 上15 去10

滿文標音［gan g」an］（1）角一

gan‥ ①陰平 干

竿玕干杆肝甘柑泔疳弇忓虷飦

②上聲 感

敢橄笴簳稈乾榦旰擀趕趕皯捍鱤

③去聲 乾

榦旰紺灨淦贛骭矸竿

62 21 陰8 上9 去4

滿文標音［kan k」an］（2）亢二

kan‥ ①陰平 堪

看龕刊戡嵁坩栞

②上聲 坎

欿侃砍壈轗輡衎埳

③去聲 看

勘闞瞰

63 3 去3

滿文標音［an］（3）氐三

an‥ ①去聲 岸

喭豻

64 48 陰14 上14 去20

滿文標音［dan］（4）房四

dan：①陰平 丹
單殫簞癉珊禪耽眈酖擔儋甔鄲
②上聲 膽
萏髧擔亶鷤禫疸紞窞堪賵嬗黮
③去聲 旦
但淡蛋蜑彈擔淡誕鴠憚憺啗噉
啖僤狚澹霮儋
65 50 陰7 陽29 上8 去6
滿文標音［tan］（5）心五
tan：①陰平 灘
攤貪探癱坍嘽
②上聲 坦
袒毯菼倓噴忐膻
③去聲 探
炭歎嘆甜撢
④陽平 壇
檀彈撣覃潭曇墰鐔談郯痰淡錟
惔燂鐔錟聃譚醰罎橝鄿嘾簟趯
罈壇
66 14 陽8 上5 去1
滿文標音［nan］（6）尾六
nan：①上聲 赧
戁蝻萳湳
③去聲 難
④陽平 南
男楠枏諵喃難
67 11 陰7 去4
滿文標音［ban］（7）箕七
ban：①陰平 班
斑頒扳媥盤鳻
②去聲 扮
辦辯瓣

68　4　陰2 去2

滿文標音［pan］（8）門八

pan∙∙　①陰平 攀

販

②去聲 盼

襻

69　3　陰3

滿文標音［man］（9）牛九

man∙∙　①陰平 顢

鞅 鞅

70　24　陰5 陽1 上7 去11

滿文標音［dzan］（10）女十

zan∙∙　①陰平 簪

鐟 臢 簪 臢

②上聲 昝

寁 儹 歜 揝 桚 撍

③去聲 贊

賛 酇 瓚 㜺 鏨 暫 濽 賤 讚 趲

④陽平 咱

71　19　陰6 陽6 上3 去4

滿文標音［ts」an］（11）虛十一

can∙∙　①陰平 餐

驂 湌 飡 參 趁

②上聲 慘

黲 憯

③去聲 粲

璨 燦 燦

④陽平 蠶

慚 慙 殘 殘 戔

72　14　陰6 上6 去2

滿文標音［san］（12）危十二

san∙∙　①陰平 三

毿鬖叄跚鹹

②上聲 傘

繖散𢿫饊糝

③去聲 散

三

73 44 陰19 上13 去12

滿文標音［jan］（13）室十三

zhan: ①陰平 占

沾瞻栴旃氈譫沾詹詀邅鸇讝饘

薝鱣𥻿旜嶦

②上聲 展

輾搌盞琖醆斬颭孱僝棧襢皽

③去聲 戰

顫占站蘸纏棧綻湛䁪虥輚

74 51 陰7 陽24 上16 去4

滿文標音［can］（14）壁十四

chan: ①陰平 攙

欃襜幨梴覘占

②上聲 産

鏟剷麣蒇闡鏟丳滻譂燀諂讇驏

嶄䊲

③去聲 懺

讖韂羼

④陽平 纏

蟬蟾禪嬋潺孱躔廛瀍鄽單澶讒

毚瀺酁儳饞巉鑱劖嘽儃

75 56 陰17 上10 去29

滿文標音［ʂan］（15）奎十五

shan: ①陰平 山

刪姍珊羶潸埏苫沾衫杉芟穇搧

烻狦羴

②上聲 陝

閃睒摂潤剡夾淰燗覢

③去聲 善

膳扇煽繕擅單鱓墡磰墠鄯樿鐥

苫贍釤蟺蟮掞訕疝橺騸剼謆汕

鱔樿

76　51　陰7 陽12 上10 去22

滿文標音［han］（16）婁十六

han:: ①陰平 憨

鼾頇汗酣蚶谽

②上聲 罕

喊頷闞蔨莟顄焊旱蔊

③去聲 漢

翰旱汗悍瀚扞捍銲犴閈憾釬鶾

駻垾暵熯澣鶾駻菡

④陽平 寒

韓函涵含圅邯邗翰嵅哈噃

77　27　陰15 上3 去9

滿文標音［an］（17）胃十七

an:: ①陰平 安

鞍峯菴鵪萻鶴唵諳馣暗弇腤盦諳

②上聲 俺

揞晻

③去聲 案

按暗晻諳鞥黯黷匼

78　10　陽3 去7

滿文標音［fan］（18）昴十八

fan:: ①去聲 梵

泛汎氾範範犯

②陽平 凡

帆颿

79　36　陽20 上12 去4

滿文標音［wan］畢十九

滿文標音［lan］（19）呰二十

lan∶ ①上聲 覽

攬嬾嬾欖擥壈漤嬾㜮灠爁

②去聲 爛

濫纜糷

③陽平 蘭

瀾闌欄藍籃嵐讕 襴㘓襤籃 婪惏

斕攔㘓㠠譋䰐

80　12　陽6 上6

滿文標音［ʐan］（20）參廿一

ran∶ ①上聲 染

冉苒柟姌橪

②陽平 然

燃髯蚦肰䕼

六、醜部二

81　69　陰26 上21 去22

滿文標音［giyan］（1）角一

jian∶ ①陰平 堅

肩兼間縑蒹緘菅鶼菅姦艱鞬犍

鶼豜鰜㦰䵡枅幵㯺㷿鈃

②上聲 簡

檢儉減鰜繭蹇揀瞼柬撿鐗梘梘

謇繭筧趼鐗 僆䤔

③去聲 見

鑑鑒監劍建健鍵腱楗諫澗礀閒

鐧兼件鞬踺瀽瞯繝

82　45　陰17 陽10 上5 去13

滿文標音［kiyan］（2）亢二

qian∶ ①陰平 牽

謙愆愆騫搴褰慳鵮汧縴岍掔嵌傿

搴攑㨜

②上聲 遣

繾膁鐮槭
③去聲 欠
歉芡嵌俔譴牽橏纖遣傔隒撁
④陽平 干
虔箝黔鈐鉗伶拑棧揵
83 31 陽 12 上 5 去 14
滿文標音［yan］（3）氏三
yan：①上聲 眼
噞廣儼巘
②去聲 鴈
雁贗彥諺硯研驗釅讞唁甗巘嵃
③陽平 言
妍研顏嚴巖廠嵒碞岩壧孍
84 39 陰 11 上 6 去 22
滿文標音［diyan］（4）房四
dian：①陰平 顛
巔癲滇战掂蹎驒趙傎巔
②上聲 典
點琠敟殄蜒
③去聲 殿
電甸佃鈿靛澱淀奠磹念墊店坫
玷簟居墳巷瘨掟瑱
85 26 陰 3 陽 11 上 8 去 4
滿文標音［tiyan］（5）心五
tian：①陰平 天去
②上聲 忝
靦腆舔悿淟西腆
③去聲 栝
掭舔磄
④陽平 田
畋填闐磌鈿沺甜恬菾磾
86 22 陰 1 陽 9 上 8 去 4

滿文標音［niyan］（6）尾六

nian˙˙①陰平 蔫

②上聲 撚

蹨跈碾輦棍趁蹍

③去聲 念

埝艌簽

④陽平 年

黏粘秥黐拈鮎鲇秊

87 36 陰 10 上 11 去 15

滿文標音［biyan］（7）箕七

bian˙˙①陰平 邊

籩編鞭蝙鳊鯾砭箯鍽

②上聲 扁

匾穆藊萹惼褊鶣貶艑碥

③去聲 便

偏遍卞弁抃忭變汴窆砭辯辨

辮昪

88 23 陰 8 陽 9 上 1 去 5

滿文標音［piyan］（8）門八

pian˙˙①陰平 篇

偏翩牖媥蹁扁猵

②上聲 覑

③去聲 片

騙鶣副辮

④陽平 駢

軿胼便箯平諞跰骿

89 23 陽 4 上 15 去 4

滿文標音［miyan］（9）牛九

mian˙˙①上聲 勉

免緬黽冕挽愐勔沔澠葂湎眄

偭丏

③去聲 面

麵瞑面

④陽平 綿

棉眠櫋

90 38 陰13 上8 去17

滿文標音［jiyan］（10）女十

jian··

①陰平 箋

煎戔籛湔蘮殲漸尖熸戩櫼帴

②上聲 翦

剪戩揃鬋譾俴帴

③去聲 箭

濺薦賤荐薦洊栫僭瑏餞濽踐煎

熌漸牮

91 24 陰15 陽4 上1 去4

滿文標音［ciyan］（11）虛十一

qian··

①陰平 千

仟阡芊遷韆簽㦸 僉簽鄱 杆釗

硛欆

②上聲 淺

③去聲 倩

茜塹茜

④陽平 前

媊錢潛

92 44 陰22 陽4 上12 去6

滿文標音［siyan］（12）危十二

xian··

①陰平 先

仙僊鮮躚銛纖暹秈憸摻縿孅襳

蘚鱻蹮毨苮靄珗嬐

②上聲 獮

蘚跣毨癬燹鮮銑洗筅尠廯

③去聲 線

霰羨先礆綫

④陽平 涎

□㶭㷊

93　63　陰7 陽24 上16 去16

滿文標音［jyyan］室十三

滿文標音［c」yyan］壁十四

滿文標音［ʂiyan］奎十五

滿文標音［hiyan］（13）婁十六

xian：①陰平 掀

軒騫嘕祆杴蓒

②上聲 顯

險嶮獫峴韅睍蜆獫僩譧㯠㬎灦

檻撊

③去聲 獻

憲現莧見陷縣限𢡀餡晛檻艦轞

甗䤹

④陽平 賢

弦絃蚿誸痃舷閑閒憪嫺瞯覵鷳　滿文標音［fiyan］昴十八

瘄嫌咸諴鹹㰹銜函椷䶢

94　90　陰22 陽18 上24 去26

滿文標音［yan］（14）胃十七

yan：①陰平 焉

煙燕咽胭淹崦醃猒懨腌烟歅鄢

䛳閼嫣禋殷涳湮湮

②上聲 掩

演衍偃奄揜閹崦縯罨郾兗弇晻

魘黶厭弇琰剡掩扊沇棪

③去聲 宴

燕曣咽讌堰豔掞淹猒饜晏鷃鰋

鄢醼灩驠蝘嬿鷰焱鴳讌

④陽平 延

筵焉蜒漹埏綖郔炎鹽閻櫩簷閆

鋋櫚熌娫

滿文標音［wei yan］畢十九

95　39　陽27 上3 去9

滿文標音［liyan］（15）背二十

lian：①上聲 臉

璉鄰

②去聲 煉

楝練鍊斂殮瀲歛蹥

④陽平 連

聯蓮漣鏈憐廉簾鐮簾鬑匳蔹蠊

奩鎌褳臁溓鏈謰嫌槤慊縺瀭

滿文標音［ziyan］參廿一

七、醜部二

96　32・陰8 上12 去12

滿文標音［giowan］（1）角一

juan：①陰平 涓

蠲鵑娟捐蜎狷睊

②上聲 卷

卷錈菤菤帣桊畎汱甽餋

③去聲 眷

絹倦羂卷狷悁圈罥弮鄄勬

97　21　陰3 陽13 上3 去2

滿文標音［kiowan］（2）亢二

quan：①陰平 圈

棬弮

②上聲 犬

綣蠸

③去聲 勸

券

④陽平 權

拳顴鬈踡卷蜷婘惓棬踡巏蠸

98　20　陽16 上2 去2

滿文標音［yuwan］（3）氐三

yuan‥ ①上聲 阮
　朊
　②去聲 願
　顧
　③陽平 元
　原源沅嫄騵䝠芫杬邧榞黿㟍謜
　㥳蒝
滿文標音［dio wan］房四
滿文標音［tio wan］心五
滿文標音［nio wan］尾六
滿文標音［bio wan］箕七
滿文標音［pio wan］鬥八
滿文標音［mio wan］牛九
99　4　陰2 上2
滿文標音［jiowan］（4）女十
juan‥ ①陰平 鐫
　朘
　②上聲 雋
　吮
100　20　陰15 陽5
滿文標音［ciowan］（5）虛十一
quan‥ ①陰平 銓
　詮痊佺筌荃輇悛竣跧縓絟恮
　烇姾
　②陽平 全
　泉牷瑔蠭
101　15　陰3 陽6 上1 去5
滿文標音［siowan］（6）危十二
xuan‥ ①陰平 宣
　瑄揎
　②上聲 選
　③去聲 鏇

選旋颴淀

④陽平 旋

漩璿璇暶𣉖

滿文標音［jyyan］室十三

滿文標音［c’yyon］壁十四

滿文標音［ṣiyon］奎十五

102 40 陰20 陽6 上7 去7

滿文標音［hiyon］（7）婁十六

xuan∶ ①陰平 喧

諠諼萱暄咺烜儇嬛翾懁蠉譞獧

鋗駽暖媗萲睻

②上聲 鉉

泫愃咺藖烜晅

③去聲 楦

楥絢衒炫眴袨

④陽平 懸

縣□昡玹伭

103 51 陰12 陽24 上9 去6

滿文標音［yon iowan］（8）胃十七

yuan∶ ①陰平 淵

鼘悁鸞鵷寃怨宛眢囦潫帤

②上聲 遠

婉宛踠琬畹菀蜿腕

③去聲 院

掾瑗怨苑遠

④陽平 員

圓緣園鳶垣轅猿袁圜湲隕篔援

爰櫞猨媛蒝沿蝝鉛鈆瑗

滿文標音［fiyon］昴十八

滿文標音［wei yon］畢十九

104 8 陽3 上2 去3

滿文標音［lio wan（a 還是 o）］（9）

觜二十

lvan：①上聲 臠

孌

②去聲 戀

□纞

③陽平 攣

□鸞

105　4　陽4

滿文標音［z̧iyon］（10）參廿一

rvan：①陽平 㬉

撋擩擩

八、寅部三

106　33　陰16 上9 去8

滿文標音［gūng gung］（1）角一

gong：①陰平 公

工功紅攻蚣弓躬宮共恭供龔

觥肱玒

②上聲 礦

礦懭橫拱鞏珙栱拲

③去聲 貢

澒供共槓塨羾贛

107　12　陰6 上2 去4

滿文標音［kūng kung］（2）亢二

kong：①陰平 空

悾倥箜崆涳

②上聲 孔

恐

③去聲 控

鞚空倥

滿文標音［ung］氐三

108　18　陰2 上7 去9

滿文標音［dung］（3）房四

dong：①陰平 東
冬
②上聲 董
懂蕫硛懵挏蓳
③去聲 棟
涷湅蝀洞動湩峒戙
109 40 陰5 陽27 上5 去3
滿文標音［tung］（4）心五
tong：①陰平 通
侗恫痌烔
②上聲 統
桶捅筩侗
③去聲 痛
慟同
④陽平 同
仝童僮銅桐瞳曈朣筒絧橦穜氃
峒潼酮舸詷佟彤冬茼鷴獞鮦筩
110 4 陽3 去1
滿文標音［mung］（5）尾六
nong：①去聲 齈
②陽平 農
儂膿
111 3 上3
滿文標音［bong］（6）箕七
bong：①上聲 琫
玤唪
112 12 陽10 上2
滿文標音［pung］（7）鬥八
pong：①上聲 埲
熢
②陽平 蓬
篷芃鬔荃逢塳漨

113　26　陰 1 陽 22 上 1 去 2

滿文標音［mung］（8）牛九

mong：①陰平 濛

②上聲 蠓

③去聲 夢

鋍

④陽平 蒙

幪蒙朦曚艨蒙儚蠓礞醿騄鬘

擝懵雺夢鄸懵懜氋鸏

114　36　陰 22 上 5 去 9

滿文標音［dzung］（9）女十

zong：①陰平 宗

蹤緃椶棕騣摐豵鬉鬷葼鬃倧鯼

堫摐糉稯鯮緵朡惾

②上聲 總

縱憁鬉穗

③去聲 粽

糉傯縱從綜瘲猔倧

115　24　陰 10 陽 14

滿文標音［ts」ung］（10）虛十丨

cong：①陰平 聰

怱蔥鏦蓯璁瑽驄從樅

②陽平 叢

藂藂潨從從潀悰賨琮淙誴倧篵

116　24　陰 9 上 9 去 6

滿文標音［sung］（11）危十丨丨

song：①陰平 鬆

嵩崧鬆菘松淞娀駥鬆

②上聲 悚

竦聳慫擻嵷捘艭駷

③去聲 送

宋頌誦訟凇

117　26　陰12 上6 去8

滿文標音［jung］（12）室十三

zhong：①陰平 中

忠鍾鐘終螽衷菸蹤橦忪妐

②上聲 冢

腫踵種塚瘇

③去聲 仲

中衆重種妕苀筗

118　28　陰17 陽7 上1 去3

滿文標音［cung］（13）壁十四

chong：①陰平 充

冲沖忡冲艟翀浺艟憧傭珫茺

種蟲蹖罿

②上聲 寵

③去聲 銃

揰蟗

④陽平 崇

重蟲漴鱅慵緟

119　3　陰3

滿文標音［ʂong］（14）奎十五

chong：①陰平 舂

摏惷

120　44　陰11 陽27 上2 去4

滿文標音［hung］（15）婁十六

hong：①陰平 烘

轟吽訇渹薨鍧薨轟輷叿

②上聲 嗊

哄

③去聲 哄

吽澒汞

④陽平 洪

紅鴻虹洚葒篊訌弘恒軦紭翃鍙

閎弦宏紘鉉硡玒贑銾鉷竑硡鐄

121 13 陰7 上2 去4

滿文標音［ung］（16）胃十七

wong：①陰平 翁

蓊頟螉嗡鞥泓

②上聲 滃

塕

③去聲 甕

瓮齆罋

122 41 陰25 陽6 上3 去7

滿文標音［fung］（17）昴十八

fong：①陰平 風

楓諷豐封葑崶豐峯蜂瘋酆鋒烽

灃豐靊犎僼仹篈夆妦鑫逢

②上聲 唪

捧覂

③去聲 鳳

俸縫奉諷賵風

④陽平 馮

滿文標音［weng］畢十九

123 30 陽22 上6 去2

滿文標音［lung］（18）觜二十

long：①上聲 攏

壟隴壠籠篭

②去聲 弄

哢

③陽平 籠

櫳聾嚨曨朧瓏韂龍爖瀧躘鑨蠪

礱龒竉隆癃窿霳礲

124 13 陽9 上4

滿文標音［z̨ung］（19）參廿一

rong：①上聲 冗

氄𪋻𧃁

②陽平 戎

絨狨茙毧駥羢茸髶

九、寅部三

125　21　陰9 上9 去3

滿文標音［geng］（1）角一

geng：①陰平 庚

更耕羹鶊賡揯緪畊

②上聲 梗

耿綆哽鯁骾埂郠挭

③去聲 更

亘緪

126　7　陰7

滿文標音［keng］（2）亢二

keng：①陰平 阬

坑鏗硜牼誙劥

滿文標音［eng］氐三

127　18　陰9 上1 去8

滿文標音［deng］（3）房四

deng：①陰平 登

登燈璒簦蹬簦蹬鐙

②上聲 等

③去聲 鄧

磴凳隥蹬澄嶝鐙

128　10　陽10

滿文標音［teng］（4）心五

teng：①陽平 騰

謄滕縢藤籐螣騰驣疼

129　1　陽1

滿文標音［neng］（5）尾六

neng：①陽平 能

130　14　陰10 上1 去3

滿文標音［beng］（6）箕七

beng‥　①陰平 繃

崩伻絣拼浜弸絣綳祊

②上聲 絣

③去聲 迸

跰逬

131　21　陰7 陽11 去3

滿文標音［peng］（7）門八

peng‥　①陰平 烹

砰怦抨姘澎匉

②去聲 碰

掽磅

③陽平 朋

鵬棚堋硼倗鬅膨蟛澎彭

132　13　陽7 上4 去2

滿文標音［meng］（8）牛九

meng‥　①上聲 猛

蜢艋黽

②去聲 孟

䀄

③陽平 萌

盟甍氓盲蝱甿

133　11　陰10 去1

滿文標音［dzeng］（9）女十

zeng‥　①陰平 增

曾罾憎橧矰璔䙢譄繒

②去聲 贈

134　7　陰1 陽4 去2

滿文標音［ts」eng］（10）虛十一

ceng‥　①陰平 噌

②去聲 蹭

剾

③陽平 層

曽嶒竲

135　2　陰2

滿文標音［seng］（11）危十二

seng∶ ①陰平 僧

鬙

136　41　陰27 上4 去10

滿文標音［jeng］（12）室十三

zheng∶ ①陰平 爭

正征貞楨禎怔箏狰錚睜鯖瀓

鉦征症蒸脀丁烝眐瞪諍湞媜

姃綪

②上聲 整

脀拯晸

③去聲 正

政証証鄭諍掙䥌鋥幀

137　54　陰17 陽30 上3 去4

滿文標音［ceng］（13）壁十四

cheng∶ ①陰平 撑

稱琤蟶偁檉偵鐺槍瞠赬䞓傖

浈峸趟鏳

②上聲 逞

騁悜

③去聲 秤

稱乘牚

④陽平 成

誠城盛宬晟珹郕澄懲丞橙棖

崢呈程裎酲珵乘塍氶塖堘椉

瞪振憕娍絾

138　28　陰11 陽4 上3 去10

滿文標音［ʂeng］（14）奎十五

sheng‥ ①陰平 生

笙昇陞昇牲聲甥勝鼪珄

②上聲 省

眚箵

③去聲 聖

盛賸剩勝晟貹嵊賸郕

④陽平 繩

澠譝憴

139 13 陰3 陽9 去1

滿文標音［heng］（15）婁十六

heng‥ ①陰平 亨

哼脝

②去聲 橫

③陽平 恆

衡珩桁蘅莖橫姮佷

140 1 陰1

滿文標音［eng］（16）胃十七

eng‥ ①陰平 鞥

滿文標音［feng］昴十八

滿文標音［weng］畢十九

141 8 陽5 上1 去2

滿文標音［leng］（17）觜二十

leng‥ ①上聲 冷

②去聲 倰

堎

③陽平 棱

稜楞薐崚

142 7 陰1 陽6

滿文標音［ʐeng］（18）参廿一

reng‥ ①陰平 扔

②陽平 仍

礽陾扔艿訒

十、寅部三

143 33 陰12 上5 去16

滿文標音［ging］（1）角一

jing：①陰平 京

荊鷩經涇兢矜秔梗粳麖麠

②上聲 景

警剄頸檠

③去聲 敬

鏡竸勁獍璥競徑逕經儆境痙俓

桱曔

144 19 陰4 陽6 上5 去4

滿文標音［king］（2）亢二

qing：①陰平 卿

輕傾鑋

②上聲 謦

頃檾苘 慶

③去聲 慶

磬罄輕

④陽平 擎

檠鯨勍黥殑

145 4 陽1 去3

滿文標音［ing］（3）氐三

ying：①去聲 硬

迎鞕

②陽平 迎

146 23 陰8 上8 去7

滿文標音［ding］（4）房四

ding：①陰平 丁

釘玎仃叮疔葶虰

②上聲 頂

鼎酊薡町楟墹濎

③去聲 定

訂錠釘矴碇飣

147　38　陰10 陽17 上9 去2

滿文標音［ting］（5）心五

ting∶　①陰平 聽

廳綎綎汀鞓聤桯朾骲

②上聲 挺

珽脡頲梃鋌侹艇頲

③去聲 聽

庭

④陽平 亭

庭廷停婷霆渟娗葶莛筳蜓鼮綎

聤楟崞

148　12　陽6 上1 去5

滿文標音［niyeng］（6）尾六

ning∶　①上聲 顰

②去聲 甯

佞濘凝寧

④陽平 嚀

寍獰擰凝儜

149　32　陰5 上19 去8

滿文標音［bing］（7）箕七

bing∶　①陰平 兵

並氷掤栟

②上聲 丙

炳秉餅昺邴寎倂柄屏鞞禀怲棅

窉抦摒苪鈵

③去聲 並

竝並柄病倂憑摒

150　28　陰8 陽20

滿文標音［ping］（8）鬥八

ping∶　①陰平 娉

甹荓淜砯甹濞頩

②陽平 平

評蘋苹枰瓶屏坪岼憑郱泙□凴

□馮缾玶洴箳

151　23　陽 16 上 5 去 2

滿文標音［ming］（9）牛九

ming¨　①上聲 茗

酩嫇慏皿

②去聲 命

詺

③陽平 明

名鳴冥暝蓂溟銘螟榠鄍鵬嫇

洺鄍瞑

152　20　陰 7 上 5 去 8

滿文標音［jing］（10）女十

jing¨　①陰平 精

晶旌睛菁箐鶄

②上聲 井

丼汫穽阱

③去聲 靜

靖靚淨甑請竫婧

153　13　陰 7 陽 3 上 1 去 2

滿文標音［cing］（11）虛十一

qing¨　①陰平 清

青蜻鶄鯖圊綪

②上聲 請

③去聲 清

瀙

④陽平 情

晴鄁

154　19　陰 11 陽 1 上 5 去 2

滿文標音［sing］（12）危十二

xing¨　①陰平 星

惺腥猩醒鯹箵勝狌瑆煋

②上聲　省

惺醒渻箵

③去聲　性

姓

④陽平　餳

滿文標音［jyyeng］室十三

滿文標音［c'yyeng］壁十四

滿文標音［ṣiyeng］奎十五

155　26　陰2 陽11 上4 去9

滿文標音［hing］（13）婁十六

xing：①陰平　興

馨

②上聲　涬

悻擤婞

③去聲　幸

幸杏荇陘興行詳礊

④陽平　形

行陘邢刑硎型鉶侀鋞娙

156　51　陰23 陽16 上8 去4

滿文標音［yeng］（14）胃十七

ying：①陰平　英

瑛膺罌纓櫻應鷹瓔霙鷹攖鶯鸚

嚶蘡罌罃鍈渶煐媖韺

②上聲　影

景癭巊郢潁穎頴

③去聲　映

應賸暎

④陽平　盈

楹嬴楹羸贏瀛籯蠅營瑩塋濙滎

熒嶸

滿文標音［fing］昴十八

滿文標音［wei yeng］畢十九

157　52　陰4 陽46 去2

滿文標音［ling］（15）揹二十

ling¨　①上聲 領

嶺袊柃

②去聲 令

另

③陽平 靈

零泠聆伶玲醽酃鈴齡令囹櫺舲

軨綾苓羚伶詅轔蛉陵綾淩菱鯪

拎翎蛉鴒嶺稜昤朎泠笭輘淩䉖

蔆姈柃瓴錂坽

滿文標音［z̧iyeng］叁廿丨

十丨´寅部三

158　15　陰4 上11

滿文標音［going］（1）角丨

jiong¨　①陰平 扃

坰駉冋

②上聲 炯

憬炅䀫熲頻暻璟囧烱泂

159　17　陰3 陽12 上2

滿文標音［kiong］（2）亢二

qiong¨　①陰平 穹

芎銎

②上聲 絅

褧

③陽平 瓊

煢笻蛩惸䓖琁邛筇窮藑藭䓖

160　1　陽1

滿文標音［iong］（3）氐三

yong¨　①陽平 喁

滿文標音［diyūng］房四

滿文標音［tiyūng］心五

161　3　陽3

滿文標音［niong］（4）尾六

nong：①陽平 濃

穠醲

滿文標音［biyūng］箕七

滿文標音［piyūng］鬥八

滿文標音［miyūng］牛九

滿文標音［jiong］女十

滿文標音［ciong］虛十一

162　2　陰2

滿文標音［siyung］（5）危十二

xiong：①陰平 騂

觪

滿文標音［jyyūng］室十三

滿文標音［c'yyūng］壁十四

滿文標音［ṡiyung］奎十五

163　15　陰8 陽2 上5

滿文標音［hiong］（6）婁十六

xiong：①陰平 兄

胷兇兇匈訩洶跫

②上聲 詗

詾迥洞敻

③陽平 雄

熊

164　65　陰12 陽28 上16 去9

滿文標音［yūng］（7）胃十七

yong：①陰平 雍

壅邕廱雝噰饔灉癰臃澭罋

②上聲 永

勇擁甬俑踴踴湧蛹埇慂壅氄悀

衕涌

③去聲 用
雍瑩詠泳咏禜瀅醟
④陽平 融
容蓉溶瀜彤傛庸鄘鎔墉傭榮
縈滎濴嶸瑢戫螎嵱嫆嫈嘯鏞
榕槦滽

滿文標音［fiyung］昴十八
滿文標音［wei yung］畢十九
滿文標音［liong］觜二十
滿文標音［z̨iyūng］參廿一

十二、卯部四

165 20 陰9 上7 去4
滿文標音［gūn gun］（1）角一
gun¨ ①陰平 昆
崐琨錕鵾鯤菎褌鶤
②上聲 滾
衮鯀蓘輥緄卷
③去聲 棍
睴腀掍

166 13 陰3 上9 去1
滿文標音［kūn kun］（2）亢二
kun¨ ①陰平 坤
髡堃
②上聲 閫
悃壼梱梱裍綑捆麇
③去聲 困

167 1 去1
滿文標音［un］（3）氐三
wen¨ ①去聲 諢

168 24 陰10 上3 去11
滿文標音［dun］（4）房四
dun¨ ①陰平 敦

　　惇墩撉盨蜳橔驐蜳簦

　　②上聲 㖔

　　躉盾

　　③去聲 頓

　　鈍遁遯沌囤炖饨褍腯扽

169　18　陰5 陽11 上1 去1

滿文標音［tun］（5）心五

tun：①陰平 吞

　　啍暾涒焞

　　②上聲 氽

　　③去聲 褪

　　④陽平 屯

　　坉軘臀燉飩豚魨芚庉豚

170　1 去1

滿文標音［nun］（6）尾六

nun：①去聲 嫩

171　12　陰4 上2 去6

滿文標音［bun］（7）箕七

ben：①陰平 奔

　　賁犇錛

　　②上聲 本

　　畚

　　③去聲 奔

　　体體坌笨逬

172　6　陰2 陽2 去2

滿文標音［pun］（8）鬥八

pen：①陰平 噴

　　歕

　　②去聲 噴

　　歕

　　③陽平 盆

　　湓

173　9　陰1 陽6 上1 去1

滿文標音［mun］（9）牛九

men∶　①陰平 們

②上聲 悗

③去聲 悶

④陽平 門

捫□璊亹樠

174　14　陰6 上4 去4

滿文標音［dzun］（10）女十

zun∶　①陰平 尊

鐏樽遵僔嶟

②上聲 撙

壿噂蓴

③去聲 捘

鱒焌燇

175　8　陰2 陽3 上1 去2

滿文標音［ts'un］（11）虛十一

cun∶　①陰平 村

邨

②上聲 忖

③去聲 寸

刌

④陽平 存

蹲踆

176　18　陰6 上8 去4

滿文標音［sun］（12）危十二

sun∶　①陰平 孫

蓀猻飧搎蟳

②上聲 損

筍笋隼笋榫簨箰

③去聲 巽

遜潠噀

177　6　9　陰6 上3
滿文標音［jun］（13）室十三
zhun：①陰平 諄
肫屯迍窀盹
②上聲 準
埻準
178　18　陰5 陽8 上5
滿文標音［cun］（14）壁十四
chun：①陰平 春
椿輴杶瑃
②上聲 蠢
惷朐偆賰
③陽平 唇
純醇鶉蓴漘錞蒓
179　9　陽1 上2 去6
滿文標音［ʂun］（15）奎十五
shun：①上聲 盾
吮
②去聲 順
舜瞬蕣瞚眣
③陽平 醇
180　22　陰7 陽4 上3 去8
滿文標音［hūn］（16）婁十六
hun：①陰平 昏
婚惛閽棔葷殙
②上聲 鯶
鯇渾
③去聲 混
慁溷圂㥵焜掍倱
④陽平 渾
餛魂琿
181　7　陰5 上1 去1

滿文標音［un］（17）胃十七

wen∶ ①陰平 温

瘟薀輼馧

②上聲 穩

③去聲 搵

182　35　陰10 陽14 上1 去10

滿文標音［fun］（18）昴十八

fen∶ ①陰平 芬

分紛氛雰棻饙翂紛盼

②上聲 粉

③去聲 奮

忿分糞瀵僨憤坋坌濆

④陽平 汾

焚枌棼弅蕡鼢幩轒墳蚡賁豶葐

183　24 陽10 上5 去9

滿文標音［wen］（19）畢十九

wen∶ ①上聲 吻

抆刎脗脗

②去聲 問

紊汶絻免聞璺璺文

③陽平 文

紋雯聞蚊螡闅玟炆芠

184　17　陽14 上2 去1

滿文標音［lun］（20）觜二十

lun∶ ①上聲 稐

稐

②去聲 論

③陽平 倫

綸淪輪論侖掄侖崘圇腀蜦棆錀

185　4　陽2 去2

滿文標音［z̨un］（21）參廿一

run∶ ①去聲 閏

潤

②陽平 犉

瞤

十三、卯部四

186 5 陰2 上1 去2

滿文標音［gen］（1）角一

gen：①陰平 根

跟

②上聲 詪

③去聲 艮

茛

187 8 上6 去2

滿文標音［ken］（2）亢二

ken：①上聲 懇

墾肯齦豤掯

②去聲 硍

裉

滿文標音［en］氐三

滿文標音［den］房四

滿文標音［ten］心五

滿文標音［nen］尾六

滿文標音［ben］箕七

滿文標音［pen］鬥八

滿文標音［men］牛九

188 2 上1 去1

滿文標音［dzen］（3）女十

zen：①上聲 怎

②去聲 譖

189 1 陰1

滿文標音［ts」en］（4）虛十一

cen：①陰平 參

190 1 陰1

滿文標音［sen］（5）危十二

sen∙∙ ①陰平 森

191　48 陰18 上15 去15

滿文標音［jen］（6）室十三

zhen∙∙ ①陰平 真

珍臻榛溱甄斟箴針鍼碪鍖珹振

縝砧蓁鉁

②上聲 枕

軫診疹眕鬒抮袗眕紾昣稹眹

稹黰

③去聲 震

振賑娠侲鷐鎮塡陣朕揕鴆枕

酖鴆

192　40　陰9 陽12 上6 去13

滿文標音［cen］（7）壁十四

chen∙∙ ①陰平 嗔

琛綝郴抻瞋嗔踸瞋

②上聲 磣

磣齓齔墋瘮

③去聲 襯

趁趂儭櫬闖沉讖疢䞋䟴踸趻

④陽平 陳

辰晨宸臣塵棖沉諶忱煁霃

193　42　陰21 陽1 上12 去8

滿文標音［ʂen］（8）奎十五

shen∙∙ ①陰平 申

身伸紳□深參參槮甡侁駪詵甡

珅兟莘莘姺燊呻

②上聲 審

諗嬸沈哂矧蜃瞫賑瀋矉宷

③去聲 慎

甚葚椹滲黮腎滲

④陽平 神

194　5　陽2 上1 去1

滿文標音［hen］（9）婁十六

hen:　①上聲 很

狠

②去聲 恨

③陽平 痕

根

195　1　陰1

滿文標音［en］（10）胃十七

en:　①陰平 恩

滿文標音［fen］昴十八

滿文標音［wen］畢十九

滿文標音［len］觜二十

196　25　陽6 上3 去16

滿文標音［z̨en］（11）參廿一

ren:　①上聲 忍

荵腍

②去聲 認

軔刃仞訒牣任荏妊衽紝飪恁朋

稔軔

③陽平 人

任壬仁紝鵀

十四、卯部四

197　33　陰12 上9 去12

滿文標音［gin］（1）角一

jin:　①陰平 巾

斤筋今金禁襟衿紟觔釿黅

②上聲 謹

卺瑾槿堇鐘僅緊錦

③去聲 禁

噤妗靳近覲僅廑勁濜襟

198　23　陰3 陽18 去2

滿文標音［kin］（2）亢二

qin‥　①陰平 欽

　　嶔衾

　　②去聲 搇

　　頜

　　③陽平 勤

　　懃廑慬芹瘽靳堇瑾琴禽芩檎黔

　　擒捦庈噙

199　13　陽12 去1

滿文標音［yen］（3）氐三

yin‥　①去聲 憖

　　②陽平 銀

　　垠誾嚚狺吟蘄狀齗齦崟鄞

滿文標音［din］房四

滿文標音［tin］心五

200　2　陽1 去1

滿文標音［nin］（4）尾六

nin‥　①去聲 賃

　　②陽平 紉

201　22　陰16 上1 去5

滿文標音［bin］（5）箕七

bin‥　①陰平 彬

　　賓斌濱邠鑌檳豳豳儐霦份玢獱

　　瀕璸

　　②上聲 稟

　　③去聲 鬢

　　儐擯殯臏

202　18　陰1 陽10 上2 去1

滿文標音［pin］（6）鬥八

pin‥　①陰平 繽

　　②上聲 品

牝
③去聲 謗
④陽平 貧
頻嬪顰蠙蘋矉瀕嚬玭
203 20 陽11 上9
滿文標音［min］（7）牛九
min：①上聲 敏
閔憫愍慜潣黽惽抿
②陽平 民
珉岷泯閩忞緡痻暋瑉旼
204 18 陰3 上1 去14
滿文標音［jin］（8）女十
jin：①陰平 津
寖綅
②上聲 盡
③去聲 晉
進縉搢瑨鄑璡藎浸贐枃寯嶜榗
205 18 陰6 陽7 上2 去3
滿文標音［cin］（9）虛十一
qin：①陰平 親
侵駸祲鋟浸
②上聲 寢
梫
③去聲 沁
親吣
④陽平 秦
螓溱岑涔梣鱏
206 27 陰6 陽11 上1 去9
滿文標音［sin］（10）危十二
xin：①陰平 新
薪辛心莘芯
②上聲 伈

③去聲 信

訊汛囟賮燼藎蕈顖

④陽平 尋

潯鄩鐔鱘鱏鬵璕𤨕繜灊

滿文標音［jyyen］室十三

滿文標音［c'yyen］壁十四

滿文標音［ṣiyen］奎十五

207　14　陰9 上1 去4

滿文標音［hin］（11）婁十六

xin：　①陰平 欣

忻炘訢歆廞昕鑫昒

②上聲 廞

③去聲 釁

舋脪焮

208　50　陰21 陽9 上12 去8

滿文標音［yen］（12）胃十七

yin：　①陰平 因

姻婣茵絪慇殷駰音陰氤闉堙陻湮

愔喑瘖堙霠䜣

②上聲 隱

癮櫽尹引蚓輑㶏紖螾飲讔

③去聲 印

隱酳蔭癊窨飲懚

④陽平 寅

龠蟫膣螾殥淫霪婬

滿文標音［fin］昴十八

滿文標音［wei yen］畢十九

209　35　陽23 上4 去8

滿文標音［lin］（13）觜二十

lin：　①上聲 凜

廩檁懍

③去聲 吝

藺悋恡臨淋蹸躙

④陽平 粼

麐鱗遴嶙粼磷潾璘轔驎林琳霖淋

瞵臨燐繗麐鏻疄箖

滿文標音［ẓiyen］參廿一

十五、卯部四

210　23　陰14 上7 去2

滿文標音［giyūn］（1）角一

jun‥　①陰平 君

軍均鈞麇昀麏麕莙頵桾龜皸袀

②上聲 窘

菌囷箘攟僒捃

③去聲 郡

攈

211　8　陰4 陽2 上2

滿文標音［kiyūn］（2）亢二

qun‥　①陰平 囷

菌箘峮

②上聲 稛

麇

③陽平 羣

裙

滿文標音［ūn］氐三

滿文標音［diyūn］房四

滿文標音［tiyūn］心五

滿文標音［niyūn］尾六

滿文標音［biyūn］箕七

滿文標音［piyūn］鬥八

滿文標音［miyūn］牛九

212　12　去12

滿文標音［jiyūn］（3）女十

jun‥　①去聲 俊

峻駿陖寯儁畯餕儁葰雋鐫

213　3　陰3

滿文標音［ciyūn］（4）虛十一

qun∶　①陰平　逡

皴鵔

214　25　陽17 去8

滿文標音［siyūn］（5）危十二

xun∶　①去聲　迅

濬徇殉陖浚狥埈

②陽平　巡

旬循馴紃揗迿荀詢恂洵郇峋珣

眴楯楯

滿文標音［jyyūn］室十三

滿文標音［c'yyūn］壁十四

滿文標音［ṣiyūn］奎十五

215　陰12 去2

滿文標音［hiyūn］（6）婁十六

xun∶　①陰平　勲

勛熏薰纁曛醺獯焄壎塤熏

②去聲　訓

馴

216　50　陰6 陽20 上10 去14

滿文標音［ūn］（7）胃十七

yun∶　①陰平　氳

縕蒀贇奫蝹

②上聲　允

狁隕殞抎霣惲碩鈗玧

③去聲　運

暈韻藴韞醞慍緼熅鄆緷？　孕？

④陽平　雲

澐蕓耘紜溳沄鄖蕓員筠匀昀鋆

昀篔涓樌熉縜

滿文標音［fiyūn］昴十八

滿文標音［wei yūn］畢十九

滿文標音［liyūn］觜二十

滿文標音［z̨iyūn］參廿一

辰部五

滿文標音［goo 缺兩個］角一

滿文標音［koo koo kuwao］亢二

滿文標音［oo］氐三

滿文標音［doo］房四

滿文標音［too］心五

滿文標音［noo］尾六

滿文標音［boo］箕七

滿文標音［poo］鬥八

滿文標音［moo］牛九

滿文標音［dzoo］女十

滿文標音［ts」oo］虛十一

滿文標音［soo］危十二

滿文標音［joo］室十三

滿文標音［coo］壁十四

滿文標音［ɡoo］奎十五

滿文標音［hoo］婁十六

滿文標音［oo］胃十七

滿文標音［foo］昴十八

滿文標音［wao］畢十九

滿文標音［loo］觜二十

滿文標音［z̨oo］參廿一

十六、辰部五

217　26　陰12 上10 去4

滿文標音［gao g」ao］（1）角一

gao：①陰平 高

糕餻羔膏皐篙櫜皋槹鼛睾

②上聲 縞

杲稾槀槀稾槀槁槁暠閸

③去聲 誥

告膏部

218 10 陰1 上7 去2

滿文標音［kao k」ao］（2）亢二

kao·· ①陰平 尻

②上聲 考

栲拷攷熇薧烤

③去聲 犒

靠

219 21 陽16 去5

滿文標音［ao］（3）氐三

ao·· ①去聲 傲

奡慠鷔鄂

②陽平 鰲

鼇遨璈嶅螯熬嗷翱鏊敖廒謷謷

220 24 陰6 上6 去12

滿文標音［dao］（4）房四

dao·· ①陰平 刀

忉叨魛舠虭

②上聲 擣

禱倒搗島裯

③去聲 到

道導稻倒蹈盜悼纛翿燾韜

221 39 陰17 陽20 上1 去1

滿文標音［tao］（5）心五

tao·· ①陰平 滔

叨條鞱洮掏饕慆幍弢韜夲瑫洮

鞱綯謟

②上聲 討

③去聲 套

④陽平 桃

萄陶濤醄鼗熹翿淘咷鞀檮綯逃

匋啕裪謟騊鞠

222　19　陽10 上5 去4

滿文標音［nao］（6）尾六

nao∶ ①上聲 腦

瑙惱碯憹

②去聲 鬧

淖臑橈

③陽平 猱

鐃撓呶碙怓譊獿猎橈

223　41　陰7 陽4 上8 去22

滿文標音［bao］（7）箕七

bao∶ ①陰平 包

胞苞笣齙褒剝

②上聲 寶

保葆堡褓鴇飽緥

③去聲 報

豹暴爆瀑抱趵鉋颮儤儤菢鮑曝

靤鮑轂嚗曝釀瀑懪

④陽平 雹

薄箔骲

224　26　陰4 陽12 上1 去8

滿文標音［pao］（8）門八

pao∶ ①陰平 拋

泡脬脬橐

②上聲 跑

③去聲 砲

礮砲皰奅橐漈疱

④陽平 袍

庖咆炰麅麃捊掊爮跑刨□

225　32　陰2 陽11 上4 去15

滿文標音［mao］（9）牛九

mao·· ①陰平 貓

猫

②上聲 卯

昴茆泖

③去聲 貌

帽 媢 眊 瑁 㥐 茂 皃 瞀 泖 芼 㨑 毷

耄冒

④陽平 毛

茅旄蝥髦氂髳錨酕媌牦

226　19　陰4 陽1 上9 去6

滿文標音［dzao］（10）女十

zao·· ①陰平 遭

糟傮䜊

②上聲 早

棗澡藻蚤璪蚤璅

③去聲 造

竈躁漕皂阜

④陽平 鑿

227　20　陰3 陽9 上4 去4

滿文標音［ts」ao］（11）虛十一

cao·· ①陰平 操

糙鏉

②上聲 草

艸愺草

③去聲 操

慥鄵艚

④陽平 曹

槽漕螬𩞄嘈䄚嶆䐬

228　17　陰8 上2 去7

滿文標音［sao］（12）危十二

sao·· ①陰平 騷

搔颾臊艘繅慅繰

②上聲 掃

嫂

③去聲 燥

噪譟埽懆髞𢡟

229　29　陰8 陽2 上4 去15

滿文標音［jao］（13） 室十三

zhao∶ ①陰平 昭

招朝啁釗謿䑲𧾷

②上聲 爪

叉抓找

③去聲 照

詔罩棹櫂笊召趙兆旐肇挑沼

炤曌

④陽平 著

着

230　25　陰8 陽7 上7 去3

滿文標音［cao］（14） 壁十四

chao∶ ①陰平 超

鈔抄剿䟁怊弨袑

②上聲 炒

熠謅訬麨麵吵

③去聲 鈔

踔趠

④陽平 朝

潮巢晁鼂樔轈

231　33　陰13 陽4 上2 去14

滿文標音［ʂao］（15） 奎十五

shao∶ ①陰平 燒

梢捎消髾鞘旓筲箾颵娋鮹艄

②上聲 少

稍

③去聲 邵

卲劭少燒稍哨紹袑召潲槊鉊佋

④陽平 韶

玿杓芍

232　35　陰4 陽11 上2 去18

滿文標音［hao h」ao］（16）婁十六

hao‥ ①陰平 蒿

薅休鎒

②上聲 好

郝

③去聲 浩

昊顥灝皓暭鎬鄗滈晧鰝秏好號

號詬峼皞

④陽平 豪

毫號嗥濠壕譹嚎呺□貉

233　11　陰2 上4 去5

滿文標音［ao］（17）胃十七

ao‥ ①陰平 鏖

爊

②上聲 襖

媼媪蕰

③去聲 奧

澳隩懊墺

滿文標音［fao］昴十八

滿文標音［wao］畢十九

234　27　陰1 陽10 上6 去10

滿文標音［lao］（18）觜二十

lao‥ ①陰平 撈

②上聲 老

栳獠狫恅橑

③去聲 澇

潦勞嫪落酪絡烙珞樂

④陽平 勞

牢簩醪潦哰嶗癆嘮䜎

235　12　陽6 上4 去2

滿文標音［z̨ao］（19）叅廿一

rao：①上聲 擾

繞遶㰫

③去聲 繞

繞

④陽平 饒

橈蕘嶢嬈襓

十七、辰部五

236　61　陰18 上25 去18

滿文標音［giyao］（1）角一

jiao：①陰平 交

郊膠蛟教嬌驕澆轇茭鷮跤鮫儌

鵁咬芃嘐

②上聲 皎

矯攪狡絞徼蟜譑膲姣筊鉸撟蹻

憍曒繳皦僥儌鐈佼璬腳角

③去聲 教

轎叫覺窖較校挍珓酵噭轎徼嶠

敫嬓穽警

237　29　陰12 陽10 上2 去5

滿文標音［kiyao］（2）亢二

qiao：①陰平 敲

搞蹺鄗橇屩趫撬鄡墝碻繑

②上聲 巧

磽

③去聲 竅

趬骹殼髚

④陽平 喬

樵蕎僑蹻翹荍嶠劭鐈

238　13　陽6 上4 去3
滿文標音［yao］（3）氐三
yao‥　①上聲 咬
　　齩嚙溔
　　②去聲 樂
　　瘧虐
　　③陽平 堯
　　嶢僥蕘洮垚

239　24　陰12 上2 去10
滿文標音［diyao］（4）房四
diao‥　①陰平 貂
　　刁雕雕鵰雕雕凋貂䂏蓼碉
　　②上聲 屌
　　鳥
　　③去聲 釣
　　吊窵調掉銚吊鈟䌳鴥

240　31　陰5 陽16 上4 去6
滿文標音［tiyao］（5）心五
tiao‥　①陰平 挑
　　祧恌覜佻
　　②上聲 挑
　　朓窱窕
　　③去聲 跳
　　趒糶眺朓頫
　　④陽平 條
　　迢調髫蜩苕鰷鰷鮉鞗岧嬥笤莜
　　蓧跳

241　9　上7 去2
滿文標音［niyao］（6）尾六
niao‥　①上聲 鳥
　　裊褭嫋蔦嬲㒟
　　③去聲 尿

溺

242　25　陰16 上4 去5

滿文標音［biyao］（7）箕七

biao：①陰平 標

臕鑣儦瀌麃杓飈熛摽颮幖鏢膘

猋膘

②上聲 表

裱嘌婊

③去聲 鰾

驃俵醥覭

243　19　陰8 陽3 上3 去5

滿文標音［piyao］（8）門八

piao：①陰平 飄

漂螵彯翲慓嘌蟲

②上聲 縹

殍摽

③去聲 票

漂嫖剽僄

④陽平 瓢

薸嫖

244　12　陰7 陽3 去2

滿文標音［miyao］（9）牛九

miao：①上聲 眇

藐秒杪渺緲淼

②去聲 妙

廟

③陽平 苗

描錨

245　19　陰9 陽1 上4 去5

滿文標音［jiyao］（10）女十

jiao：①陰平 焦

椒蕉燋僬鷦嶕蟭膲

②上聲　勦

剿　滮　湫

③去聲　醮

釂　爝　噍　譙

④陽平　嚼

246　17　陰2　陽5　上4　去6

滿文標音［ciyao］（11）虛十一

qiao：　①陰平　鍫

鍬

②上聲　悄

雀　鵲　愀

③去聲　俏

峭　誚　絹　鞘　陗

④陽平　樵

瞧　譙　憔　顦

247　25　陰17　上4　去4

滿文標音［siyao］（12）危十二

xiao：　①陰平　蕭

簫　瀟　肖　霄　逍　消　硝　綃　蟏　橚　蛸　翛　魈

銷　筱　削

②上聲　小

篠　謏　筱

③去聲　笑

嘯　肖　歗

滿文標音［jyyao］　室十三

滿文標音［c'yyao］　壁十四

滿文標音［ṣiyao］　奎十五

248　41　陰22　陽8　上4　去7

滿文標音［hiyao］（13）婁十六

xiao：　①陰平　枵

驍　鴞　梟　囂　呺　獟　虓　哮　髐　鴞　熇　嗃　嚆

痚　嘵　歊　髐　顤　崤　硣　猇

②上聲 曉

鑣皛滈

③去聲 孝

哮效校効斆効

④陽平 肴

爻餚殽峭淆洨學

249 45 陰14 陽19 上14 去17

滿文標音［yao］（14）胃十七

yao：①陰平 幺

腰妖喓要夭褑邀葽坳凹袄吆窔

②上聲 杳

窈騕夭偠夭宎窅嫈鷕舀抌眑穾

③去聲 耀

曜燿矅鷂姚要約鞡㘭 袎窅藥葯

躍鑰拗

④陽平 瑤

遙傜繇窰窯銚姚搖謡軺陶猺珧

飄暚烑䌛轁

滿文標音［fiyao］昴十八

滿文標音［wei yao］畢十九

250 41 陽25 上7 去9

滿文標音［liyao］（15）觜二十

liao：①上聲 了

繚燎蓼釕了鄝

③去聲 料

燎療廖撩了略擘尥

④陽平 聊

僚寮鷯撩簝料遼寥飂憀敹鐐嘹

膋璙蟟獠膫嶚嵺𨞺漻翏謬

滿文標音［z,iyao］參廿一

辰部五
滿文標音［giyoo］角一
滿文標音［kiyoo］亢二
滿文標音［yoo］氐三
滿文標音［diyoo］房四
滿文標音［tiyoo］心五
滿文標音［niyoo］尾六
滿文標音［biyoo］箕七
滿文標音［piyoo］鬥八
滿文標音［miyoo］牛九
滿文標音［jiyoo］女十
滿文標音［ciyoo］虛十一
滿文標音［siyoo］危十二
滿文標音［jyyoo］室十三
滿文標音［c'yyoo］壁十四
滿文標音［ġiyoo］奎十五
滿文標音［hiyoo］婁十六
滿文標音［yoo］胃十七
滿文標音［fiyoo］昴十八
滿文標音［wei yoo］畢十九
滿文標音［liyoo］觜二十
滿文標音［ġiyoo］參廿一

十八、巳部六

251　8陰1去3上4

滿文標音［goi g］oi guwai（a還是o
所屬字裏『乖』)］（1）角一

guai：①陰平 乖
②上聲 拐
柺箉拲
③去聲 怪

夬懷

252 10 陰5 去5

滿文標音［koi k」oi］（2）亢二

kuai˙˙ ①陰平 跬

闠 搉 蒯 擓

②去聲 快

塊 蒯 噲 駃

253 1 去1

滿文標音［oi］（3）氐三

wai˙˙ ①去聲 外

滿文標音［doi］房四

滿文標音［toi］心五

滿文標音［noi］尾六

254 7 去7

滿文標音［boi］（4）箕七

buai˙˙ ①去聲 拜

敗稗唄憊粺韛

255 2 去2

滿文標音［poi］（5）鬥八

pai˙˙ ①去聲 派

湃

256 2 去2

滿文標音［moi］（6）牛九

mai˙˙ ①去聲 邁

勱

滿文標音［dzoi］女十

滿文標音［tsoi］虛十一

滿文標音［soi］危十二

滿文標音［joi］室十三

257 4 陰1 陽1 上1 去1

滿文標音［coi］（7）壁十四
chuai¨ ①陰平 搋
②上聲 揣
③去聲 嘬
④陽平 膗
258 5 陰3 去2
滿文標音［ɡoi］（8）奎十五
shuai¨ ①陰平 衰
摔捽
②去聲 帥
率
259 9 陽8 去1
滿文標音［hoi h」oi］（9）婁十六
huai¨ ①去聲 壞
②陽平 懷
褢槐淮櫰褱瀤櫰
260 2 陰2
滿文標音［oi］（10）胃十七
wai¨ ①陰平 歪
竵
滿文標音［foi］昴十八
滿文標音［wai（是o還是a）］畢十九
滿文標音［loi］觜二十
滿文標音［z̧oi］參廿一
十九、巳部六
261 20 陰10 上2 去8
滿文標音［gai g」ai］（1）角一
gai¨ ①陰平 該
陔垓晐峐賅胲絯剴荄

②上聲 改

毀

③去聲 蓋

丐槩漑匄概瓂葢

262　12　陰1 上8 去3

滿文標音［kai k'ai］（2）亢二

kai：①陰平 開

②上聲 鎧

凱愷塏慨闓豈暟

③去聲 慨

慨欬

263　12　陽3 上4 去5

滿文標音［ai］（3）氐三

ai：①上聲 靄

藹餲騃

③去聲 艾

礙㝵閡毅

④陽平 皚

敳獃

264　30　陰2 上5 去23

滿文標音［dai］（4）房四

dai：①陰平 獃

懛

②上聲 歹

詒紿觧逮

③去聲 帶瘒戴黱代岱袋黛埭棣

隸瑇玳截貸大待殆怠迨汏偫逮

265　21　陰3 陽10 上2 去6

滿文標音［tai］（5）心五

tai：①陰平 胎

臺部

②上聲 □

駘

③去聲 泰

太態汰伏蚨

④陽平 臺

擡苔治儓駘苔炱籉鮐

266　6　上1 去5

滿文標音［nai］（6）尾六

nai‥ ①上聲 乃

②去聲 奈

耐鼐褦㮏

267　8　陰2 陽1 上5

滿文標音［bai］（7）箕七

bai‥ ①陰平 擘

捭

②上聲 擺

百栢伯檗

③陽平 白

268　6　陰1 陽4 上1

滿文標音［pai］（8）鬥八

pai‥ ①陰平 拍

②上聲 啡

③陽平 排

牌徘簰

269　8　陽3 上2 去3

滿文標音［mai］（9）牛九

mai‥ ①上聲 買

蕒

②去聲 賣

麥倈

③陽平 埋

霾薶

270　13　陰5 上5 去3

滿文標音［dzai］（10）女十

zai：①陰平 哉

栽災灾菑

②上聲 宰

載縡崽囝

③去聲 再

載在

271　18　陰1 陽5 上10 去2

滿文標音［ts」ai］（11）虛十一

cai：①陰平 猜

②上聲 彩

採彩寀採棌睬採⿱髟采踩

③去聲 菜

蔡

④陽平 才

才材裁財

272　11　陰8 去3

滿文標音［sai］（12）危十二

sai：①陰平 腮

顋鰓鰓毢鬛揌塞

②去聲 賽

塞簺

273　14　陰2 陽3 上3 去6

滿文標音［jai］（13）室十三

zhai：①陰平 齋

摘

②上聲 廌

豸䆁

③去聲 寨

眦債瘵砦祭

④陽平 宅

擇翟

274　9　陰3 陽4 去2

滿文標音［cai］（14）壁十四

chai‥ ①陰平 釵

差拆

②去聲 蠆

囆

③陽平 柴

豺儕祡

275　9　陰4 上2 去3

滿文標音［ʂai］（15）奎十五

shai‥ ①陰平 篩

簁籭攦

②上聲 灑

色

③去聲 曬

灑殺

276　14　陰2 陽2 上6 去4

滿文標音［hai］（16）婁十六

hai‥ ①陰平 咍

咳

②上聲 海

醢侅閡盒㚅

③去聲 亥

害劾餀

④陽平 孩

頦

277　16　陰4 上3 去9

滿文標音［ai］（17）冐十七

ai¨　①陰平 哀

埃唉誒

②上聲 矮

欸毐

③去聲 愛

曖噯誒嗳鍻璦壒薆

滿文標音［fai］昴十八

滿文標音［wai］畢十九

278　23　陰2 陽9 去12

滿文標音［lai］（18）觜二十

lai¨　①上聲 唻

攋

②去聲 賴

賚籟瀨癩睞徠萊來逨藾勑

③陽平 來

萊淶倈郲琜騋崍麳

滿文標音［ʐai］參廿一

二十、巳部六

279　3　陰1 上1 去1

滿文標音［giyai］（1）角一

jiai¨　①陰平 皆

②上聲 解

③去聲 戒

280　3　陰1 上2

滿文標音［kiyai］（2）亢二

qiai¨　①陰平 揩

②上聲 楷

鍇

281 7 陽6 上1

滿文標音［yai］（3）氐三

yai‥ ①上聲 娾

②陽平 崖

涯睚崕厓挨

滿文標音［diyai］房四

滿文標音［tiyai］心五

滿文標音［niyai］尾六

滿文標音［biyai］箕七

滿文標音［piyai］鬥八

滿文標音［miyai］牛九

滿文標音［jiyai］女十

滿文標音［ciyai］虛十一

滿文標音［siyai］危十二

滿文標音［jyyai］室十三

滿文標音［c'yyai］壁十四

滿文標音［ṣiyai］奎十五

282 8 陽3 上4 去1

滿文標音［hiyai］（4）婁十六

xiai‥ ①上聲 駭

蟹解駴

②去聲 澥

③陽平 諧

骸鞋

283 9 陰1 陽1 去7

滿文標音［yai］（5）胃十七

yai‥ ①陰平 挨

②去聲 隘

厄搕嗑噫醷嗄

③陽平 椰

滿文標音［fiyai］昴十八

滿文標音［wei yai］畢十九

滿文標音［liyai］觜二十

滿文標音［ẓiyai］參廿一

巳部六

滿文標音［giowai］角一

午部七

滿文標音［guweo gūo guo］角一

滿文標音［kuweo kūo kuo］亢二

滿文標音［uo］氐三

滿文標音［duo］房四

滿文標音［tuo］心五

滿文標音［nuo］尾六

滿文標音［buo］箕七

滿文標音［puo］鬥八

滿文標音［muo］牛九

滿文標音［dzuo］女十

滿文標音［ts」uo］虛十一

滿文標音［suo］危十二

滿文標音［juo］室十三

滿文標音［cuo］壁十四

滿文標音［？uo］奎十五

滿文標音［huo hūo］婁十六

滿文標音［uo］胃十七

滿文標音［fuo］昴十八

滿文標音［weo］畢十九

滿文標音［luo］觜二十

滿文標音［ẓuo］參廿一

二十二、午部七

284　32　陰8 上6 去17

滿文標音［geo］（1）角一

gou¨　①陰平 鈎

溝勾鞲篝軥冓緱

②上聲 苟

枸狗笱耇耈

③去聲 姤

垢構逅搆遘覯媾冓煹購彀傋詬

夠轂句怐

285　14　陰7 上1 去7

滿文標音［keo］（2）亢二

kou¨　①陰平 摳

彄扣眗瞘剾

②上聲 口

③去聲 叩

扣蔻寇簆扣敂

286　3　上3

滿文標音［eo］（3）氐三

ou¨　①上聲 偶

耦藕

287　26　陰5 上8 去13

滿文標音［deo］（4）房四

dou¨　①陰平 兜

吺篼挽䫀

②上聲 鬥

抖陡阧蚪枓□鈄

③去聲 豆

鬭鬥鋀逗篼豆脰竇讀逗逗餖

288　10　陰3 陽4 上2 去1

滿文標音［teo］（5）心五

tou：①陰平 偷

鍮偷

②上聲 黈

斢

③去聲 透

④陽平 頭

投骰酘

289　8　陽 4 上 2 去 2

滿文標音［neo］（6）尾六

nou：①上聲 穀

穀穀

②去聲 耨

□

③陽平 羺

獳獳醲

290　4　陽 3 上 1

滿文標音［beo］（7）箕七

bou：①上聲 捊

②陽平 抔

裒掊

291　2　上 2

滿文標音［peo］（8）鬥八

pou：①上聲 剖

掊

292　17　陽 10 上 1 去 6

滿文標音［meo］（9）牛九

mou：①上聲 某

②去聲 懋

楙袤茂愗貿

③陽平 謀
眸牟侔矛蝥蝵蛑蟊恈
293 18 陰10 上1 去7
滿文標音［dzeo］（10）女十
zou：①陰平 諏
鄒緅郰鯫掫陬菆騶棸
②上聲 走
③去聲 奏
驟走䠗㥮剶甃
294 7 去7
滿文標音［ts」eo］（11）虛十一
cou：①去聲 湊
輳腠蔟揍簉楱
295 20 陰10 上5 去5
滿文標音［seo］（12）危十二

sou：①陰平 搜
颼餿蒐鎪溲廋鄋傻螋
②上聲 叟
藪擻瞍籔
③去聲 嗽
嗾漱瘶慺
296 40 陰19 陽2 上3 去16
滿文標音［jeo］（13）室十三
zhou：①陰平 周
州洲舟周啁盩譸賙謅鵃朔輈侜
淍琱調椆粥
②上聲 肘
箒睭
③去聲 咒
晝胄宙籀繇縐皺㑳紂懤胄酎䩜

蒚軸

④陽平 妯

軸

297 33 陰6 陽20 上5 去2

滿文標音［ceo］（14）壁十四

chou˙˙ ①陰平 抽

惆瘳搊篘犨

②上聲 醜

醜杻憯瞮

③去聲 臭

殠

④陽平 籌

儔紬綢疇稠鷟裯雔售躊愁讎仇

酬疇詶醜椆燽

298 15 陽1 上4 去10

滿文標音［ṣeo］（15）奎十五

shou˙˙ ①陰平 收

②上聲 首

手守狩

③去聲 綬

授瘦守獸首受壽售璹

299 24 陰1 陽11 上3 去10

滿文標音［heo］（16）婁十六

hou˙˙ ①陰平 齁

②上聲 吼

後犼

③去聲 厚

後後候堠鱟郈鄇垕鮜

④陽平 侯

猴喉餱鍭篌鄇睺瘊鯸糇

300　12　陰7 上3 去2

滿文標音［eo］（17）胃十七

ou：①陰平 歐

謳漚甌醧鷗熰

②上聲 嘔

毆敺

③去聲 漚

熰

301　14　陰2 陽8 上4

滿文標音［feo］（18）昴十八

fou：①陰平 紑

不

②上聲 否

不缶邑

③陽平 浮

芣罦罘蜉桴枹涪

滿文標音［weo］畢十九

302　26　陽15 上4 去7

滿文標音［leo］（19）觜二十

lou：①上聲 簍

塿摟甊

②去聲 漏

陋屚蔏鏤瘻露

③陽平 樓

婁僂髏慺摟蔞𧂇螻嘍漊謱膢耬鞻

303　7　陽4 上2 去1

滿文標音［z̨eo］（20）參廿一

rou：①上聲 肉

内

②去聲 肉

③陽平 柔

揉蹂鞣

二十二、午部七

304　24　陰11 上7 去7

滿文標音［gio］（1）角一

jiu：①陰平 鳩

糾樛鬮勼糺笱

②上聲 九

灸玖韭赳久

③去聲 救

究疚舅舊廄柩臼咎桕麔

305　27　陰4 陽21 上2

滿文標音［kio kiyeo］（2）亢二

qiu：①陰平 邱

蚯區龜

②上聲 糗

饃

③陽平 求

逑裘俅絿仇毬球虯璆虬厹捄觩

觓銶杭艽賕梂蛷

滿文標音［io］氐三

306　1　陰1

滿文標音［dio］（3）房四

diu：①陰平 丟

滿文標音［tio］心五

307　12　陰1 陽1 上6 去4

滿文標音［nio］（4）尾六

niu：①陰平 妞

②上聲 紐

狃忸鈕扭杻

③去聲 狃

衄衂朒

④陽平 牛

308　1　陰1

滿文標音［bio］（5）箕七

biu¨　①陰平 彪

滿文標音［pio］鬥八

309　3　陽1 去2

滿文標音［mio］（6）牛九

miu¨　①去聲 謬

繆

②陽平 繆

310　13　陰6 上2 去5

滿文標音［jio］（7）女十

jiu¨　①陰平 揪

揫啾湫鬏酋煪

②上聲 酒

煍

③去聲 就

鷲僦𢹯𤷬

311　16　陰9 陽7

滿文標音［cio］（8）虛十一

qiu¨　①陰平 秋

楸鞦鰌鶖鰍䐘偢萩

②陽平 酋

遒蝤崷湫囚泅

312　13　陰4 去9

滿文標音［sio］（9）危十二

xiu¨　①陰平 脩

修羞饈

②去聲 秀
　繡袖岫銹鏥鏽琇宿
滿文標音［jyyeo］室十三
滿文標音［c」yyeo］壁十四
滿文標音［g̣yeo］奎十五
313　12　陰8 上1 去3
滿文標音［hio］（10）婁十六
xiu：①陰平 休
　庥貅咻鵂烋髹髤
②上聲 朽
③去聲 臭
　齅嗅
314　68　陰11 陽26 上9 去16
滿文標音［yeo］（11）胃十七
you：①陰平 優
　憂幽呦鄾櫌麀耰嚘蚴鼬
②上聲 有
　友酉牖卣琇莠苃栯
③去聲 幼
　又右佑祐囿宥侑黝柚誘褎狖酭
　鼬柚
④陽平 由
　猷尤猶游遊繇油郵悠攸蝣蚰蕕
　蘨輶訧疣櫾鬮囮滺庮肬逌儵
滿文標音［fio］昴十八
滿文標音［wei yeo］畢十九
315　33　陰1 陽22 上4 去6
滿文標音［lio］（12）觜二十
liu：①陰平 瀏
②上聲 柳

罶綹嬼

③去聲 溜

溜留廇攡六

④陽平 留

劉流麍斿瑠榴騮遛鏐瀏鶹硫鸘□

琉瘤飀鎏瞜螺鷚

滿文標音［ʐi ˡyeo］粂廿丨

午部七

滿文標音［giyuo］角丨

二十三、未部八

316　58　陰14 陽28 上16

滿文標音［gūi gui guwei］（1）角丨

gui‥　①陰平 規

龜圭珪閨歸嬀瑰潙袿窐邽瓌皈

②上聲 癸

晷軌詭簋宄匭鬼餜庋揆氿恑傑

垝洈

③去聲 貴

桂跪櫃檜匱簣蕢饋瞶劌劂儈會

膾獪鄶旝廥澮鱠樻劊慣瑰鞼

椎鱖

317　33　陰9 陽14 上6 去4

滿文標音［kui］（2）亢二丨

kui‥　①陰平 虧

窺盔闚巋恢詼悝刲

②上聲 傀

頍磈跬烓頄

③去聲 魄

愧媿喟

④陽平 奎

魁逵馗夔騤戣頯葵暌睽騤躨頄

318　16　陽8 上5 去3

滿文標音［ui］（3）氐三

wei¨　①上聲 隗

　　　　傀頠姽硊

　　　②去聲 魏

　　　　僞磑

　　　③陽平 危

　　　　巍嵬隗桅鮠峗犩

319　19　陰5 去14

滿文標音［dui］（4）房四

dui¨　①陰平 堆

　　　　頧磓追隹

　　　②去聲 對

　　　　兊碓隊憝敦鐓懟懟㨃譵薱濧霨祋

320　16　陰4 陽8 上2 去2

滿文標音［tui］（5）心五

tui¨　①陰平 推

　　　　蓷焞焞

　　　②上聲 腿

　　　　骽

　　　③去聲 退

　　　　蜕

　　　④陽平 穨

　　　　隤饋魋癩頹儨弟

321　4　上2 去2

滿文標音［nui］（6）尾六

nei¨　①上聲 餒

　　　　腇

　　　②去聲 內

諉

322　12 陰3 去9

滿文標音［bui］（7）箕七

bueiˑˑ ①陰平 杯

盃桮

②去聲 背

輩孛焙悖誖邶琲褙

323　23　陰4 陽12 上2 去5

滿文標音［pui］（8）門八

pueiˑˑ ①陰平 胚

髤醅衃

②上聲 蓓

蓓

③去聲 配

佩珮妃朏

④陽平 陪

裴培徘掊棓倍賠碚踣郲阫

324　22　陰4 陽11 去7

滿文標音［mui］（9）牛九

mueiˑˑ ①上聲 每

浼痗嵋

②去聲 妹

昧眛瑁沬韎痗

③陽平 枚

媒禖梅莓煤鋂霉玫脢沒

325　14　陰3 上4 去7

滿文標音［dzui］（10）女十

zuiˑˑ ①陰平 朘

峻□

②上聲 嘴

蓨摧嗺
③去聲 醉
最檇晬罪綷䍴
326 26 陰6 陽1 上4 去15
滿文標音［ts」ui］（11）虛十一
cui̤: ①陰平 崔
催縗衰嗺隆
②上聲 璀
趡慛皠
③去聲 翠
萃顇悴脆脃瘁毳倅膵淬淬竁
琗啐
④陽平 摧
327 31 陰1 陽2 上3 去19
滿文標音［sui］（12）危十二

sui̤: ①陰平 雖
綏睢荾尿濉浽
②上聲 髓
嶲瀡
③去聲 歲碎誶粹遂彗穗燧鐩祟
隧繐彗槥蔧邃轊襚繸
④陽平 隨
隋
328 20 陰7 上2 去11
滿文標音［jui］（13）室十三
zhui̤: ①陰平 追
錐騅鵻隹萑棰
②上聲 捶
棰
③去聲 贅

墜縋硾惴綴膇錘諈啜？

329　15　陰3 陽9 去3

滿文標音［cui］（14）壁十四

chuï ①陰平 吹

炊推

②去聲 毳

吹出

③陽平 垂

陲倕錘椎槌鐘腄搥

330　8　陰1 陽2 上1 去4

滿文標音［ṣui］（15）奎十五

shuï ①陰平 榱

②上聲 水

③去聲 睡

稅說帨

④陽平 誰

脽

331　62　陰17 陽8 上6 去31

滿文標音［hūi hui］（16）婁十六

huï ①陰平 暉

輝煇揮麾撝灰𡽗翬禕徽隳獋豗

虺睢倠

②上聲 悔

毀毀譭虺蟲

③去聲 慧

會繪惠蕙卉檜璯翽晦誨潰匯喙

諱噦蟪嘒暳頮繢讀賄恚闠憓譓

顪奞槥穗

④陽平 回

徊洄迴茴蚘蛕蛔

332　80　陰14 陽14 上24 去28

滿文標音［ui］（17）胃十七

wei：①陰平 隈

煨威逶偎委萎倭葳蝛崴踒捼魏

②上聲 委

猥萎痿偉椳韙煒鮪崀洧唯葦韡

韙骫痏寫蔿薳蘤鴆蒍磈

③去聲 位

爲謂胃緯渭慰畏熨尉瑋蔚喟遺

蝟匯穢濊衛緭煟□蜼餧煟薈

䙡蕢

④陽平 爲

帷惟維唯遺䜌潍韋違幃闈圍鄬

滿文標音［fui］昴十八

滿文標音［wei］畢十九

333　32　陽14 上17 去5

滿文標音［lui］（18）觜二十

luei：①上聲 磊

儡壘蕾櫑纍耒誄纍灅藟樏礌磥

欙儽藟

③去聲 類

纍纇擂攂

④陽平 雷

罍羸纍虆礧纍灢嫘虆擂縲騾鸓

334　14　陽3 上2 去9

滿文標音［zui］（19）參廿一

rui：①上聲 蘂

惢

②去聲 睿

瑞叡銳芮□枘蜹鋭

③陽平 䅭

秜䋻

二十四、未部人

335　1　上1

滿文標音［gei］（1）角一

gei：①上聲 給

滿文標音［kei］亢二

336　27　陽10 上11 去6

滿文標音［ei］（2）氐三

er：①上聲 耳

駬珥餌洱咡爾尒邇毦薾

②去聲 二

貳樲刵鉺佴

④陽平 兒

而髵耏洏胹輀鴯䮘婼

337　2　上2

滿文標音［dei］（3）房四

dei：①上聲 德

得

滿文標音［tei］心五

滿文標音［nei］尾六

338　32　陰13 上1 去18

滿文標音［bei］（4）箕七

bei：①陰平 碑

裨卑悲陂詖椑萆錍鞞庳箄背

②上聲 北

③去聲 貝

倍臂被備棈狽鼻糒□婢薜畀俻犮

鞁㷶鞴涀

339　18　陰10 陽4 去4

滿文標音［pei］（5）門八

pei‥　①陰平 髬

丕呸伾秠駓披被鉟伓

②去聲 浿

霈轡㖹

③陽平 邳

岯伾魾

340　18　陽10 上4 去4

滿文標音［mei］（6）牛九

mei‥　①上聲 美

媺渼灖

②去聲 寐

媚袂魅

③陽平 眉

湄嵋楣黴麋郿篃瑂堳

341　1　陽1

滿文標音［dzei］（7）女十

zei‥　①陽平 賊

滿文標音［ts˩ ei］虛十一

滿文標音［sei］危十二

滿文標音［jei］室十三

滿文標音［cei］壁十四

滿文標音［ʂei］奎十五

342　1　陰1

滿文標音［hei］（8）婁十六

hei‥　①陰平 黑

滿文標音［ei］胃十七

343　42　陰12 陽4 上10 去16

滿文標音［fei］（9）昴十八

fei‥　①陰平 飛

妃菲霏扉非誹緋蜚騑馡裶
②上聲 匪
榧篚菲斐悱誹朏棐啡
③去聲 費
疿佛沸痱狒芾廢肺祓柹吠翡茷
癈屝
④陽平 肥
淝腓蟦
344 10 陽4 上4 去2
滿文標音［wei］（10）畢十九
wei˙˙ ①上聲 尾
娓浘亹
②去聲 未
味
③陽平 微
薇溦瀓
345 3 陰1 去2
滿文標音［lei］（11）觜二十
lei˙˙ ①陰平 勒
②去聲 淚
肋
滿文標音［ʐei］參二十一
未部八
滿文標音［gii giyei］角一
滿文標音［kii］亢二
滿文標音［ii］氐三
滿文標音［dii］房四
滿文標音［tii］心五
滿文標音［nii］尾六
滿文標音［bii］箕七

滿文標音［pii］鬥八

滿文標音［mii］牛九

滿文標音［jii］女十

滿文標音［cii］虛十一

滿文標音［sii］危十二

滿文標音［jei］室十三

滿文標音［cei］壁十四

滿文標音［sei（s 還是 ʂ）］奎十五

滿文標音［hii］婁十六

滿文標音［ii yei］胃十七

滿文標音［fii］昴十八

滿文標音［wei］畢十九

滿文標音［lii］觜二十

滿文標音［z̧ii］參廿一

未部八

滿文標音［giyui giowei］角一

二十五、申部九

346　35　陰 20 陽 5 上 9 去 1

滿文標音［go g」o guwe］（1）角一

guo：①陰平 鍋

戈過蝸堝郭漷括聒適栝筈蟈蛞

活摑虢灇崞棔

②上聲 果

裹蜾菓輠粿猓餜槨

③去聲 過

④陽平 國

幗馘嘓膕

347　21　陰 7 上 2 去 12

滿文標音［ko k」o］（2）亢二

kuo：①陰平 科

蝌窠髁稞薖顆

②上聲 顆

堁

③去聲 課

恪髁騍擴曠稞闊廓鞹錁佸

348　21　上4 去17

滿文標音［o］（3）氐三

wo：①上聲 我

硪騀娿

②去聲 臥

咢噩蕚鶚鰐鱷齶啰 愕堮鍔崿諤

蘁礍湂

349　38　陰7 陽3 上12 去16

滿文標音［do］（4）房四

duo：①陰平 多

哆夛掇裰咄敠

②上聲 朶

垜躱趓埵鬌陊覇跺茷桗移

③去聲 惰

墮桗剁舵柁馱大桗跢度踱澤隋

剫鵽

④陽平 奪

鐸敓

350　44　陰10 陽20 上4 去10

滿文標音［to］（5）心五

tuo：①陰平 拕

佗拖它脫托扥飥挩袥

②上聲 妥

橢庹鼧

③去聲 唾

䏧籦蘀拆拓魄侂橐跅

④陽平 駝

馱鼉沱紽驒鮀陀跎砣跎陁迱酡

㐌堶柁碢槖漯

351　13　陽6 上1 去6

滿文標音［no］（6）尾六

nuo：①上聲 娜

②去聲 糯

懦那諾訥稬

③陽平 挪

捼挼儺那哪

352　52　陰14 陽33 上3 去2

滿文標音［bo］（7）箕七

bo：①陰平 波

玻菠嶓磻番撥鉢餑襏鱍般發盋

②上聲 簸

跛駊

③去聲 播

簸

④陽平 博

搏薄泊箔礴亳簙煿餺勃渤脖桲

垺鈸髆駁□剝鵓浡焞㶿簿欂艴

鎛膊荸孛犳䭦

353　17　陰8 陽4 上4 去1

滿文標音［po］（8）鬥八

po：①陰平 坡

頗陂岥潑劉蹳癹

②上聲 叵

頗㕯笸

③去聲 破

④陽平 婆

鄱嶓蹼

354　37　陰2 陽8 上2 去25

滿文標音［mo］（9） 牛九

mo∶ ①陰平 摸

嫫

②上聲 懡

抹

③去聲 磨

莫漠幕寞瘼膜鏌鄚末妹抹靺韈

眛昧沫秣邈韎□沒歿貌驀

④陽平 磨

摩麽魔蘑饝攠髍

355　19　陰4 陽4 上1 去11

滿文標音［dzo］（10） 女十

zuo∶ ①陰平 侳

繓蕞撮

②上聲 左

③去聲 座

坐佐作做柞酢怍葄莋筰

④陽平 昨

鑿鑿捽

356 26　陰8 陽11 上2 去6

滿文標音［ts」o］（11） 虛十丨

cuo∶ ①陰平 搓

蹉嵯瑳溠脞撮磋

②上聲 □

脞

③去聲 銼

剉莝挫錯剒

④陽平 矬

艖瘥醝艖鄭鄌蓫痤蒫

357 23 陰12 上11

滿文標音［so］（12）危十二

suo：①陰平 梭

蓑莎唆娑挱桫莏挲趖傞鮻

②上聲 鎖

鏁瑣璅鎍索㨆□蟧髓膸

358 40 陰3 陽32 去5

滿文標音［jo］（13）室十三

zhuo：①陰平 捉

桌拙

②去聲 輟

餟醊剟惙

③陽平 卓

琢啄斵椓焯濁濯擢涿鐲著着酌

灼勺妁斫繳彴梲斮準禚倬浞灂

鋜諑琸啅晫

359 10 陰2 去8

滿文標音［co］（14）壁十四

chuo：①陰平 戳

擉

②去聲 歠

啜龟臭綽婥娕娖

360 15 陰1 陽3 上1 去10

滿文標音［ṡo］（15）奎十五

shuo：①陰平 説

②上聲 所

③去聲 朔

槊稍鑠爍數溯□碩搠

④陽平 芍

杓汋

361　46　陰1 陽2 上2 去41

滿文標音［ho h」o］（16）婁十六

huo：①陰平 豁

②上聲 火

夥

③去聲 貨

和禍盉霍藿攉□脽癨臛矐靃濩

鑊耉騞剨獲劃擭嚄畫嫿韄或惑

籊豁瀖剫濊窢洄壑□謞鶴貉

謋殼

④陽平 活

越

362　20　陰7 上2 去11

滿文標音［o］（17）胃十七

wo：①陰平 窩

倭渦踒萵猧捼

②上聲 婐

鬌

③去聲 涴

蠖雘渥握偓喔？：？ 臒沃鋈

363　2　陽1 去1

滿文標音［fo］（18）昴十八

fo：①去聲 縛

②陽平 佛

滿文標音［we］畢十九

364　45　陽19 上9 去17

滿文標音［lo］（19）觜二十

luo：①上聲 裸

粿菰𧅳贏砢纙瘰倮

②去聲 洛

摞落酪銘路鏴硌駱雒濼馲犖烙

笿剢躒

③陽平 羅

蘿籮鑼囉邏鑼儸欏攞羅螺騾𧅳

蠡𧅳腡□欏

365　7　去7

滿文標音［ʐo］（20）㕘廿一

ruo˙˙ ①去聲 若

箬弱蒻鄀篛偌

二十六、申部九

366　46　陰9 陽23 上2 去12

滿文標音［ge］（1）角一

ge˙˙ ①陰平 歌

哥謌柯舸牁鴚鴿割

②上聲 哿

舸

③去聲 箇

個個各挌蓋蛒裓茖郃虼鮥

④陽平 閣

格隔槅閤葛革胳膈鬲嗝謌轕仡骼

觡袼蛤佮嗝鉿鎑搿

367　25　陰6 陽7 上4 去8

滿文標音［ke］（2）亢二一

ke˙˙ ①陰平 珂

軻磕搕瞌克

②上聲 可

坷嵑渴

③去聲 坷

齣客刻克克咯緙

④陽平 榼

溘刻欬頜𧇑厒

368　19　陽13 去6

滿文標音［e］（3）氏三

e：①去聲 餓

額嶭峉嶺鷧

②陽平 娥

鵞哦峨俄蛾莪訛吪破珴譌額

369　3　陽3

滿文標音［de］（4）房四

de：①陽平 德

得悳

370　6　去6

滿文標音［te］（5）心五

te：①去聲 忒

特慝螣下忑棏

371　2　陰2

滿文標音［ne］（6）尾六

ne：①陰平 訥

吶

372　17　陽9 去8

滿文標音［be］（7）箕七

be：① 去聲 迫

擘檗卜菔萰繴□

②陽平 伯

百柏白帛北檗舶鮊

373　8　去8

滿文標音［pe］（8）鬥八

pe：①去聲 珀

粕魄拍撲趄洦霸

374　19　去19

滿文標音［me］（9）牛九

me：①去聲 陌

貊貘驀麥脈脈霡覛墨默嘿目萬

佰衂蟔纆嚜

375　18　陽11 去7

滿文標音［dze］（10）女十

ze：①去聲 仄

昃側萴崱岝𢲈

②陽平 則

賊鰂責澤擇諎鰂嘖簀幘

376　6　去6

滿文標音［tse（ts 還是 ts」)］（11）

虛十一

ce：①去聲 策

筴冊測惻廁

377　3　去3

滿文標音［se］（12）危十二

se：①去聲 塞

嗇色

378　36　陰3 陽21 上2 去10

滿文標音［je］（13）室十三

zhe：①陰平 遮

蜇嗻

②上聲 者

赭

③去聲 柘

這蔗淛鷓蟅輒鮿肏摭

④陽平 哲

折宅摘謫窄晢折讁杔 酢蟄轍讋
磔迮蛇翟鶙岝笮

379 16 陰2 上3 去11

滿文標音［ce］（14） 壁十四

che：①陰平 車

硨

②上聲 撦

扯纙

③去聲 掣

趆拆坼徹联轍澈悊㝔中

380 37 陰2 陽6 上2 去27

滿文標音［ʂe］（15） 奎十五

she：①陰平 賒

奢

②上聲 舍

舍

③去聲 射

麝社舍赦□厙設色嗇轖蔎穡澀
攝葉揲懾韘涉瑟颸灄摵槭濇
琵㒧

④陽平 蛇

佘闍舌折歙

381 50 陰4 陽32 上2 去12

滿文標音［he］（16） 婁十六

he：①陰平 呵

訶欱歁

②上聲 歌

荷

③去聲 賀

荷喝赫嚇艴黑齕紇郝嗑褐

④陽平 何
荷河和訸鉌姀苛龢禾呵合盒劾郃
䖼宊闔嗑曷褐核翮核鶡盇匌蝎鞨
髦滆耠

382　20　陰7 去13
滿文標音［e］（17）胃十七
e：①陰平 婀
阿疴榱妸痾婀
②去聲 惡
堊扼厄呃啞軛厄遏閼頞堨？
滿文標音［fe］昂十八
滿文標音［we］畢十九

383　13　陰1 去12
滿文標音［le］（18）觜二十
le：①陰平 呣
②去聲 肋
扐樂勒仂泐阞捋酹埒鰳玏

384　4　上3 去1
滿文標音［ʐe］（19）參廿一
re：①上聲 惹
喏若
②去聲 熱
申部九
滿文標音［gi e］
二十七、申部九

385　15　陽10 去5
滿文標音［giyo］（1）角一
jue：①去聲 玃
攫矍貜钁
②陽平 覺

角桷榷珏捔腳噱瑴傕

386　12　去12

滿文標音［kiyo］（2）亢二

que¨　①去聲 却

確愨□卻□殼榷桷躩搉淮

387　4　去4

滿文標音［yo］（3）氐三

yue¨　①去聲 岳

樂岳鸑

滿文標音［diyo］房四

滿文標音［tiyo］心五

388　4　去4

滿文標音［niyo］（4）尾六

nue¨　①去聲 搦

虐瘧谑

滿文標音［biyo］箕七

滿文標音［piyo］鬥八

滿文標音［miyo］牛九

389　4　陽4

滿文標音［jiyo］（5）女十

jue¨　①陽平 爵

嚼雀爝

390　4　去4

滿文標音［ciyo］（6）虛十一

que¨　①去聲 鵲

碏雀皵

391　1　去1

滿文標音［siyo］（7）危十二

xue¨　①去聲 削

滿文標音［jyyo］室十三

滿文標音［c」yyo］壁十四
滿文標音［ʂiyo］奎十五
392　5　陽 4 去 1
滿文標音［hiyo］（8）婁十六
xue˙˙ ①去聲 謔
　　②陽平 學
　　鷽礐確□
393　16　去 16
滿文標音［yo］（9）胃十七
yue˙˙ ①去聲 約
　　葯藥躍礿淪爚龠籥鑰龥趯禴敫
　　籰瀹
滿文標音［缺］昴十八
滿文標音［wei yo］畢十九
394　3　去 3
滿文標音［liyo］（10）觜二十
lue˙˙ ①去聲 略
　　掠擽
滿文標音［ʐiyo］參廿一
西部十
滿文標音［go ye g」o ye］角一
西部十
滿文標音［ge ye］角一
二十八、西部十
395　63　陰 12 陽 28 上 1 去 22
滿文標音［giye］（1）角一
jie˙˙ ①陰平 皆
　　階街楷稭偕堦喈藒痎揭結
　　②上聲 解
　　③去聲 戒

誡介界價玠疥蚧届芥魪衸岕解廨

犗蚧尬切愢儶衸魀

④陽平 結

拮潔揭傑杰竭碣偈孑訐桔桀楪刼

抾頡拏檪榤羯擛衱蛣袺鋏梜嵥

396　9　陽2 去7

滿文標音［kiye］（2）亢二

qie¨　①去聲 怯

愜篋胠慊挈朅

②陽平 茄

伽

397　3　去3

滿文標音［ye］（3）氏三

ye¨　①去聲 業

鄴業

398　34　陰2 陽32

滿文標音［diye］（4）房四

die¨　①陰平 爹

跌

②陽平 牒

蝶鰈堞揲楪氎碟蜨耋凸疊迭瓞

蹀喋垤跕沾擿絰咥眣諜渫昳柣

哋墆詄螲褋

399　9　陰1 上5 去3

滿文標音［tiye］（5）心五

tie¨　①陰平 貼

②上聲 鐵

驖飻帖蝶

③去聲 帖

怗呫

400　29　陰2 陽2 去25

滿文標音［niye］（6）尾六

nie‥　①陰平 捏

捻

②去聲 聶

鑷躡籋惗涅齧囁臬蘖□踗捻錜

孼闑櫱揑臲蜺苶□敜嵲㮆

③陽平 涅

臬

401　9　陰3 陽4 上2

滿文標音［biye］（7）箕七

bie‥　①陰平 鼈

憋鱉

②上聲 別

癟

③陽平 別

莂蹩蛂

402　7　陰2 上4 去1

滿文標音［piye］（8）門八

pie‥　①陰平 撆

撇

②上聲 撇

撆瞥鐅

③去聲 瞥

403　12　陰2 上1 去9

滿文標音［miye］（9）牛九

mie‥　①陰平 咩

哶

②上聲 乜

③去聲 滅

威蔑蠛篾懱蔑㼲覕

404　28　陰5 陽17 上1 去5

滿文標音［jiye］（10）女十

jie¨　①陰平 嗟

罝接癤椄

②上聲 姐

③去聲 借

借褯躤唶

④陽平 節

捷箑婕睫浹莭岊楗截睞啑譂倢櫛

崨巀

405　9　陰1 上1 去7

滿文標音［eiye］（11）虛十一

qie¨　①陰平 切

②上聲 且

③去聲 妾

趄切竊笡篓唼

406　36　陰4 陽5 上3 去24

滿文標音［siye］（12）危十二

xie¨　①陰平 些

揳楔揟

②上聲 寫

炧檤

③去聲 謝

榭瀉卸薛紲絏褻契媟卨榍泄疶

渫屑洩燮躞屧糏薢偰緤

④陽平 斜

衺邪苴葪

滿文標音［jyye］室十三

滿文標音［c」yye］壁十四

滿文標音［ʂiye］奎十五

407　39　陰3 陽16 去20

滿文標音［hiye］（13）婁十六

xie∶　①陰平 歇

蠍猲

②去聲 瀣

蟹獬解邂械䲒薤懈澥嶰蘚緳頡

禊核擷繲齘㰔

③陽平 諧

瑎鞋鞵脇鮭脅協挾俠勰葉嗋㥋

絜纈

408　32　陰1 陽21 上4 去6

滿文標音［ye］（14）胃十七

ye∶　①陰平 噎

②上聲 也

野埜冶

③去聲 夜

射葉饁熀□□□曀咽鍱蠮拽頁謁

暍擫靨壓曅浥

④陽平 爺

耶揶鋣邪擨

滿文標音［fiye］昴十八

滿文標音［wei ye］畢十九

409　15　陰15

滿文標音［liye］（15）觜二十

lie∶　①陰平 列

烈洌裂颲茢冽獵躐鴷芀鬣捩擸咧

410　1　去1

滿文標音［ʐiye］（16）參廿一

①去聲 爇

二十九、酉部十

411　33　陽32 去1

滿文標音［gioi ye］（1）角一

jue¨　①去聲 倔

②陽平 厥

掘劂撅蹶蕨蟨鱖蕨橛栓闕決譎

訣鴂芵璚觖抉鴃駃鴂鐍獗玦叕

玦潏憰鷢鴚

滿文標音［kioi ye］（2）亢二

412　6　陰3 陽2 去1

que¨　①陰平 缺

闋闋

②去聲 闋

③陽平 瘸

䦧

413　5　去5

滿文標音［yuye］（3）氐三

yue¨　①去聲 月

刖軏蚏玥

滿文標音［dio ye］房四

滿文標音［tio ye］心五

滿文標音［nio ye］尾六

滿文標音［bio ye］箕七

滿文標音［pio ye］鬥八

滿文標音［mio ye］牛九

414　4　陽4

滿文標音［jio ye］（4）女十

jue¨　①陽平 蕝

絕孿嶨

滿文標音［cio ye］虛十一

415　3　上2 去1

滿文標音［sio ye］（5）危十二

xue：①上聲 雪

鱈

②去聲 雪

滿文標音［ju ye］室十三

滿文標音［cu ye］壁十四

滿文標音［ṣu ye］奎十五

416　9　陰2 上1 去6

滿文標音［hio ye］（6）婁十六

xue：①陰平 靴

鞾

②上聲 血

③去聲 穴

泬吷血岤狘

417　10　陰1 去9

滿文標音［yu ye］（7）胃十七

yue：①陰平 肥

②去聲 悅

閱粵越鉞樾蠘說噦

滿文標音［fu ye］昴十八

滿文標音［wei ye］畢十九

418　1　去1

滿文標音［lio ye］（8）觜二十

lie：①去聲 劣

滿文標音［z̨u ye］參廿一

二十、戌部十一

419　60　陰20 上29 去11

滿文標音［gū gu］（1）角一

gu：①陰平 姑

孤沽酤辜箍觚呱鴣蛄軱罛菇鐪柧

菇胍軲嫴簎

②上聲 古

詁鼓鼔瞽股賈牯盬蠱罟羖牯估

鈷谷谷轂瀔鴶梏骨汩滑䀿榾鶻

淈扢

③去聲 顧

雇故固凅痼錮鯝告估崮

420　18　陰7 上1 去10

滿文標音［kū、ku］（2）亢二

ku：①陰平 枯

骷刳挎窟哭堀

②上聲 苦

③去聲 庫

袴褲絝酷嚳䯉窟矻搰

421　39　陽16 上9 去14

滿文標音［u］（3）氐三

wu：①上聲 午

五伍仵迕逜忤玝旿

②去聲 悟

晤俁誤寤捂焐兀杌卼矹扤屼阢

③陽平 吾

吳鋙鋘梧郚鼯蜈珸浯琭峿䴈䓊

鋙禑

422 45　陰6 陽19 上6 去14

滿文標音［du］（4）房四

du：①陰平 都

闍篤肚督柮

②上聲 覩

肚堵堵賭睹

③去聲 杜

茊肚度渡妒妬鍍秺蠹螙斁土篤

④陽平 讀

犢櫝瀆獨讟牘匵嬻殰璳黷髑碡纛

毒竺蝫□

423 29 陰4 陽20 上2 去3

滿文標音［tu］（5）心五

tu：①陰平 瑹

禿鵚痜

②上聲 土

吐

③去聲 兔

吐菟

④陽平 圖

徒途塗荼涂屠瘏駼莬鄃捈稌酴駼

廜跿揬凸突

424 13 陽10 上2 去1

滿文標音［nu］（6）尾六

nu：①上聲 弩

努

②去聲 怒

③陽平 奴

孥駑帑砮笯詉拏𦛗伮

425 27 陰6 上7 去14

滿文標音［bu］（7）箕七

bu：①陰平 逋

鋪晡鵏哱不

②上聲 補

圃卜樸鳵鴇濮

③去聲 布

抪布步捕哺部簿埠蔀沛不暴瀑

426　34　陰3 陽21 上8 去2

滿文標音［pu］（8）門八

pu：①陰平 鋪

撲誧

②上聲 普

溥浦譜圃補氆堡

③去聲 怖

鋪

④陽平 蒲

蒱酺匍葡蒲莆僕鏷樸撲璞幞轐纀

襆菩醭攴樸朴

427　32　陽5 上10 去17

滿文標音［mu］（9）牛九

mu：①上聲 母

拇畝牡姆莽姥鏻鉧畮

②去聲 暮

募慕墓木霂沐目穆睦鞪牧苜鶩

楘繆鞏

③陽平 模

慕謨嫫暮

428　27　陰2 陽7 上8 去10

滿文標音［dzu］（10）女十

zu：①陰平 租

租

②上聲 祖

組珇阻俎詛岨珇

③去聲 祚

阼胙鏃蹙踧噈噈飵顣

④陽平 徂

退族足卒崒鷟

429　17　陰5 去12

滿文標音［ts」u］（11）虛十一

cu：①陰平 粗

犓麤麄怚

②去聲 醋

措厝錯蹴促蔟簇猝卒酢趗

430 45　陰5 陽1 去39

滿文標音［su］（12）危十二

su：①陰平 蘇

穌蘇酥蘇

②去聲 素

訴塑嗉愫膆遡溯愬遡膆嫊傃泝肅

驌䎘宿夙蓿謖速涑□敕餗蔌樕觫

潚鷫蹜縮簌遬瘯粟窣橚橚

③陽平 俗

431　77　陰17 陽20 上10 去30

滿文標音［ju］（13）室十三

zhu：①陰平 諸

菹葅朱珠豬朱株蛛鼄侏誅邾潴

藷袾咮

②上聲 主

麈拄翥煑渚陼囑矚屬

③去聲 助

住腧駐柱宁注炷霔鑄著箸筯罜

蛀佇竚軴莛苧紵羜抒貯祝軸逐

羜澍注

④陽平 竹

竺築舳妯柷□躅燭斸𪇆𧾷鸀筑

瘃蠋嘱䐈钃術

432　59　　陰13 陽20 上9 去17

滿文標音［cu］（14）　壁十四

chu̇̇　①陰平　初

芻蒭樞姝□貙摴樗出□齣㶆

②上聲　杵

□□□楚礎□□□

③去聲　處

畜蓄除矗搐俶埱鄐稸滀諔絀怵

詘黜齪

④陽平　除

儲躇躕滁篨厨廚蹰櫥耡鶵鋤鉏

蜍蠩趎觸歜擉

433　71　　陰13 陽24 上7 去27

滿文標音［ʂu］（15）　奎十五

shu̇̇　①陰平　書

舒梳疋疏□紓毹輸踈鄃叔蔬

②上聲　鼠

暑黍數所屬癙

③去聲　疏

恕庶署曙藷薯樹澍數捒戍輸腧

墅豎術沭鉥述蟀束秫竪潄茂逑

④陽平　殳

殊銖袾茱朱孰熟塾淑叔婌儵琡

贖蜀钃倏鱐倐數屬菽鸀

434　72　　陰9 陽29 上3 去31

滿文標音［hū hu］（16）　婁十六

hu̇̇　①陰平　呼

嘑虖滹戲忽惚笏芴

②上聲　虎

琥滸

③去聲 頀

護濩瓠獲互孯楛沍頀謼戽戸怙祜

扈岵楛鳸滬熩鱯鳠鄠簄擭鹄濩爡

穀嫮

④陽平 胡

壺乎瓡葫瑚糊糊醐弧湖狐蝴□胡

□蝴 猢鶘箶啢 斛槲縠核囫蔛

縠焀

435 29 陰12 上3 去14

滿文標音［u］（17）胃十七

wu: ①陰平 烏

汙杇嗚圬塢於惡洿瑥屋污

②上聲 鄔

搗鳾

③去聲 塢

洿汙惡污屋喔頞齷嗢榲隝鎣劇

滿文標音［fu］436 118 陰21 陽26 上23 去48

（18）昂十八

fu: ①陰平 夫

膚孚俘荸玞趺桴麩尃荂敷鈇莕跗

郛鄜琈痡垺□

②上聲 府

黼撫輔甫拊俯腑脯斧簠莆弣柎釜

腐頫頫滏俛□父㕮

③去聲 賦

付傅搏赴訃附袝賻駙鮒蚹副覆僕

復輻鍑富婦阜父負偩汼紱黻弗不

茀拂咈髴綍紼刜佛幅腹復蝮輹匐

馥由第垘泼

④陽平 扶

符芙苻夫凫蚨枎孚榑浮福茯虙復

蝠伏服踿洑箙栿鵩袱澓?？

437　33　陽7 上16 去10

滿文標音［u］（19）畢十九

wu˙˙ ①上聲 武

舞侮嫵娬憮□廡䳇碔鵡珷蕪甒

潕儛

②去聲 務

霧雺戊鶩婺物勿沕

③陽平 巫

蕪無無毋亡誣

438　82　陰1 陽23 上11 去47

滿文標音［lu］（20）觜二十

lu˙˙ ①陰平 攎

②上聲 魯

鹵滷澛櫓虜擄樐艣嚕氌

③去聲 路

輅賂璐露潞鷺鏴祿鹿簬蕗漉簏淥

箓麓□憁琭槴盝摝醁甪艫逯録蔍

六磟濼陸稑簵穋蔆戮勠緑騄籙緑

④陽平 盧

睩硉硥摔

鑪壚蘆顱矑櫨瀘艫嚧轤蘆瓐獹鱸

纑臚臚廬髗爐攎罏

439　33　陽14 上8 去11

滿文標音［ʐu］（21）參廿一

ru˙˙ ①上聲 汝

女乳醹擩粄茹辱

②去聲 孺

乳如入肉月褥蓐溽縟鄏

③陽平 如

茹洳鴽懦襦嚅絮薷孺蠕濡筎繻

三十一、戌部十一

滿文標音［gi］角一

滿文標音［ki］亢二

滿文標音［ei］氐三

滿文標音［di］房四

滿文標音［ti］心五

滿文標音［ni］尾六

滿文標音［bi］箕七

滿文標音［pi］鬥八

滿文標音［mi］牛九

440　52　陰31 上12 去9

滿文標音［dzi］（1）女十

zi：①陰平 咨

資姿茲貲仔孜滋粢諮齊胔訾髭孳

呰鼒耔趦菑淄緇輜鎡嵫齜鑯吡⿱此黑

齍嗞

②上聲 紫

子姊梓秭仔滓笫柹呰胏吇

③去聲 自

字恣漬胾剚胔扻牸

441　32　陰4 陽18 上4 去6

滿文標音［ts］y］（2）虛十一

ci：①陰平 雌

趑差縒

②上聲 此

佌泚跐

③去聲 次

刺佽莿載厠

④陽平 慈

磁瓷茨鷀疵玆滋玼骴茈薺餈詞辭

辤祠賫

442 49 陰20 上1 去28

滿文標音［sy］（3）危十二

si ①陰平 思

斯絲司私偲廝緦颸罳菥澌鷥簛嘶

撕峒澌褫厶

②上聲 死

③去聲 四

肆駟泗賜笥思伺寺嗣飼似巳祀姒

汜耜苡祠兕食俟涘竢禩鍚儹柶

443 118 陰29 陽7 上22 去60

滿文標音［jy］（4）室十三

zhi ①陰平 支

之枝芝知只梔巵胝脂氏觶跂蜘鼅

只只秖榰肢衼鳷吱汁執只織擿躑

②上聲 止

指旨芷紙只咫抵枳趾阯址沚時祉

征黹厎摭跱軹泜

③去聲 至

摯鷙贄伎志忎痣識制猘雉痔峙智

致帙秩袠觗質躓輊穉稚治致遲置

寘蛭滯彘懫猘紩鋕植實炙陟騭縶

窒庢鑕瓆慹秷騭胵紩桎礩櫍蹠跖

郅只跌

④陽平 直

值職膱蟙姪植

444 60 陰20 陽15 上9 去16

滿文標音［c］y］（5）壁十四
chi：①陰平 螭
癡郗絺瓻摛魑笞哃蚩彲媸痴嗤
鴟胵眵屎吃吃
②上聲 齒
侈恥褫鱗胣茝尺斥
③去聲 熾
幟饎憓傺翅赤糦叱抶彳勅飭鶩
敕勑
④陽平 池
墀遲持治馳踟篪坻匙漦茬泜
蚳移
445 98 陰17 陽20 上8 去53
滿文標音［ʂi］（6）奎十五
shi：①陰平 施

詩師獅蓍屍屍鳲邿釃葹吔虱蝨
溼螄失
②上聲 史
使始駛豕矢屎弛
③去聲 世
勢誓噬筮澨逝諡示沶事使試弒識
施啻侍嗜視豉士仕柿市恃昰是舐
氏諟始釋桬適祀咶栻奭襫螫式飾
軾拭鉽烒殖湜室檡埴賜
④陽平 時
褆蒔塒鰣峕榯提鍉十拾食石實蝕
什射鼫寔祏
滿文標音［hi］婁十六
滿文標音［i］胃十七
滿文標音［fi］昴十八

滿文標音［wei］畢十九
滿文標音［lii］犕二十
446　3　去3
滿文標音［z̧i］（7）參廿一
ri: ①去聲　日
廿馹
三十二、戌部十一
447　102　陰34 陽9 上13 去46
滿文標音［gi］（1）角一
ji: ①陰平　基
箕饑姬雞機幾譏璣鐖磯肌奇羈畸
乩笄稽刉禨錤觭羇朞掎僟鞿芨幾
屐墼擊鼙激
②上聲　己
幾紀麂庋幾蟣戟蕺給擑機氿
③去聲　記
寄冀覬驥異忌騎芰蔇惎諅暨洎塈
罽計泉繼髻薊繫鼙偈既技鱭剢鑑
琗妓跽季悸屐劇棘汲及笈岌圾訖
吃伎疙
④陽平　吉
級伋急極佶姞殛鵠
448　103　陰14 陽46 上17 去26
滿文標音［ki］（2）亢二
qi: ①陰平　欺
崎攲溪谿磎鸂蚑榿娸魌僛攲俱
②上聲　起
啓豈杞屺芑綺菅玘棨綮脊稽棨企
跂□
③去聲　器

亟棄棄氣憩揭契楔瘈炁詰劼吃乞
郤郄覻泣隟迄欲隙綌犵愒
④陽平 奇
騎琦錡其期棊棋碁旗琪璂堪綦萁
蘄祺淇麒騏碁祇祁祇郊岐蚑軝芪
歧耆鰭鬐旂頎祈碕圻崎埼畿俟鰭
肵錤愭
449　66　陽10 上8 去48
滿文標音［i］（3）氐三
yi： ①上聲 蟻
螘擬儗薿顗蟻艤
②去聲 義
意薏壇懿億噫縊衣翳瞖殪虉瘱鷧
瘞議誼瀷劓毅寱詣羿藝嫕薿埶囈
帛屹肐圪鎰鷁挽艗霓仡乙億憶臆
抑益澺繶檍
③陽平 宜
儀觺鸃涯疑嶷沂匜巇
450　68　陰11 陽19 上11 去27
滿文標音［di］（4）房四
di： ①陰平 低
堤隄䍕羝磾氐䩚秪滴的
②上聲 邸
底氐抵詆抵坻砥觝弤柢
③去聲 地
帝諦蒂蔕螮蝃第杕弟悌娣締遰遞
禘棣睇睇的菂玓彇揥軑樀靮
④陽平 笛
迪滌糴翟荻狄敵覿藋籊頔嫡適鏑
啇鬄篴蹢

451　44　陰4 陽24 上1 去15

滿文標音［ti］（5）心五

ti˙˙ ①陰平 梯

睇 踢 剔

②上聲 體

③去聲 替

剃 薙 鬀 涕 俶 屜 剔 惕 □ 逖 趯 嚔 髢 屉

④陽平 題

提 蹄 啼 嗁 緹 綈 醍 罤 鵜 銻 桋 荑 □ 鶙

騠 鮷 趧 踶 瑅 蹏 媞 偍 蝭

452　45　陽19 上9 去17

滿文標音［ni］（6）尾六

ni˙˙ ①上聲 旎

柅 你 抳 坭 瀰 晲 睨 譾

②去聲 膩

泥 溺 愵 惄 暱 昵 尼 遲 匿 衵 懽 𢘅 逆 鷊

鸁 嗕

③陽平 泥

尼 呢 怩 麑 倪 霓 郳 齯 輗 鯢 猊 兒 婗 蜺

鶂 麑 跜 淣

453　89　陰8 陽4 上19 去58

滿文標音［bi］（7）箕七

bi˙˙ ①陰平 箄

偪 鎞 蓖 螕 屄 逼 偪

②上聲 比

柀 妣 匕 秕 枇 鄙 否 啚 □ 俾 鞞 髀 貏 梐

髀 狴 坒 筆

③去聲 陛

賁 秘 泌 嬖 蔽 毖 閟 祕 柲 畀 芘 庇 蹕 箆

痹 彈 避 閉 弊 斃 獘 敝 幣 滭 篳 箆 必 珌

鉍怭羼弼苾邲馝畢佖熚嗶韠鷝碧
辟璧躃躄襞鷿壁逼愎愊偪湢煏
□柒
④陽平　鼻
葶葝禥

454　63　陰15 陽20 上14 去14
滿文標音［pi］（8）門八
pi：①陰平　批
披坯紕砒鈹鈚彼狓□錍剫諀劈霹
②上聲　嚭
否丕仳庀圮吡痞披匹疋癖睥擘
③去聲　臂
屁媲渒僻辟澼鷿濞淠擗壁腷鈚
④陽平　皮
疲郫琵毗昆比枇貔豼膍蚍陴埤裨
脾鼙羆罷椑

455　41　陽18 上10 去13
滿文標音［mi］（9）牛九
mi：①上聲　米
敉眯弭靡蘼洣絲芈渳
②去聲　謎
縻蜜密宓淧謐蔤覓汨冪糸坔
③陽平　彌
瓕宷迷麝糜□縻靡蘪醾□□塺攠
蘼麽蒾

456　61　陰8 陽18 上6 去29
滿文標音［ji］（10）女十
ji：①陰平　賫
懠齎虀躋賷嚌齏
②上聲　濟

擠泲脊霽鰿
③去聲 祭
霽濟隮躋際瀱劑薺嫉迹蹟鯽借寂
檵稷鯽楖戢楫齊櫻叟踖湒唧跡即
④陽平 績
勣積集蒺脊籍耤輯瘠塉膌借鵲疾
蹐繅巢

457 36 陰15 陽5 去16
滿文標音［ci］（11）虛十一
qi:
①陰平 妻
萋凄凄緀霋七漆桼沏榛栔柒緝
②去聲 砌
妻切沏磧刺慼慽戚□鏚磩葺濈
㴉緁
③陽平 齊

臍蠐薺懠

458 58 陰15 陽28 上10 去5
滿文標音［si］（12）危十二
xi:
①陰平 西
栖恓棲撕嘶犀樨郪□□窸悉蟋膝
②上聲 洗
枲葸徙蓰諰壐縰蹝屣
③去聲 細
舄磶冊蒚
④陽平 錫
裼昔惜席蓆臘息熄隰郋媳瘜習謵
襲夕汐穸褶槢慴霫晳晰析蜥淅
滿文標音［jy］室十三
滿文標音［c」y］壁十四
滿文標音［şi］奎十五

459　78　陰30 陽16 上5 去27

滿文標音［hi］（13）斐十六

xi：①陰平 希

稀熙羲禧僖嘻熹譆嬉俙睎晞餼歙

豨螫巇犧曦咦屎睎醯嚱翕吸噏

闟嬆

②上聲 喜

蟢憘憙餙

③去聲 戲

呬屭餼熂係係禊屓係盻咥㑶肸覎

赥虩覤恓號鬩欯忔汔隙扱潝

④陽平 攜

觿眭兮奚傒蹊鄈□嵇溪謑嫈蠵

鑴傒

460　126　陰21 陽31 上16 去58

滿文標音［i］（14）胃十七

yi：①陰平 伊

衣依醫猗漪咿漪□蛜噫鷖黟鷖繄

毉翳一堅揖壹

②上聲 倚

椅矣以已扆苡猗旖苢踦㠯崺胣

酏迆

③去聲 易

裔異肄勩異廙襼斁曳䞣刈乂逸佚

佾昳溢泆妷繹驛嶧睪懌斁醳譯檡

亦奕弈帟掖腋液蜴埸射襗擇釋睪

翊弋杙翼熤翌黓熠邑悒挹颶佁

潩熼

④陽平 移

夷姨□怡飴頤貽胰遺詒迤圯施椸

簃漇廖匜𠥾訑豙貤洟桋□臺眙蛇
螔姬
滿文標音［fi］昴十八
滿文標音［wei］畢十九
461　121　陽42 上19 去60
滿文標音［lii］（15）觜二十
li：①上聲 裏
李理禮裏裏鯉娌履俚醴澧蠡鱧劙
邐豊哩鄞
②去聲 利
吏莅荔莉浰痢離蠣涖唎詈例厲礪
勵麗隸儷沴戾捩唳俐癘力劦立粒
笠歷靂櫪癧瀝蘼□礰酈礫瓅轢櫟
皪嚦曞鬲栗栗篥瑮檪溧栗鷅轣擽
苙岦蜧

③陽平 梨
犁璃鸝纚□孋貍俚離蠡羅罹□籬
穲儷嚟醨漓蔾蟍□□灕犛□蔾
黎藜璨鱺羅蘺縭蠡麗褵漓鵹
滿文標音［z̦i］參廿一
三十三、戌部十一
462　79　陰14 陽14 上12 去39
滿文標音［gioi］（1）角一
ju：①陰平 居
車俱裾駒琚拘據椐峋崌痀蜛鋸
②上聲 舉
莒筥欅弆矩踽棋枸蒟椇簴
③去聲 句
具屨懼怐颶據踞倨鋸躆鐻臄遽醵
詎劇巨拒秬櫃距㨿駏窶虡鉅苣炬

粔據鋦郥涺鶪蓻僂櫂崛

④陽平　菊

鞠掬踘鞫匊局局梮橘毱挶局鵴

463　53　陰16　陽25　上5　去7

滿文標音［kioi］（2）亢二

qu：①陰平　區

嶇驅軀袪墟嘘　阹胠呿袪蹳　曲

屈䘿

②上聲　齲

去曲苗蛐

③去聲　去

敁呿闃蝠屈竜

④陽平　劬

臞朐躍衢瞿癯絇鸜氍鴝渠腒蕖句

欋蘧籧璩磲蚷麯曲蠷戵

464　47　陽12　上6　去29

滿文標音［ioi］（3）氐三

yu：①上聲　語

齬圉敔俁虞

②去聲　御

馭御語遇寓籞飫醧嫗飷鬱彧燠薁

噢棛砡鈺鬱欝蔚尉罻灪甈瑀玉獄

③陽平　魚

漁㪚虞愚娛嵎隅禺髃湡鸆

滿文標音［diyu］　房四

滿文標音［tiyu］　心五

465　2　上1　去1

滿文標音［nioi］（4）尾六

nü：①上聲　女

②去聲　女

滿文標音［biyu］箕七

滿文標音［piyu］門八

滿文標音［miyu］牛九

466　20　陰12 上3 去5

滿文標音［jioi］（5）女十

ju˙˙　①陰平 苴

雎趄疽狙且蛆葅砠娵沮麆

②上聲 咀

跙齟

③去聲 聚

緅足堅冣

467　11　陰4 上2 去5

滿文標音［cioi］（6）虛十一

qu˙˙　①陰平 趨

蛆趍趣

②上聲 取

娶

③去聲 趣

娶租覷駿

468　29　陰11 陽2 上2 去14

滿文標音［sioi］（7）危十二

xu˙˙　①陰平 須

須須需胥鬚諝糈湑戌鉞

②上聲 醑

偦

③去聲 絮

續敘序緒鱮鱮芧抒婿揟卹恤溆

④陽平 徐

蒣

滿文標音［jyyu］室十三

滿文標音［c」yyu］壁十四

滿文標音［siyu］奎十五

469　35　陰11 上9 去15

滿文標音［hioi］（8）婁十六

xu：①陰平 虛

噓歔吁盱㖃冔訏盱□昫驉

②上聲 許

詡栩珝冔煦昫煦祤

③去聲 勖

酗旭頊畜蓄慉訹珬敍洫噈詸恤䬔

470　130　陰7 陽47 上21 去55

滿文標音［yu］（9）胃十七

yu：①陰平 紆

迂於淤瘀瘀唹

②上聲 禹

雨羽宇瑀鄅與予與偊貐㺄愈窳傴

楀庾噳寙萬霸

③去聲 豫

裕諭譽預澦與芋雨喻籲覦轝譽蕷

歟欲欲錥峪鵒聿鴥鷸矞遹霱育毓

煜昱瑜浴熇堉淯獝棫域蜮驈緎琙

淢緎汩僪燏閾□毒昳疫鋊役䨒

④陽平 余

予歟好輿舁餘畬於玗旟盂雩竽璵

杅邘偷仔腧俞舒逾渝覦窬瑜榆楰

隃蝓羚圩萸臾腴揄歈諛褕歈踰

貐俆與釪璵

滿文標音［fi yu］昴十八

滿文標音［wei yu］畢十九

471　32　陽7 上11 去14

滿文標音［lioi］（10）觜二十

lv˙˙ ①上聲 呂

膂旅侶縷褸僂梠挹嶁篖

②去聲 慮

濾勴屢鑢鋁爈櫖律葎萃綠碌綠

③陽平 驢

閭櫚鏤漊藘氀

滿文標音［ẓiyu］參廿一

三十四、亥部十二

472　22　陰12 上2 去8

滿文標音［gūwa guwa］（1）角一

gua˙˙ ①陰平 瓜

媧蝸騧颳緺鴰剮刮苦聒颳

②上聲 寡

剮

③去聲 卦

挂掛詿絓褂掛罫

473　14　陰7 上1 去6

滿文標音［kūwa kuwa］（2）亢二

kua˙˙ ①陰平 誇

夸姱侉咵舿骻

②上聲 咵

③去聲 跨

胯咵垮骻銙

474　3　上2 去1

滿文標音［wa］（3）氐三

wa˙˙ ①上聲 瓦

邷

②去聲 瓦

475　3　陰3

滿文標音［duwa］（4）房四

dua：①陰平 鵽

　　裰 錣

滿文標音［tuwa］心五

476 4 陰4

滿文標音［nuwa］（5）尾六

nua：①陰平 妠

　　肭 豽 貀

滿文標音［buwa］箕七

滿文標音［puwa］鬥八

滿文標音［muwa］牛九

滿文標音［dzuwa］女十

滿文標音［ts」uwa］虛十一

滿文標音［suwa］危十二

477 7 陰6 上1

滿文標音［juwa］（6）室十三

zhua：①陰平 撾

　　檛 髽 簻 抓 茁

　　②上聲 爪

478 7 陰4 上3

滿文標音［cuwa］（7）壁十四

chua：①陰平 篡

　　㔍 頒 韋

　　②上聲 嗖

　　㼌 䂳

479 3 陰2 上1

滿文標音［ʂuwa］（8）奎十五

shua：①陰平 刷

　　唰

　　②上聲 耍

480　21　陰2 陽8 上1 去10

滿文標音［huwa huwa（還是 hūwa）］

（9）婁十六

hua：①陰平 花

𬇙

②上聲 踝

③去聲 化

樺話華崋杹畫澅繣魤

④陽平 華

驊譁鏵劃滑猾劃

481　18　陰17 陽1

滿文標音［wa］（10）胃十七

wa：①陰平 窪

蛙窪哇窐䨟搲窊娃溛鼃穵挖膃

揾嗢媪

②陽平 娃

滿文標音［fuwa］昴十八

滿文標音［wa］畢十九

滿文標音［luwa］觜二十

滿文標音［ʐuwa］參廿一

三十五、亥部十二

482　3　陰1 陽2

滿文標音［ga g」a］（1）角一

ga：①陰平 噶

②陽平 尜

嘎

483　7　陰6 上1

滿文標音［ka k」a］（2）亢二

ka：①陰平 佧

咯卡擖𠛆劼

②上聲 㗇

滿文標音［a］氏三

484　28　陰14 陽9 上1 去4

滿文標音［da］（3）房四

da：①陰平 答

搭褡䐛荅㩉嗒奤韃剫鎉劄鐽箚

②上聲 打

③去聲 大

炟咀妷

④陽平 達

薘笚龠妲怛笪礬韃

485　33　陰4 上4 去25

滿文標音［ta］（4）心五

ta：①陰平 他

塌褟鰨

②上聲 塔

獺澾㙮

③去聲 榻

踏蹋遢𨂝闒鞜遝嗒沓傝啫溻鞳拓

撘榙闟漯鞈噠撻□蹧鞜毾

486　12　陰1 陽3 上1 去7

滿文標音［na］（5）尾六

na：①陰平 那

②上聲 那

③去聲 那

納衲内捺吶蒳

④陽平 拿

拏拿

487　36　陰16 陽7 上1 去12

滿文標音［ba］（6）箕七

ba‥ ①陰平 巴

笆芭吧蚆耙豝八捌扒捌叭哵疤

朳趴

②上聲 把

③去聲 霸

灞垻爸欛弝鞁耙把罷欛壩

④陽平 拔

跋魃軷茇詙胈

488　14　陰4 陽6 上1 去3

滿文標音［pa］（7）門八

pa‥ ①陰平 葩

盼矾汃

②上聲 迎

③去聲 怕

帕帊

④陽平 爬

杷琶趴鈀爬

489　14　陰2 陽6 上4 去2

滿文標音［ma］（8）牛九

ma‥ ①陰平 嘛

媽

②上聲 馬

碼瑪螞

③去聲 禡

罵

④陽平 麻

蟆蟇庥蟖磨

490　12　陰4 陽8

滿文標音［dza］（9）女十

za‥ ①陰平 咂

嗜□喳

②陽平 雜

帀匝雜碟咱迊鍤

491　2　陰2

滿文標音［ts」a］（10）虚十一

ca·· ①陰平 擦

磜

492　18　陰8 上4 去6

滿文標音［sa］（11）危十二

sa·· ①陰平 薩

撒靸僿壒趿馺三

②上聲 灑

灑撒靸

③去聲 颯

薩撥霅趿卅

493　49　陰19 陽8 上7 去15

滿文標音［ja］（12）室十三

zha·· ①陰平 查

奓渣觰粋楂樝柤扭揸皻漕吒扎

札戲盤哳紮

②上聲 鮓

蘸苴謯詐厏眨

③去聲 乍

詐醡榨蠟砟蚱咋蚱鵜柵霅痄

笮炸

④陽平 劄

煠蓮鍘札牐砡閘

494　41　陰10 陽14 上3 去14

滿文標音［ca］（13）壁十四

cha·· ①陰平 叉

杈差插嗏叉肞靫䪞鎈

②上聲 䟕

笅哆

③去聲 詫

姹侘奼汊岔咤衩謧吒垞刹腷鍤

④陽平 茶

秅垞楂槎苴廬厏查□搽察詧擦

495 20 陰9 上1 去10

滿文標音［ʂa］（14） 奎十五

sha：①陰平 沙

紗砂鯊裟毟髿繺殺

②上聲 傻

③去聲 廈

霎翣箑歃翜啑煞鎩萐

496 2 陰1 上1

滿文標音［ha h」a］（15） 婁十六

ha：①陰平 哈

②上聲 哈

497 3 陰2 去1

滿文標音［a］（16） 胃十七

a：①陽平 阿

啊

②去聲 阿

498 13 陰3 陽6 上3 去1

滿文標音［fa］（17） 昴十八

fa：①陰平 發

伐垡

②上聲 髮

法灋

③去聲 法

④陽平　乏

罰筏閥栰橃

499　5　陰3　去2

滿文標音［wa］（18）畢十九

wa：①陰平　韈

䯉膃

②去聲　襪

韤

500　25　陰8　陽4　上2　去11

滿文標音［la］（19）背二十

la：①陰平　拉

喇菈磖拉砬粒拿

②上聲　磊

喇

③去聲　臘

蠟鑞擸蝋剌辣糲揦礸瘌

④陽平　邋

瑯犁蝲

501　1　陰1

滿文標音［z̨a］（20）叁廿一

ra：①陰平　髯

三十六、亥部十二

502　50　陰23　陽9　上11　去7

滿文標音［giya］（1）角一

jia：①陰平　嘉

家加佳笳跏枷袈茄葭麚泇珈迦耞

痂瘕豭駕夾挾鶪鋏

②上聲　賈

檟假斝椵婽甲蛺筴岬莢

③去聲　駕

架價假嫁稼駱

④陽平 袷

郟夾戛頡梜陜鞈䶎

503 11 陰5 上3 去3

滿文標音［kiya］（2）亢二

qia‥ ①陰平 䠍

㗬掐搳抲

②上聲 跒

卡䶝

③去聲 髂

恰帢

504 17 陽8 上2 去7

滿文標音［ya］（3）氐三

ya‥ ①上聲 雅

牙

②去聲 迓

御訝砑伢閜齾

③陽平 牙

芽衙涯吾丫厓崖

滿文標音［diya］房四

滿文標音［tiya］心五

滿文標音［niya］尾六

滿文標音［biya］箕七

滿文標音［piya］鬥八

滿文標音［miya］牛九

滿文標音［jiya］女十

滿文標音［ciya］虛十一

滿文標音［siya］危十二

滿文標音［jyya］室十三

滿文標音［c'yya］壁十四

滿文標音［ṣiya］奎十五

505 39　陰 7 陽 20 去 12

滿文標音［hiya］（4）婁十六

xia：①陰平 鰕

煆岈谺瞎蝦縖

②去聲 夏

下暇嚇唬謼罅夓芐洽呷□

③陽平 霞

遐蝦瑕赮騢葭遐祫狹峽硤狎匣黠

轄柙□鍜陿

506　24　陰 11 陽 1 上 2 去 10

滿文標音［ya］（5）胃十七

ya：①陰平 鴉

丫雅椏鵶呀砑壓鴨押鴉

②上聲 啞

痖

③去聲 亞

婭稏壓掗軋圔窫扎猰

④陽平 押

滿文標音［fiya］昴十八

滿文標音［wei ya］畢十九

507　1　上 1

滿文標音［liya］（6）觜二十

lia：①上聲 兩

滿文標音［ẓiya］參廿一

亥部十二

滿文標音［gioi wa］角一

音韻逢源

〔清〕裕恩撰

據北京大學圖書館藏清道光聚珍堂刻本影印原書版框高二二〇毫米寬一二九〇毫米

音韻逢源

京都隆福寺路南
聚珍堂書坊發兑

音韻逢源序

我

朝肇興東土文德覃敷取象飛龍自
製文字以十二字頭括宇宙之
大文有象皆彰無音不備合聲
切字毫無牽合假借與華嚴字

母體雖異製聲實同元信乎同
文之極則也追溯上古結繩而
後易之以書契古文篆隸隨世
遞變切韻之學始於沈約厥後
唐之廣韻宋之集韻元之韻會
或反切或轉注甚至有音無字

空圈影附曾無善本可奉為典
常而不可易者康熙五十四年
欽定音韻闡微一書辨陰陽清濁於
希微杳渺之間貫古今音韻之
指南也惟是窮鄉僻壤莫能覩
其精微或淺學陋儒未足闚其

義藴是以流傳雖久而通貫韻
學者仍復寥寥余荒踈寡學於
諧聲之法尤所未諳己亥孟冬
五弟容齋以手訂音韻逢源一
書見貽公餘多暇反覆推求其
法以國書十二字頭參合華嚴

字母定爲四部十二攝四聲二十一母統一切音編成字譜凡四千零三十二聲生生之序出於自然經緯錯綜源流通貫雖向之有音無字者亦可得其本韻天地之元聲於是乎備矣惜

其不列入聲未免缺然問之則
曰五方之音清濁高下各有不
同當以京師爲正其入聲之字
或有作平聲讀者或有作上去
二聲讀者皆分隸於三聲之内
周德清之中原音韻李汝珍之

音鑑亦皆詳論之矣且此譜秪
為傳聲射字之用固音韻之游
戲耳故多收俗字而略僻字至
於研窮音義愽證典籍自有音
韻闕微康熙字典集六書之大
成廣大精微非此書之所能盡

也余題其言鑒其書之簡明賅
括條理井然便於初學俾後之
學者從而習之庶可得其梗槩
矣故為之序

道光庚子春仲月凝齋禧恩撰

音韻逢源目錄

容齋裕恩撰定
仲蕃蘊恩校閱

四部

第一乾部 合口呼光等十二音是也
第二坎部 開口呼剛等十二音是也
第三艮部 齊齒呼江等十二音是也
第四震部 撮口呼（居汪切）等十二音是也

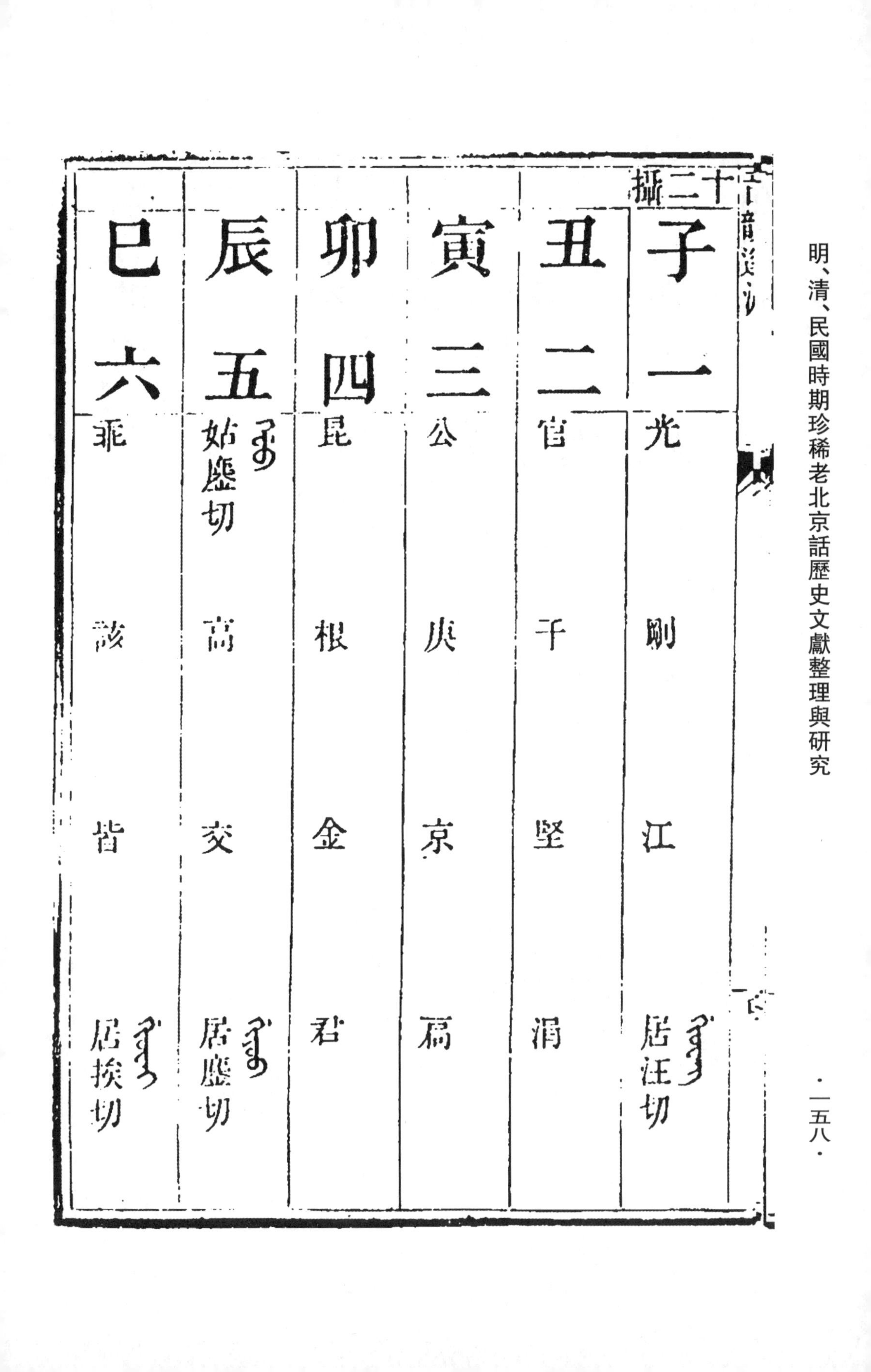

十二攝

子 一	光	剛	江	居汪切	
丑 二	官	干	堅	涓	
寅 三	公	庚	京	扃	
卯 四	昆	根	金	君	
辰 五	姑鏖切	高	交	居鏖切	
巳 六	乖	該	皆	居挨切	

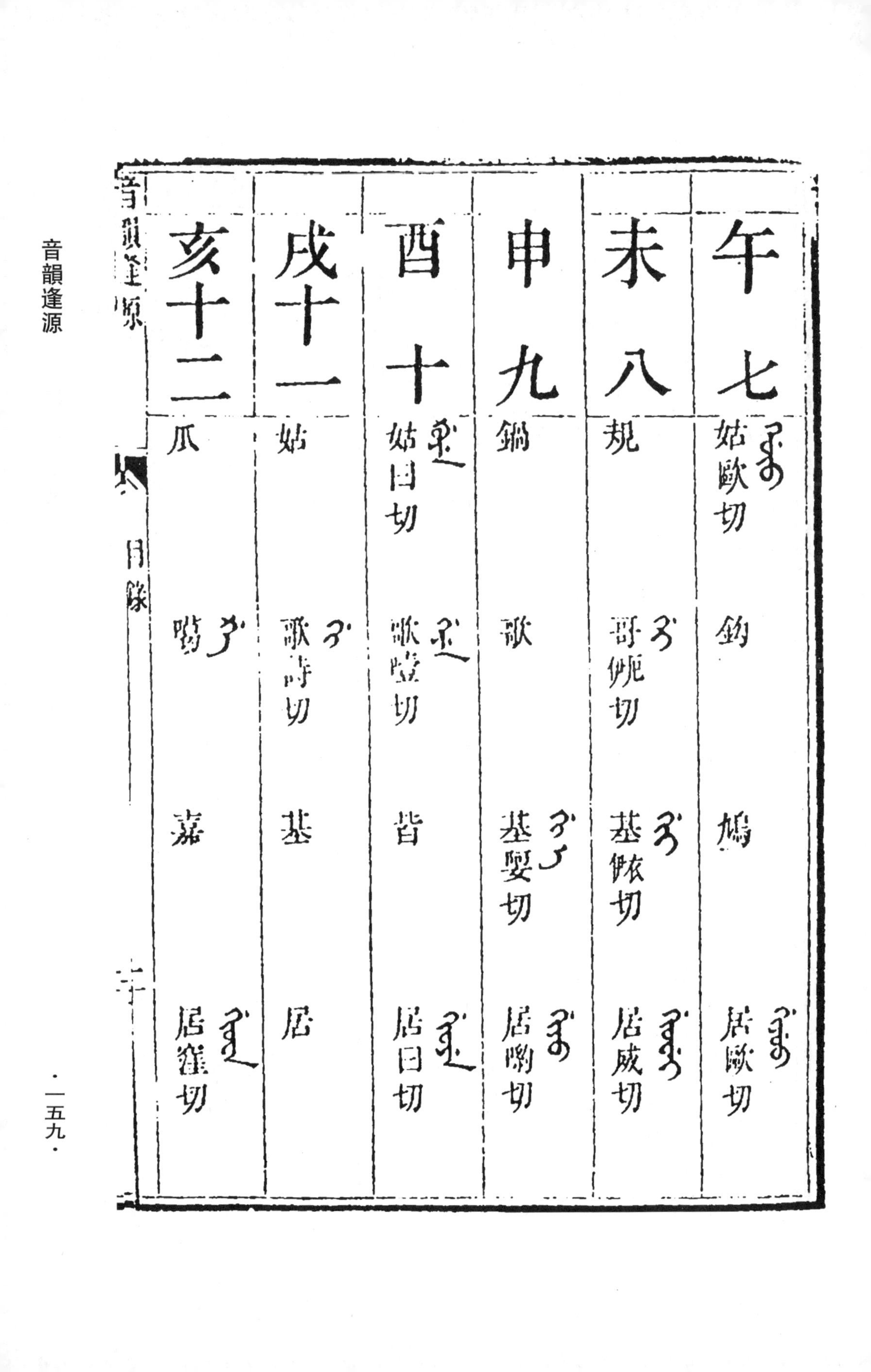

午七	姑歐切	鉤	鳩	居歐切
未八	規	哥伲切	基皈切	居威切
申九	鍋	歌	基嬰切	居喇切
酉十	姑曰切	歌噎切	皆	居曰切
戌十一	姑	歌詩切	基	居
亥十二	瓜	嘓	嘉	居雈切

四聲

巽部第一

上平聲

光　官　公　昆　姑壓切

乖　姑歐切　規　鍋　姑曰切

姑　瓜

離部第二

上聲

廣　管　鑛　滾　姑碘切

拐　姑偶切　癸　果　鍋也切

古　寡

坤部第三

去聲

桄　貫　貢　棍　固傚切

怪　固启切　貴　過　固恱切

觀　卦

兌部第四

下平聲

姑王切　姑完切　姑洪切　姑文切　姑遨切

姑槐切　姑侯切　姑韋切　國　鍋爺切

姑吳切　姑華切

廿一母

角一　噶

亢二　佉

氐三　啊

房四　搭

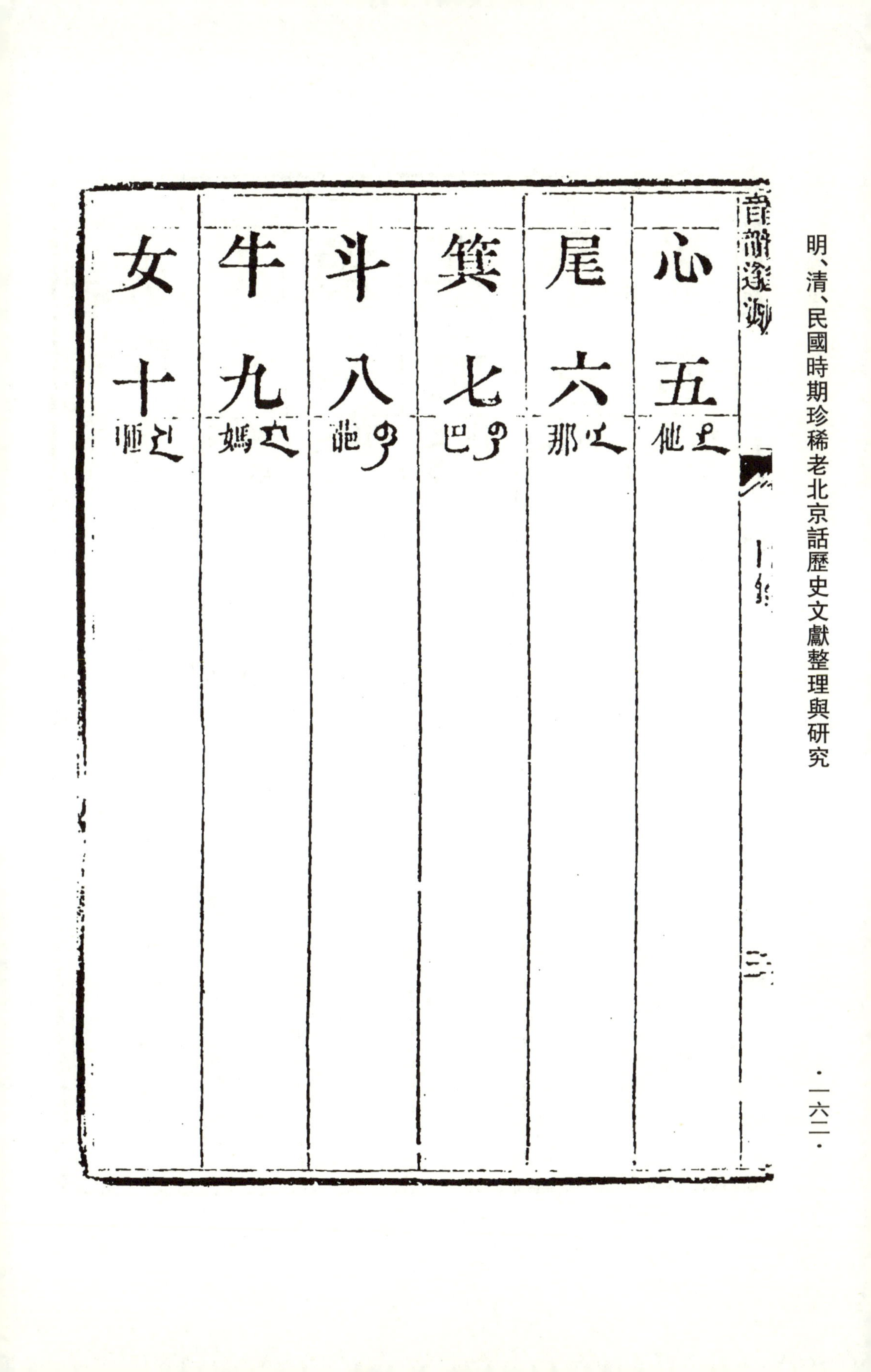

心　五　他

尾　六　那

箕　七　巴

斗　八　葩

牛　九　媽

女　十　呾

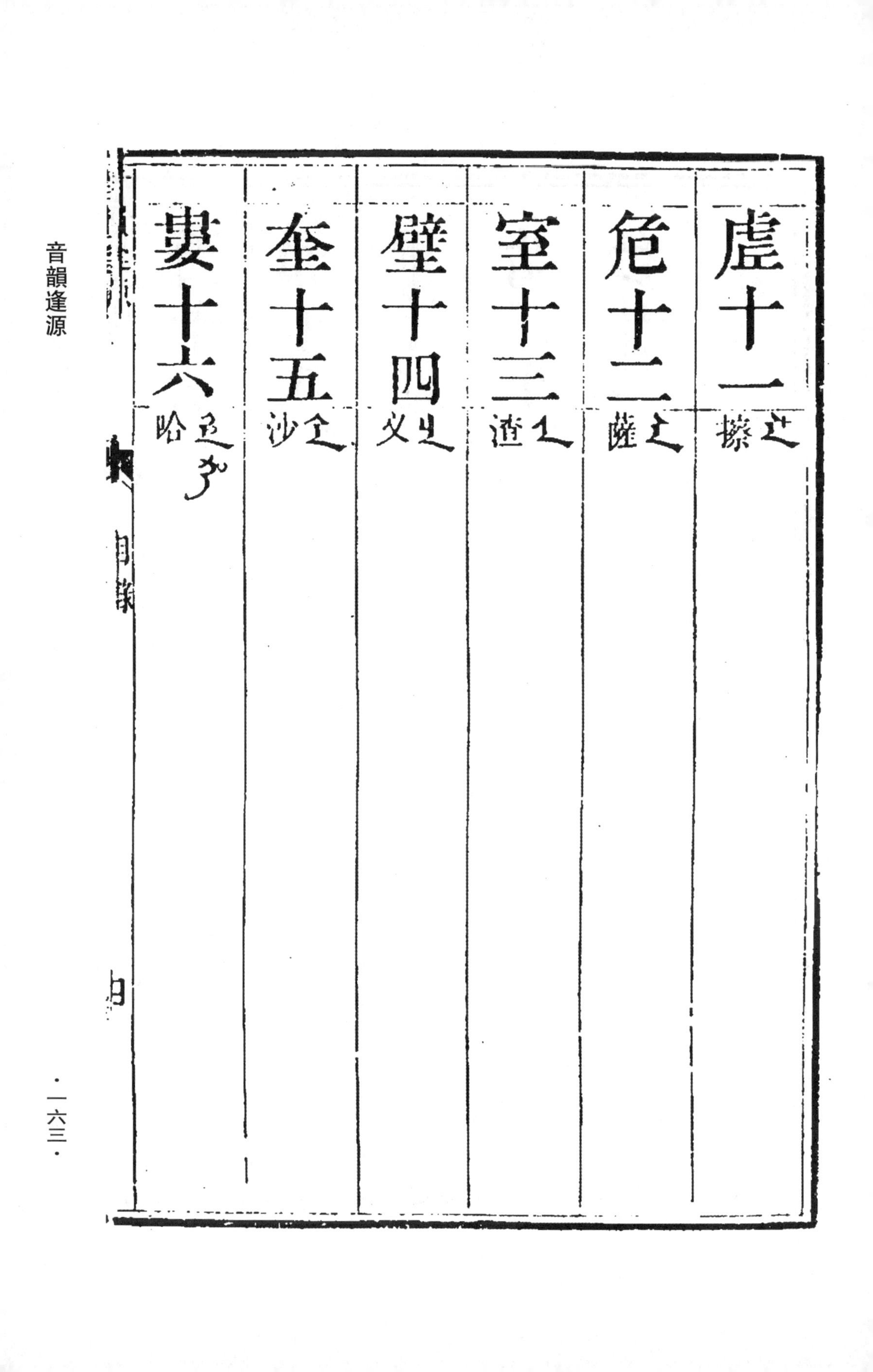

虛十一 擦

危十二 薩

室十三 渣

壁十四 义

奎十五 沙

婁十六 哈

胃十七 阿

昴十八 發

畢十九 斡

觜二十 拉

參廿一 [illegible]

子部一	乾一	巽一	離二	坤三	兌四
角一		光 胱桄洸珖侊 垙硄姯茪	廣	桄 誑桄迋獷逛 徃	姑王切
亢二	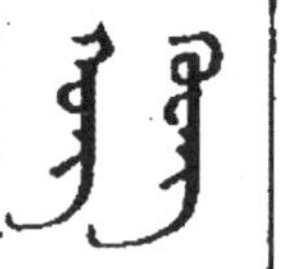	筐 劻恇[illegible]眶匡 誆框洭[illegible]	[illegible] [illegible]	曠 纊壙眶	狂
氐三		吾汪切	吾往切	悟旺切	吾王切
房四		都汪切	都往切	杜旺切	都王切
心五		兖汪切	兖往切	兖旺切	兖王切

尾六		奴汪切	奴往切	怒旺切	儂 譨儂
箕七		不汪切	不往切	布旺切	不王切
斗八		鋪汪切	鋪往切	怖旺切	鋪王切
牛九		樸汪切	樸往切	暮旺切	樸王切
女十		租汪切	租往切	祚旺切	租王切
虛十一		粗汪切	粗往切	醋旺切	粗王切

字母	滿文	平	上	去	入
危二十	[illegible]	蘇汪切	蘇往切	素旺切	蘇王切
室三十	[illegible]	莊 妝粧裝樁庄 鴡鶬	奘	壯 狀撞戇惷䵶	珠王切
壁四十	[illegible]	牕 窻窗瘡創摐	磢 剙摤峽愴搶 闖	創 剏	牀 床幢淙噇
奎五十	[illegible]	霜 雙孀鷞驦鸘 騻樉艭欆艭 𨇨欆	爽 塽樉漺	恕旺切	舒王切
婁六十	[illegible]	荒 慌方巟慌椛	恍 兄榥謊怳恍 䀮擴晃𣉻恍	況 况況貺㫛纊	黃 皇凰潢篁璜 簧蝗隍鰉遑

子部乾一

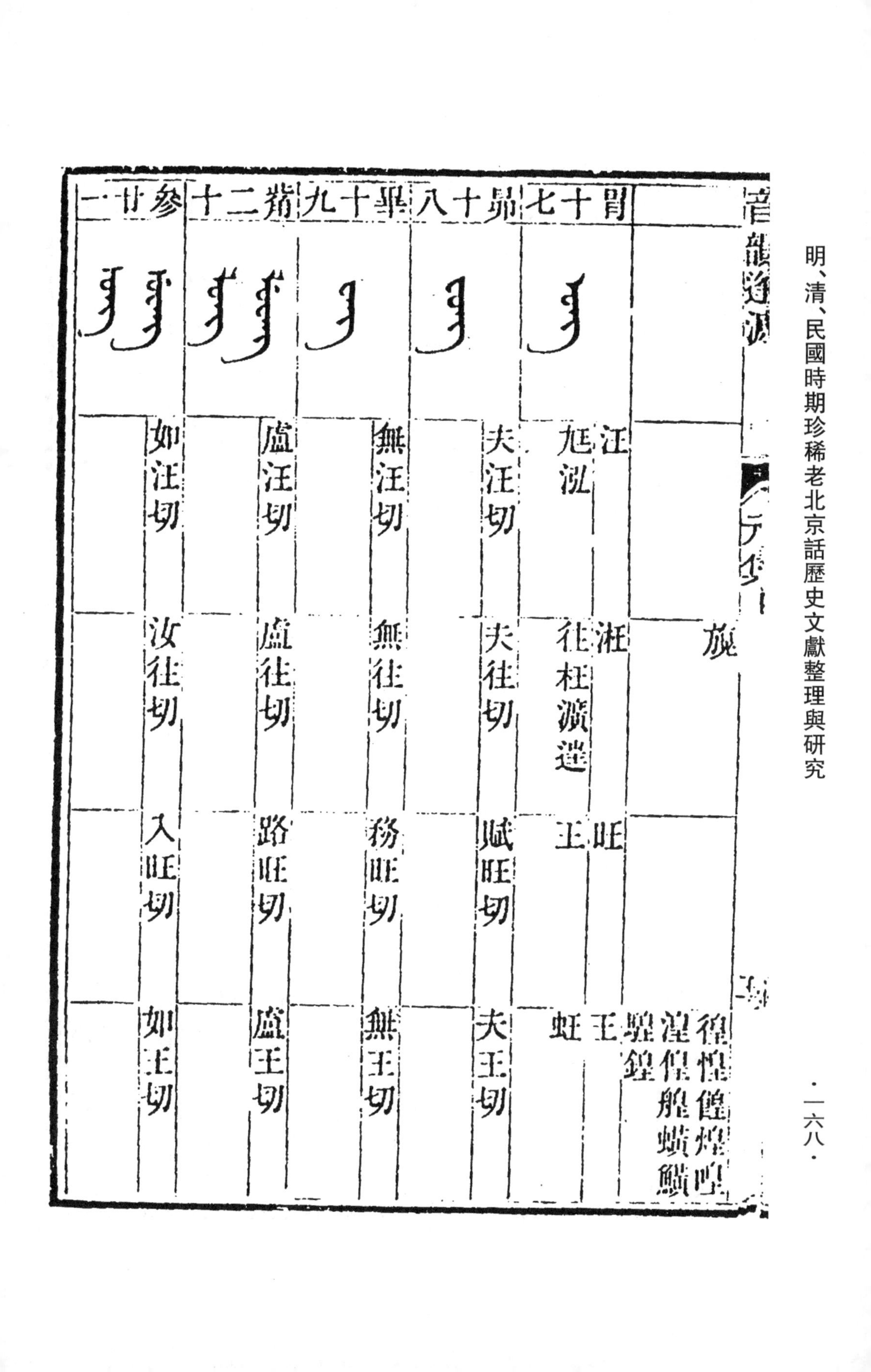

			旋		徨惶艎煌喤 湟偟艎蟥鰉 騜鍠
胃十七	[illegible]	汪 尫泓	汪 往枉瀇迋	旺 王	王 虹
帰十八	[illegible]	夫汪切	夫往切	賦旺切	夫王切
畢十九	[illegible]	無汪切	無往切	務旺切	無王切
猪二十	[illegible]	廬汪切	廬往切	路旺切	廬王切
參廿一	[illegible]	如汪切	汝往切	入旺切	如王切

子部一	角一		亢二	氐三	房四
坎二	[illegible]		[illegible]	[illegible]	[illegible]
巽一	剛 釭綱鋼岡崗 缸鋼扛掆肛	堈杠罡矼棡	康 糠慷㝩躿砊 歁𩝨 莪狄切		當 璫簹䈴鐺艡 蟷艡
離二	吭 阬		慷 忼骯 菝盎切		黨 攩党讜鄭欓 鄉
坤三	掆 焵槓		亢 抗炕伉閌 頏亢切		擋 儅宕碭蕩簜 擋菪𥮝瓽瑒
兌四	歌昂切		扛 抗 昂	卬柳駠枊	徜昂切

新韻逢源 元集

三

心 五		湯 鐋 趟 蕩 摥	帑 倘 踼 潒 儻 矘 灙 曭	燙 盪	唐 堂 棠 螳 傏 糖 塘 搪 螗 溏 膛 餳 䧜 瑭 漟 螗 鎕 䣘
				逿	
尾 六		甏 𩫖	髈 搒 擫 壜	膨 𩥇	甍
箕 七		邦 幫 梆 䩷 幇 帮 捹	榜 牓 嗙 螃 鄉	謗 傍 棒 搒 蚌 玤	巴昂切
斗 八		滂 磅 雱 胮 胖 膖 埲 舽 䨦	㛘	胖	傍 雱 螃 膀 舿 彷 房 逄 旁 艂

牛九		女十	虛十一	危十二	室十三

哤獏切		臧 贓戕牂	倉 蒼滄鶬	桑 喪	張 章彰璋樟麞漳粻餦嫜慞
蟒 莽漭[illegible][illegible][illegible]		駔	蒼	顙 磉[illegible]搡[illegible]	掌 長仉鞝
黙亢切		臟 藏髒奘	[illegible]亢切	喪	帳 漲脹障嶂瘴張丈杖仗長
芒 忙恾茫蘉硭駹浝杗尨厖哤娏牻		[illegible]昂切	藏	[illegible]昂切	[illegible]昂切

四

子部坎二

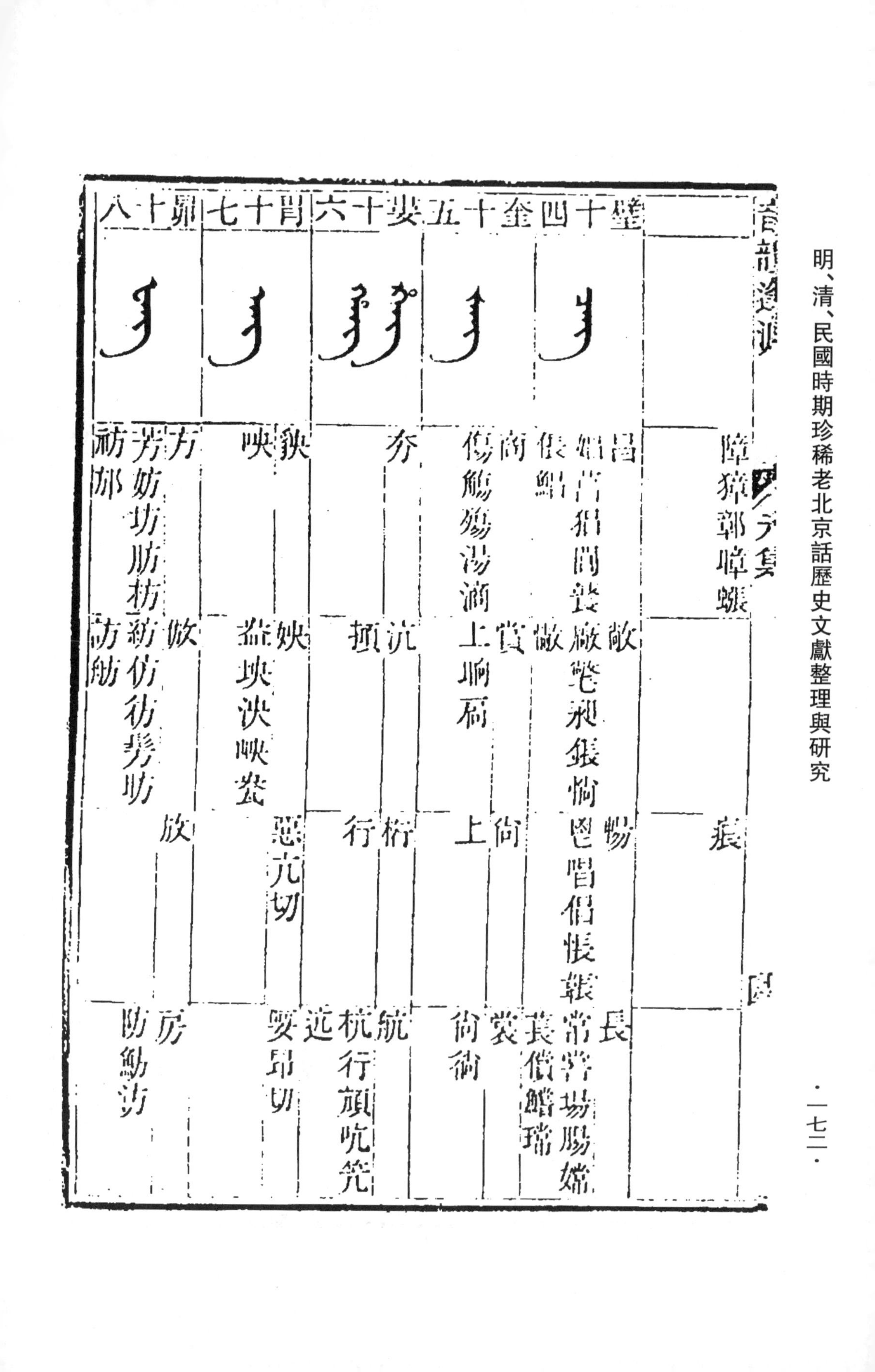

音韻逢源

	壁十四	奎十五	婁十六	胃十七	昴十八
障獐鄣嶂蟑	昌 娼菖猖閶錩 倀鯧	商 傷觴殤湯滴	夯	鉠 咉	方 芳妨坊肪枋 紡邡
	敞 廠氅昶鋹惝 [illegible]	賞 上晌[illegible]	沆 抗	姎 盎坱泱咉盎	倣 紡仿彷髣昉 訪舫
痮	暢 鬯唱倡悵韔	尚 上	桁 行	惡亢切	放
	長 常裳場腸嫦 萇償鱨瑺	裳 倘徜	航 杭行頏吭笐 迒	要昂切	房 防魴汸

畢十九	背二十		參廿一		

斡秩切	拉秩切		[illegible] [illegible]		
網 罔輞惘魍誷 蝄菵	朗 閬烺筤		[illegible] [illegible][illegible][illegible]		
望 朢妄忘	浪 埌		[illegible] [illegible][illegible]		
忘 望芒亡硭鋩	郎 廊榔螂瑯狼 琅浪鋃稂桹 寔蓈艆筤俍 䍚㾗蜋莨駺		[illegible] [illegible][illegible][illegible][illegible][illegible] [illegible][illegible][illegible][illegible][illegible] [illegible]		

子部坎二

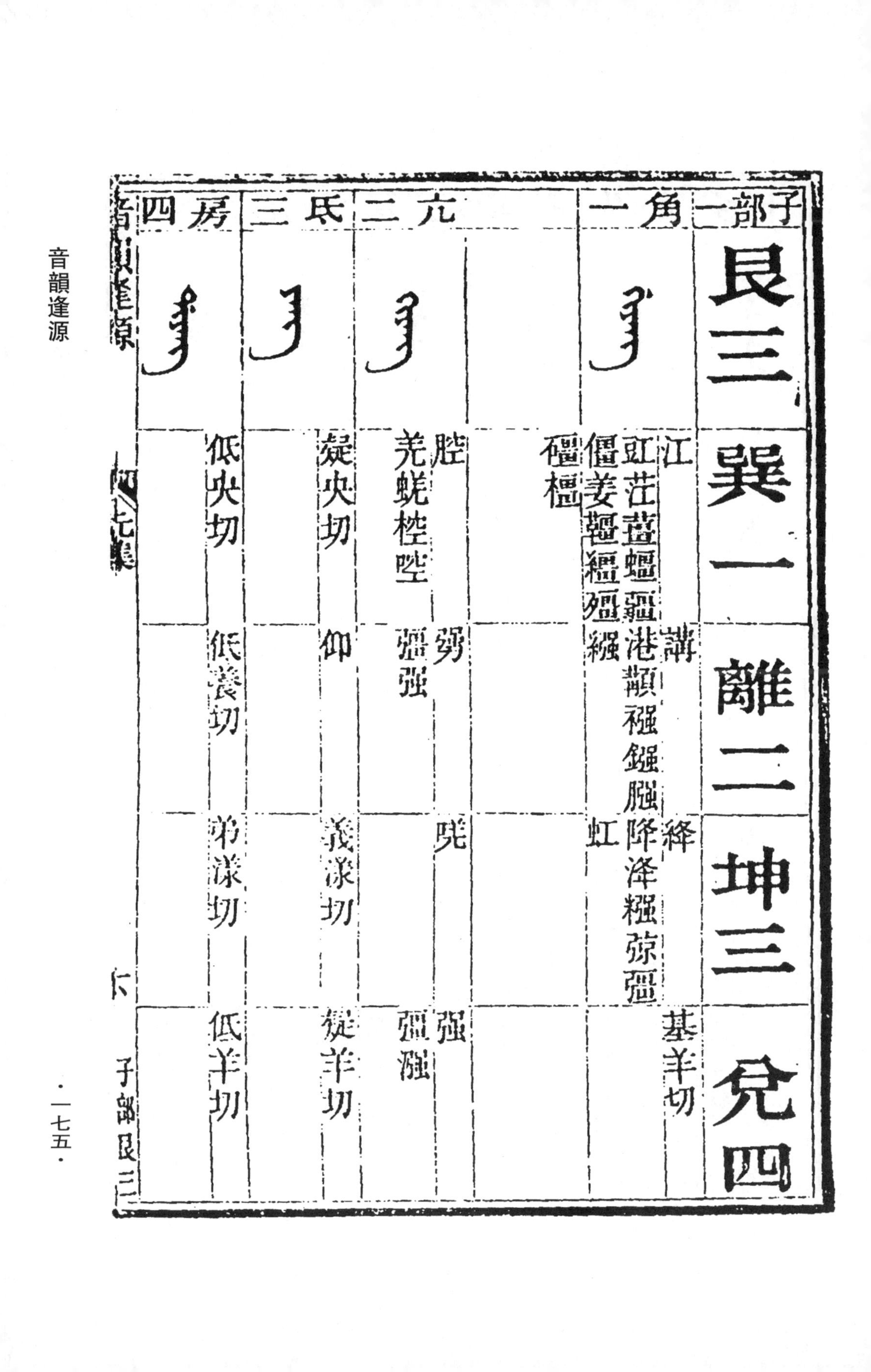

	子部一	角一				六二		氐三	房四
艮三									
巽一	江	豇茳葍蝹䲨	僵姜殭橿䉀	礓橿	腔	羌蜣椌啌		疑央切	低央切
離二	講	港䪨䃗鐚䏭	繮		弜	強強		仰	低養切
坤三	絳	降洚䋴琼畺	虹		哓			義漾切	弟漾切
兌四	基羊切				強	彊䊑		疑羊切	低羊切

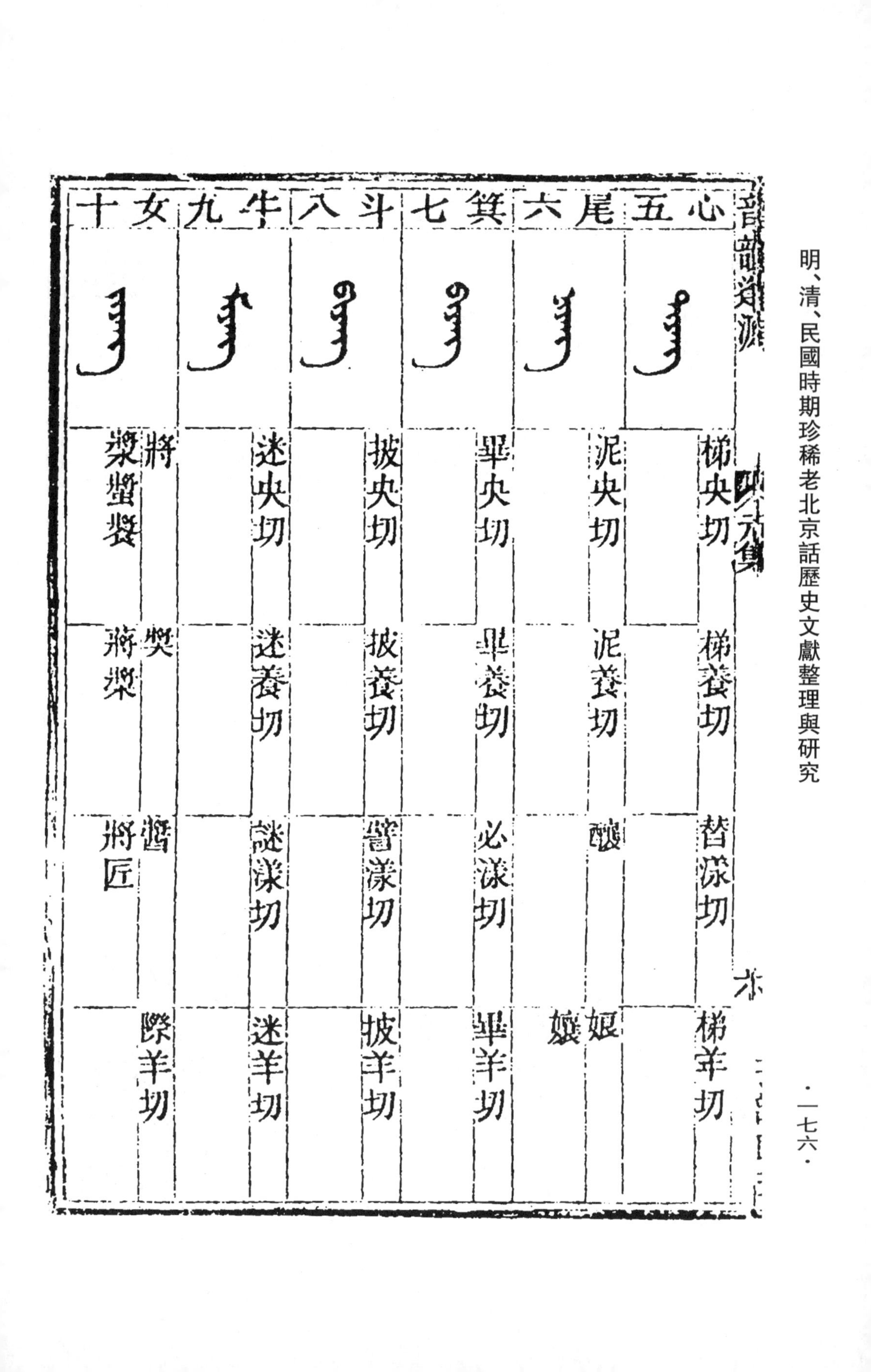

心五	尾六	箕七	斗八	牛九	女十
梯央切	泥央切	畢央切	披央切	迷央切	將 漿螿漿
梯養切	泥養切	畢養切	披養切	迷養切	獎 蔣槳
替漾切	釀	必漾切	譬漾切	謎漾切	醬 將匠
梯羊切	娘 孃	畢羊切	披羊切	迷羊切	蹡羊切

虛十一	危十二		室十三	壁十四	奎十五

槍 鎗蹌瑲搶鏘 蹡蔣斨	襄 鑲纕瓖驤欀蘘 相廂箱葙緗 湘		支央切	蝸央切	施央切
搶	想		支養切	蝸養切	施養切
戧 蹌	象 相像橡蟓		至漾切	赤漾切	示漾切
牆 薔蘠檣嬙戕	祥 詳庠翔		支羊切	蝸羊切	施羊切

韻	滿文	第一行	第二行	第三行	第四行
婁十六		香 鄉薌鄉	享 響蠁嚮饗曏 蠁倆	向 巷項衖嚮珦	降 栙跭跭
胃十七		央 鴦秧泱殃佒	養 癢懩瀁鞅柍	漾 樣恙羕颺煬 羕怏	陽 揚楊洋羊颺 佯徉鍚暘瘍 痒烊瑒敭蛘
昴十八		非央切	非養切	費漾切	非羊切
畢十九		微央切	微養切	味漾切	微羊切
觜二十		利央切	兩 緉裲魎蜽掚	亮 量諒輛飀晾 晾倆	良 涼量糧粱涼 踉飀俍粱綡

天集 十七

参 一廿

日央切

日養切

日漾切

日羊切

輬 醸 粮

子部一 角一

震四

巽一 居汪切

其餘同前

離二 居徃切

坤三 句旺切

兌四 居王切

此部八十四韻俱切音

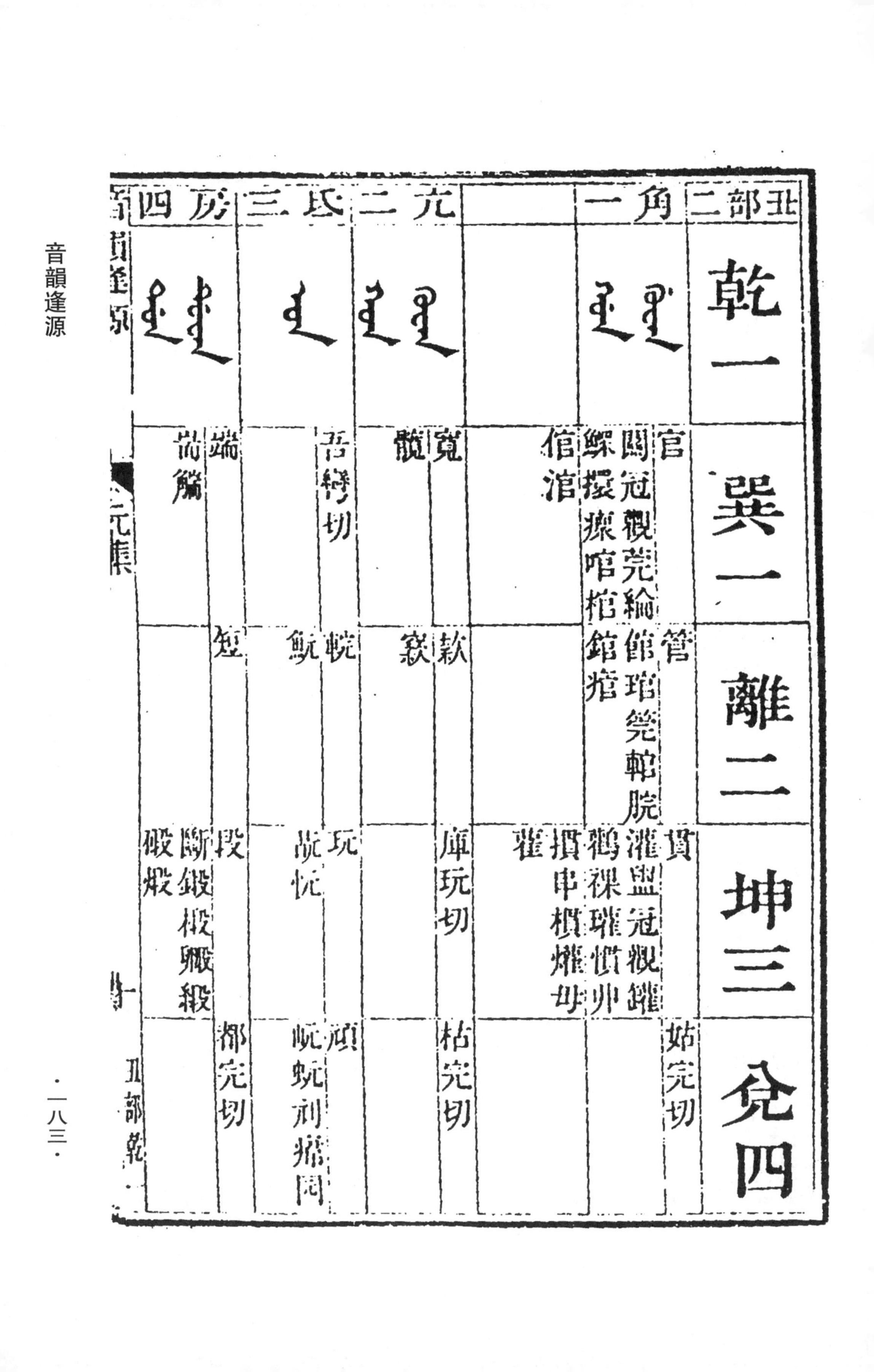

丑部二	角一		亢二		氐三		房四	
乾一	[illegible]	[illegible]	[illegible]	[illegible]	[illegible]		[illegible]	[illegible]
巽二	官 闗冠觀莞綸緜擐瘝悺棺	倌涫	寬	髖	吾鋝切		端	耑鍴
離二	管 館琯筦輨脘錧痯		款	窾	椀	鯇	短	
坤三	貫 灌盥冠觀鑵鸛祼瓘慣丱	摜串樌爟毌雚	庫玩切		玩	翫忨	段	斷鍛椴鍛緞碫煅
兌四	姑完切		枯完切		頑	岏蚖刓㼝园	都完切	

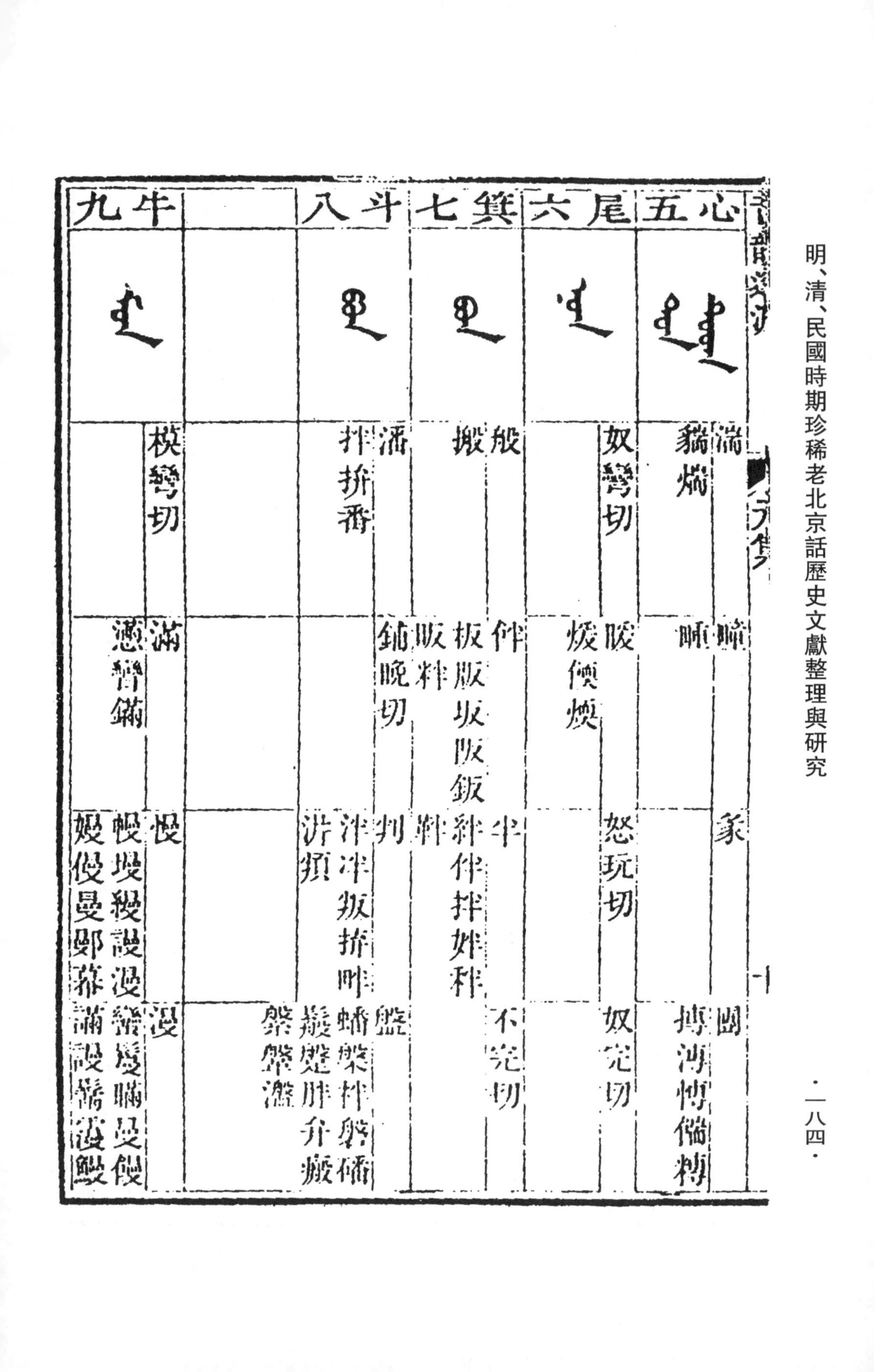

心五	尾六	箕七	斗八		牛九
[illegible]	[illegible]	[illegible]	[illegible]		[illegible]
湍 貒 煓	奴鸞切	般 搬	潘 拌 拚 番		模鸞切
疃 畽	暖 煖 㬉 煗	伴 板 版 坂 阪 鈑 昄 粄	普晚切		滿 懣 [illegible] 鏋
彖	怒玩切	半 絆 靽 伴 拌 姅 袢	判 沜 泮 叛 拚 畔 頖		慢 幔 墁 縵 謾 漫 嫚 僈 曼 鄤 蔓
團 摶 漙 慱 [illegible] 糰	奴完切	不完切	盤 蟠 槃 柈 磐 磻 鞶 蹣 胖 弁 瘢 縏 鎜 瀊		瞞 [illegible] 鞔 鬘 鏝 謾 饅

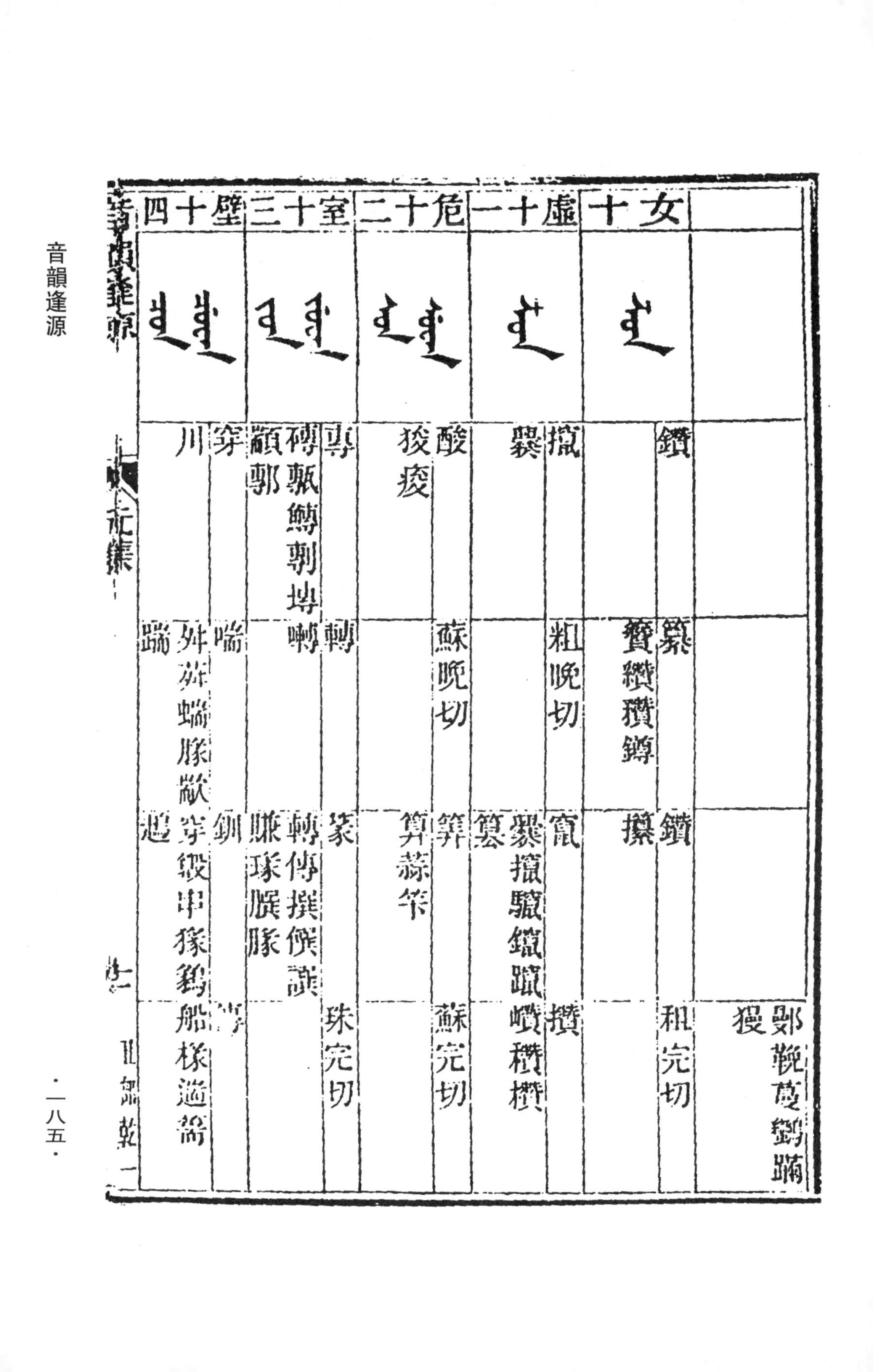

		一	二	三	四
					酇[illegible]虘[illegible]躦 獀
女十		鑽	纂 饡纘攢鐏	鑽 攥	租完切
虛十一		攛 爨	粗睆切	竄 爨擴竄鑹躥巑欑攢	攢
危十二		酸 狻痠	蘇睆切	篡 算 算蒜筭	蘇完切
室十三		專 磚甎鱄剸塼 顓鄟	轉 囀	篆 轉傳撰僎譔 賺瑑僎腞	珠完切
壁十四		穿 川	喘 舛荈蹖膞歂 踹	釧 穿钐串猭鶨 遄	[illegible] 船椽遄輲

八十昴	七十胃		六十婁	五十奎

翻 旛幡繙番飜 潘反	彎 灣剜蜿豌婠		揪 讙驩貛懽豩	拴 欇門栓
返 反飯	椀 盌綰𧅛睕		緩 浣澣莞皖睅	腨
販 飯	腕 惋		幻 奐煥渙奐換 喚宦豢患逭 擐㡆槵漶瘓 繯痪㒩	孿 涮潹
煩 繁樊蘩蕃璠 蹯燔膰墦旙 礬笲藩薠㽹	丸 完紈汍洹芄 雈梡		桓 還環寰寏鐶 鍰闤澴鹮獂 圜綄䴉峘絙	晉完切

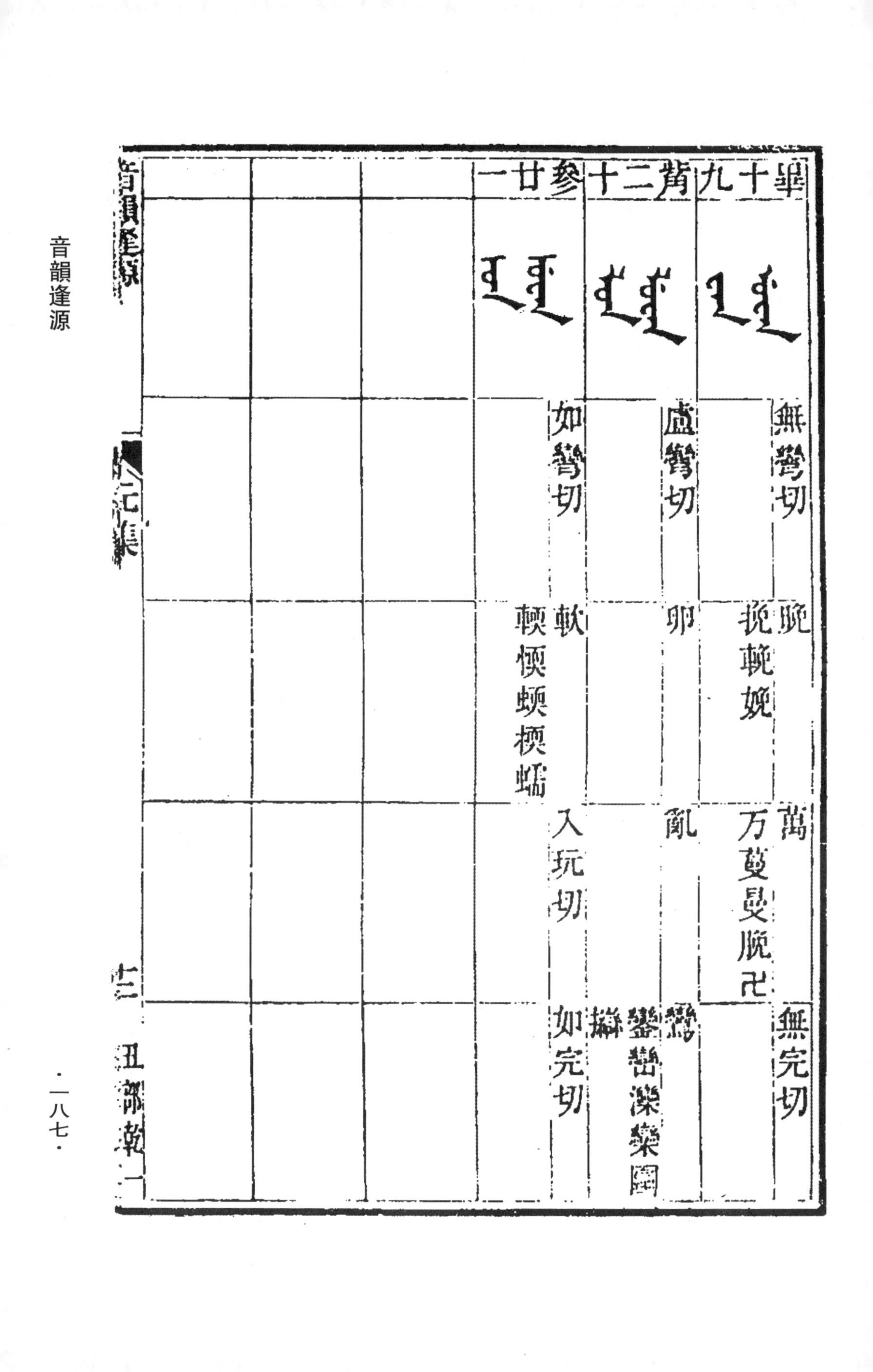

畢十九	觜二十	參廿一			
[illegible]	[illegible]	[illegible]			
無鸞切	盧鸞切	如鸞切			
晩 挽輓娩	卵	軟 輭愞蝡㮕蠕			
萬 万蔓曼腕卍	亂	入玩切			
無完切	鸞 鑾鸞灤欒圞 臠	如完切			

丑部二	角一	一	亢二	氐三	房四
坎二					
巽一	干 竿玕乾忓肝 甘柑泔疳弇	忓蚈飦	堪 看龕刊戡嵁 坩栞丶	莪安切	丹 單殫簞癉冊 禪眈眈酖擔
離二	感 敢橄笴簳稈 幹簳旰擀趕	趕皯桿鱤	坎 欿侃砍埳轗 輡衎焰	莪俺切	膽 笪褩担亶鴠 襌疸紞窞嘾
坤三	幹 榦旰紺灨淦 贛骭矸笇		看 勘闞瞰	岸 喭犴	旦 但淡蛋蜑彈 擔澹誕鴠憚
兌四	歌寒切		克寒切	莪寒切	德寒切

丑部 坎二

七 箕	六 尾			五 心	

班 斑頒扳斒螌 鳻	納安切			灘 攤貪探灘坍 嘽	儋甔鄲
巴俺切	赧 戁蝻腩湳	壇		坦 袒毯菼倓啖 忐膻賧醓憛	賧嬗黵
扮 辦辨瓣	難			探 炭歎嘆[illegible]撢	憺啗啖啖僤 狚潭澹儋
巴寒切	南 男楠柟諵喃 難	痰澹餤惔燂 鐔錟耽譚醰 罈橝鄿瞫簟	[illegible]	壇 檀彈撣覃潭 炎埮鐔談郯	

室十三	危十二	虛十一	女十	牛九	斗八
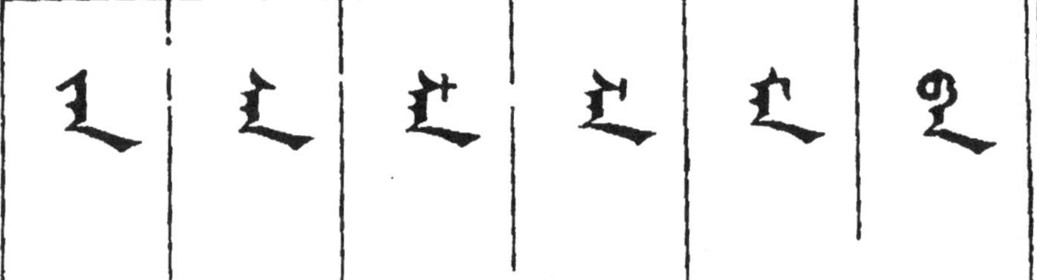					
占 沾瞻栴旃氈輾搌盞琖醆顫占站鱣纏 譫霑詹詀邅斬颭孱僝虥棧綻湛驏棧	三 毵鬖叁跚蹝繖散饊傪糝	餐 驂叅飡参遪黲憯	簪 鐕瞖篸臢	顢 羚給	攀 眅
展	傘 糤 二	慘	昝 遳儹歜揝椶 揝	馬俺切	帕俺切
戰	散	粲 璨燦叅	賛 讚酇瓚槧暫 晢濽臢譖趲	黙岸切	盼 襻
查寒切	陮寒切	躠 悊慚殘淺惓	噆	馬寒切	帕寒切

	壁十四		奎十五		
	生		之		
鷯讖饘蒼鯰䈇皷 糟旗蟾	攙 欃襜儳梴覘	佔	山 刪姍珊𤩪潸 埏苫痁衫杉 芟穇搧㨨狦 羴		
	產 鏟剷㦃蒇闡	剗弗滻諓燀 諂讇𩦘𪍑䴼	陝 閃睒撊㵎剡 夾㴸㷸㶒		
䶫	懺 讖韂㦒		善 膳扇煽繕擅 單鱓埏磰墠 鄯禪僐苫蟺 釤蟬蟮挆訕	疝㓹㵐刷訕	汕鱔樿
	纏 蟬蟾禪嬋潺 孱㔆廛瀍鄽 單澶𪖐巉㙻 鄲儳𠑊巉饞 劖嚵儃	沙寒切			

	婁十六	胃十七	昴十八	畢十九
	ᠠ	ᠠ	ᠠ	ᠠ
一	憨 頇預汗酣蚶 谽	安 鞍䀂庵鵪茈 鵪唵諳䜙闇 葊腤盦䜺	夫安切	幹安切
二	罕 喊頷闞菡苍 顄焊旱蔊	俺 揞晻	夫俺切	幹俺切
三	漢 翰旱汗悍瀚 扞捍銲犴閈 憾撼釬鶾垾 暵熯浫鶾睅 草	案 按暗闇諳諭 黯黬隂	梵 泛汎氾范範 犯	礙岸切
四	寒 韓函涵含圅 邯邗翰䈄唅 喢	妟寒切	凡 帆颿	斡寒切

第二十	參廿一

拉安切	日安切
覽 攬懶孏欖擥 壈漤嬾爦灠 爁	染 冉苒枏姌橪
爛 濫纜糷	熱岸切
讕 瀾闌攔藍籃 嵐斕襴幱礛 [illegible]婪林糷攔 囒嚂灡[illegible]	然

五部二	艮三	巽一	離二	坤三	兌四
角一		堅 肩兼間縑蒹 監緘蕑鵑菅 姦奸艱鞬犍 鶼豜鰜趝𧼮 枅汧搛慳鈃	簡 檢儉減鹻蘭 蹇揀瞼柬撿 鋑俔撊謇襇 筧趼𢴈僆𪁎	見 鑑鑒監劍建 鍵鍵餞揵諫 澗襇間鐗兼 件鍵鍵毽鐗 絹	基延切
亢二		牽 謙慊𪈍搴褰 慳鳽豜掮岍 堅嵌撍摙摼 攓	遣 繾膁槏慊	欠 歉芡嵌俔譴 搴棒猝遣倦 㟻撁	乾 虔箝黔鈐鉗 伶拑掮揵
氐三		疑焉切	眼 嵃广𪩘巘	鴈 雁贗彥諺俔 研驗𪘒讞唁	言 妍研顏巖嚴 丫嵒礹喦巖

七 箕	六 尾	五 心		四 房	
[illegible]	[illegible]	[illegible]		[illegible]	
邊 籩編鞭蝙鯿 鞕砭箯鍽	蔫	天 添𣶍		顛 巔巓滇敁掂 蹎驒趚傎巓	
扁 匾稨藊萹惼 碥鴘貶鯿碥	撚 蹨跈碾蕏檏 捻蹍	忝 覥腆㤁悿淟 西䩄		典 點琠敟殄蜓	
便 徧遍卞弁抃 忭變汴㳒𤿅	念 綜鯰惗	掭 㮇訡磹	瑱	殿 電佃鈿靛 淀澱奠磹唸 墊店坫玷簟 扂塡蒧癜㓝	㶡嵰嵃
畢延切	年 秥粘秥㸃拈 鮎䩞	田 畋塡闐磌鈿 沺甜恬菾䃅		低延切	蠍

	斗八	牛九		女十	
	ᡦ	ᠮ		ᠴ	
	篇 偏翩㾫媥鶣 扁猵	宻焉切		箋 煎戔錢湔鬋 殲漸尖熸鑯	棧俴
	覑	勉 免緬黽冕娩 愐勔沔澠葂 湎眄偭丏		翦 剪戩揃鬋謭 俴帴	
辯辨辮昪	片 騙翩騗辧	面 麪偭麫		箭 濺薦賤葥荐 洊栫僭瑐餞	濟踐煎㵟漸 牮
	駢 楩胼便緶平 諞跰𩨭	綿 棉眠櫋		前延切	

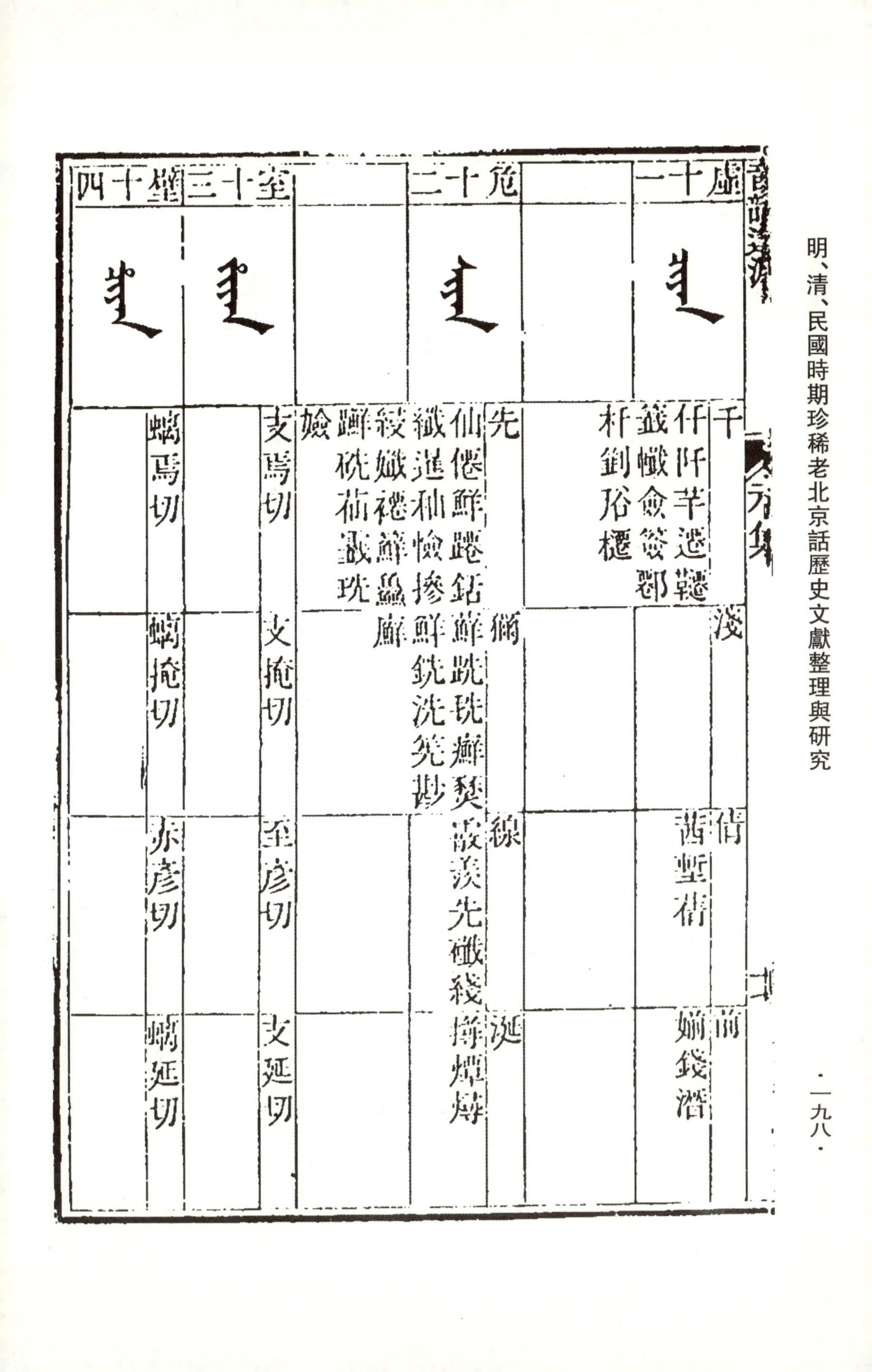

虛十一	千 仟阡芊遷韆 籤懺僉簽鄒 杆剗裕櫃	淺	倩 茜塹蒨	前 媊錢潛
危十二	先 仙僊鮮蹮銛 纖暹秈憸摻 綫襳穠鮮𩵼 躚硟莃瀐珗 嬐	獮 蘚跣毨癬燹 鮮銑洗毨尠 㬻	線 霰羨先䊵綫	涎 撏燂㷋
室十三	支焉切	支掩切	至彥切	支延切
壁十四	蠍焉切	蠍掩切	赤彥切	蠍延切

八十昴		七十胃		六十婁	五十奎

	非焉切	焉 烟燕咽胭淹 崦醃䐳懨腌 煙歅鄢猒閼 嫣禋殷㳂菸 湮		掀 軒鶱嘕祆杴 薟	施焉切
	非掩切	掩 演衍偃弇揜 閹嵃顩罨郾 兗弇𦤇魘隁 隒衍戭剡 㫃沇㑇		顯 險噞獫峴[illegible] 晛蜆獮僩蹍 僴㬎灦檻撊	施掩切
	非彥切	宴 燕嚥咽讌堰 鹽傿淹厭䴏 晏鷃鰋郾醼 讌𨾏嫣嬿䧘 鄢𪏭蝘隒 燕		獻 憲現莧見陷 縣限憸餡睍 檻艦轞[illegible]錎	示彥切
	非延切	延 筵𧍘蜒涎埏 綖郯炎鹽閻 儋詹閆鋋櫩 爓娫		賢 弦絃蚿誸痃 舷閑閒憪嫺 瞯覵𨵨撊嫌 咸諴鹹㦓銜 函椷瑊	施延切

丑部 卷三

畢十九	然二十		參廿一
[Manchu]	[Manchu]		[Manchu]
微馬切	利馬切		日馬切
微掩切	臉	璉𨟾	日掩切
味彥切	煉	楝練鍊斂殮 澰薟𨧀	日彥切
微延切	連	聯漣謰鰱憐 廉簾鎌帘蒹 匳奩蠊奩鎌 褳臁濂鏈謰 嫌槤熑縺蹥 縑	日延切

丑部二	角一	二	亢二		氏三
震四					
巽一	涓 蠲鵑娟捐蜎 狷睊		圈 棬桊		焆淵切
離二	捲 卷錈菌菤希 鲞昳泬䀿倦	埢	犬 綣䖦		阮 阮
坤三	眷 絹倦絹卷狷 悁悁圈罥弓鄄	勸	勸 券		願 愿
兌四	居元切		權 拳顴鬈踡卷 蜷婘惓棬睠 巏蠸		元 原源沅嫄騵 源芫杬邧㟰

丑部震四

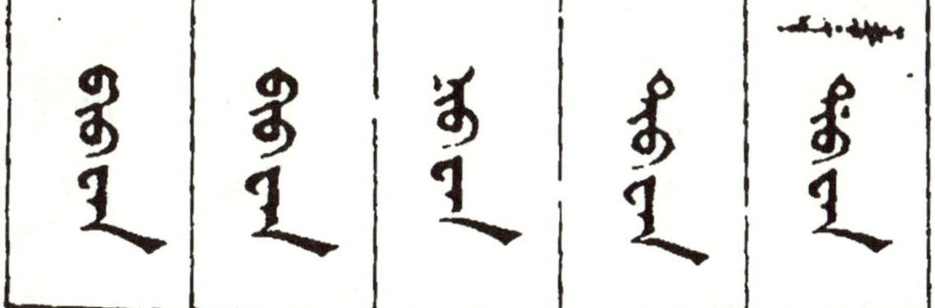

一	房 四	心 五	尾 六	箕 七	斗 八
	低淵切	梯淵切	泥淵切	畢淵切	披淵切
	低遠切	梯遠切	泥遠切	畢遠切	披遠切
	弟院切	替院切	膩院切	必院切	譬院切
	低元切	梯元切	泥元切	畢元切	披元切

龍京源順原

室十三	危十二		虛十一	女十	牛九
支淵切	宣 瑄揎		銓 詮痊佺筌荃 輇悛竣跧䋲 絟恮烇硂	鐫 朘	密淵切
支遠切	選		趨遠切	鐫 吮	米遠切
支院切	鏇 選旋縼泣		趣院切	浆院切	謎院切
支元切	旋 漩璿璇璇璇		全 泉牷瑔䲿	狙元切	迷元切

音韻逢源

音	清字	第一部	第二部	第三部	第四部
四十璧	[Manchu]	蝸淵切	蝸遠切	亦院切	蝸冗切
五十堊	[Manchu]	施淵切	施遠切	示院切	施遠切
六十斐	[Manchu]	喧 諠諼萱暄咺 烜儇嬛翾懁 蠉譞獧銷狟 暖媗萱駽	鉉 泫恒咺貿烜 䀏	楦 楥絢衒炫眴 袨	懸 縣玄眩玹伭
七十胃	[Manchu]	淵 蒲悁鴛鵷宛 怨苑眢咽潫 帑	遠 婉宛踠琬畹 苑蜿晼	院 掾瑗怨苑遠	員 圓緣圓筼垣 㥯猿袁園湲 隕篔援爰櫞 援媛蒍湲螈 鉛鈆琁

夫十八	微十九	敷二十	參廿一		
ᡶᡠᠸᠠᠨ	ᠸᡠᠸᠠᠨ	ᡶᡠᠸᠠᠨ	ᠵᡠᠸᠠᠨ		
夫淵切	微淵切	閭淵切	如淵切		
夫遠切	微遠切	臠 孌	如遠切		
賦院切	務院切	戀 糷 戀	如院切		
夫元切	微元切	攣 灤 爤	㬇 撋 堧 擩		

寅部三	角一		亢二	氐三	房四
乾一	[illegible]		[illegible]	[illegible]	[illegible]
巽一	公 工功紅攻蚣 弓躬宮共恭	供龔觥肱玒	空 悾倥箜崆涳	吾翁切	東 冬
離二	鞼 礦懭穬拱鞏 珙栱拲		孔 恐	吾滃切	董 懂蕫[illegible]侗挏 [illegible]
坤三	貢 瑱供共檟墳 𧨼贛		控 鞚空倥	悟甕切	棟 凍涷蝀洞勭 湩哃硐
兌四	姑洪切		枯洪切	吾洪切	都洪切

斗八	箕七	尾六			心五
[illegible]	[illegible]	[illegible]			[illegible]
鋪翁切	不翁切	奴翁切			通 侗恫痌炵
琫 埲	琫 玤唪	奴滃切			統 桶捅筩侗
怖甕切	布甕切	齈			痛 慟衕
逢 篷芃髼蓬逢 塳漨	不洪切	農 儂膿			同 仝童僮銅桐 曈瞳膧筒絧 橦穜氃峒潼 酮㓊詷佟彤 鼕茼䳋獞鮦 筩

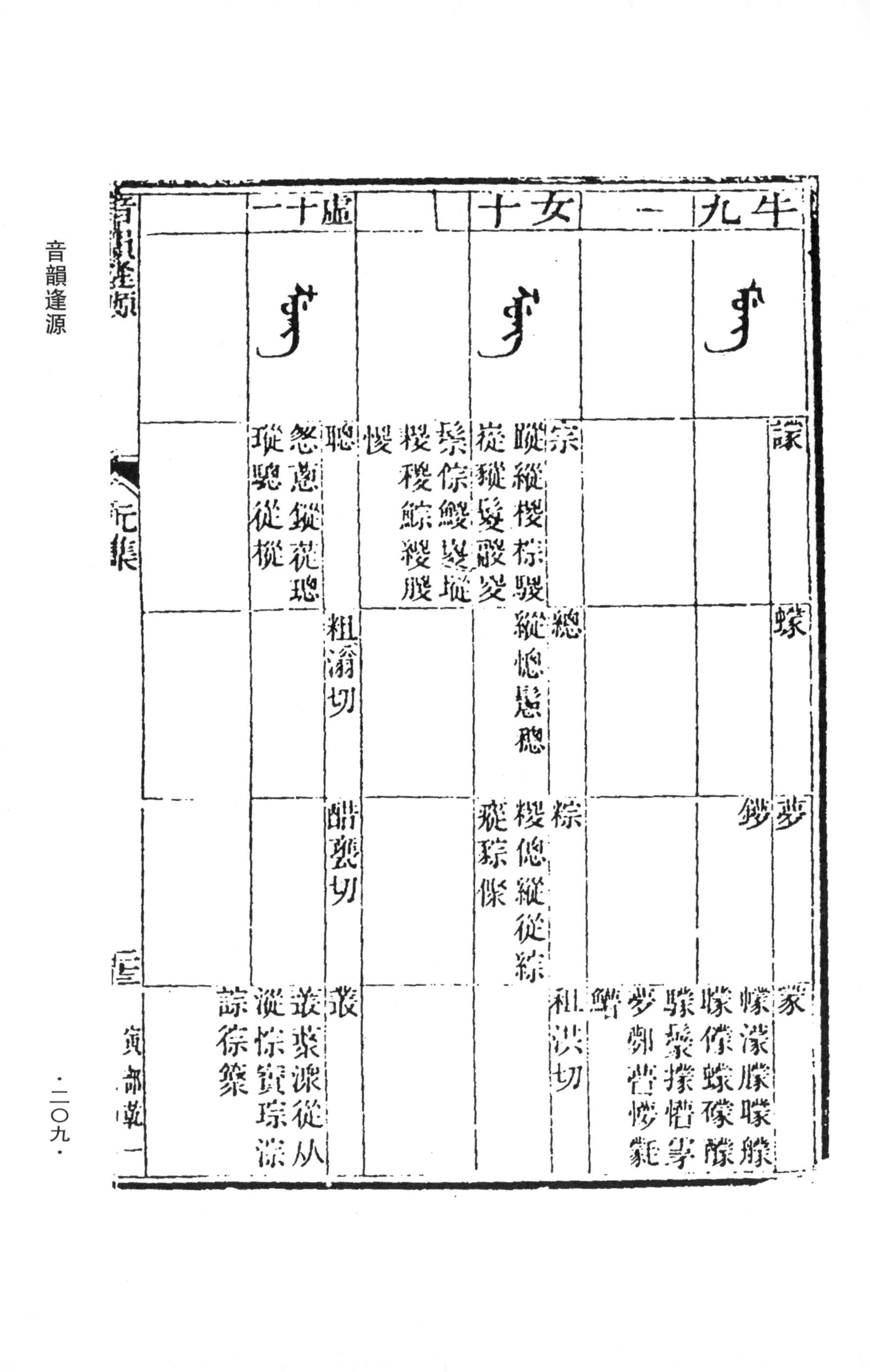

盧十一		女十		一	牛九
聰 怱蔥鏦蔥璁 瑽驄樅樅	愯	宗 蹤縱椶棕騣 嵸豵鬉嵕葼 鬃倧鬷䡯蹤 椶稯鯮稯艐			誎
粗滃切		總 縱揔憁傯			蠓
醋甕切		粽 糉偬縱從粽 瘲猔傱		鯵	夢
叢 藂叢潀從从 漎悰賨琮淙 誴徖䕺		祖洪切		鱛 夢鄸瞢懜鬞 騣鬉撐懵箏 幪僕蠓幪艨 幪濛朦曚艨	冡

寅部東一

二十危			三十室				四十壁					五十奎	
鬆	嵩崧松菘凇	娀駥䢠	中	忠鍾鐘終螽	衷蔠蹤橦忪	妐	充	沖沖忡衝艟	翀沖艟憧恍	琉茺种盅蹱	䡴	舂	摏憃
悚	竦慫摗嵷	㨦嵷駷	冢	腫踵種塚瘇			寵					昔滃切	
送	宋頌誦訟凇		仲	中衆重種妕	徝徸		銃	揰毴				怱甕切	
蔌洪切			䏑洪切				崇	重蟲漴鰤鰤	種			昔洪切	

八十卯	七十四			六十坙
ᠮᡠᠩ	ᠮᡠᠩ			ᠮᡠᠩ
渢 風 楓諷豐封玤 丰半蜂瘋 鄷鋒烽灃 䵄僼作𧏳 豐妦鏠徍	翁 翁 䈵螉嗡𪃭			烘 轟吽訇洶兇哄 鍧翃揈輷叿
唪 捧覂	滃 塕			嗊
諷 俸縫奉渢賵	瓮 瓮罋甕			閧 吽澒汞
馮 縫逢鄘渢蓬	烏洪切		鐄 黌鉷鉷竑硔 宏紘鈜硡翃 紘翃鐄閎竑 渱江弘怐翃	洪 紅鴻虹浲紭

韻逢源 辰部 乾一

平十九	菁二十		參中一		
無翁切	盧翁切		如翁切		
無滃切	攏 儱曨壠巃		宂 氄毴		
無甕切	弄 哢		如甏切		
無洪切	籠 櫳龓嚨瀧朧 瓏礱蘢矓瀧 巃籠巃襱籠 隆 隆癃窿		戎 絨 羢 茙 毧 駥 茸 搑		

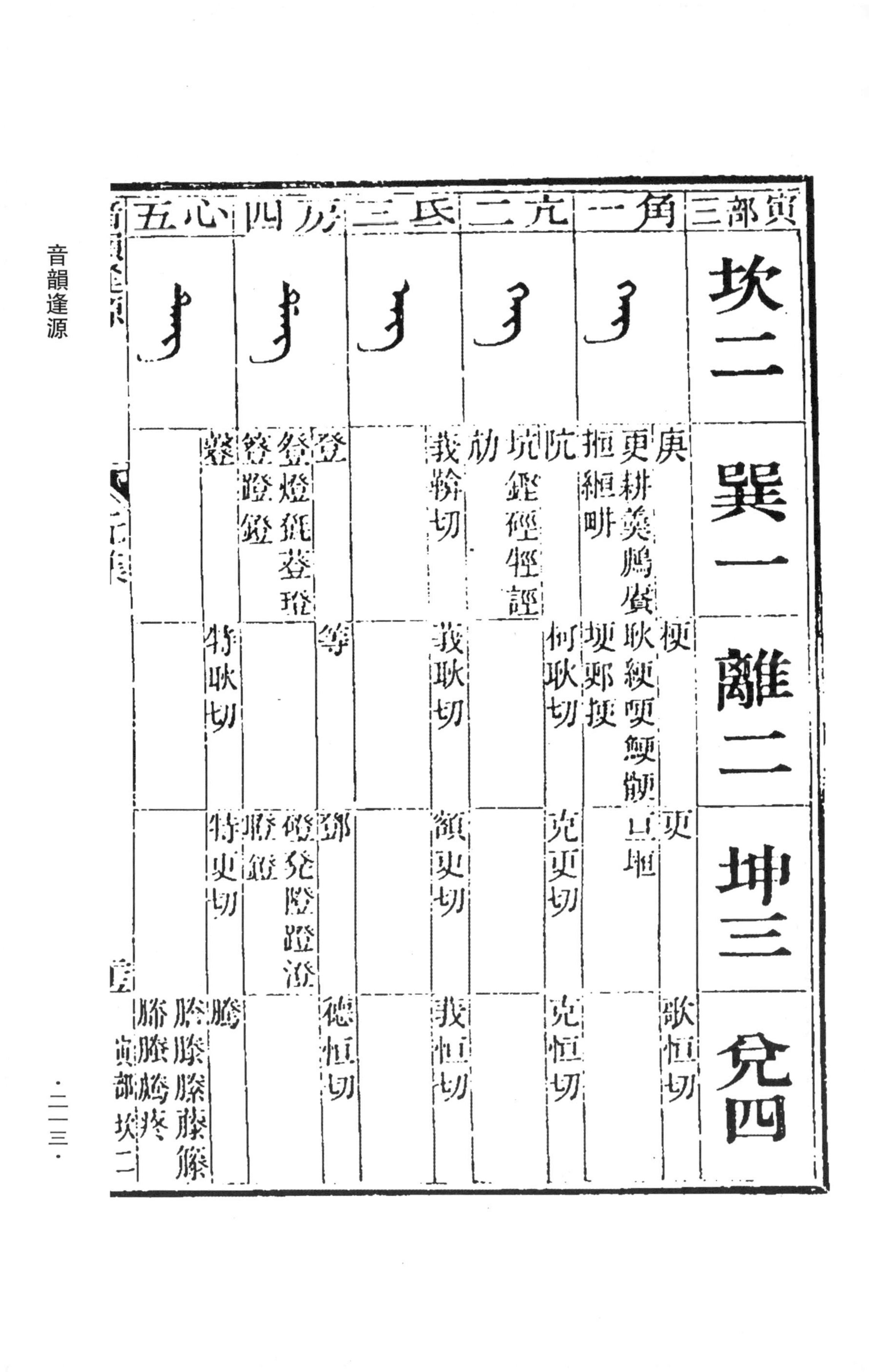

貞部三	角一	亢二	氐三	房四	心五
坎二					
巽一	庚 更耕羹鶊賡 揯緪哻	阬 坑鏗硜牼誙 劥	我鞥切	登 登燈㲪豋璒 簦蹬鐙	鼟
離二	梗 耿綆哽鯁骾 埂郠挭	何耿切	我耿切	等	特耿切
坤三	更 亙堩	克更切	額更切	鄧 磴凳隥蹬嶝 𨂃鐙	特更切
兌四	歌恒切	克恒切	我恒切	德恒切	騰 滕縢藤籐 謄螣疼

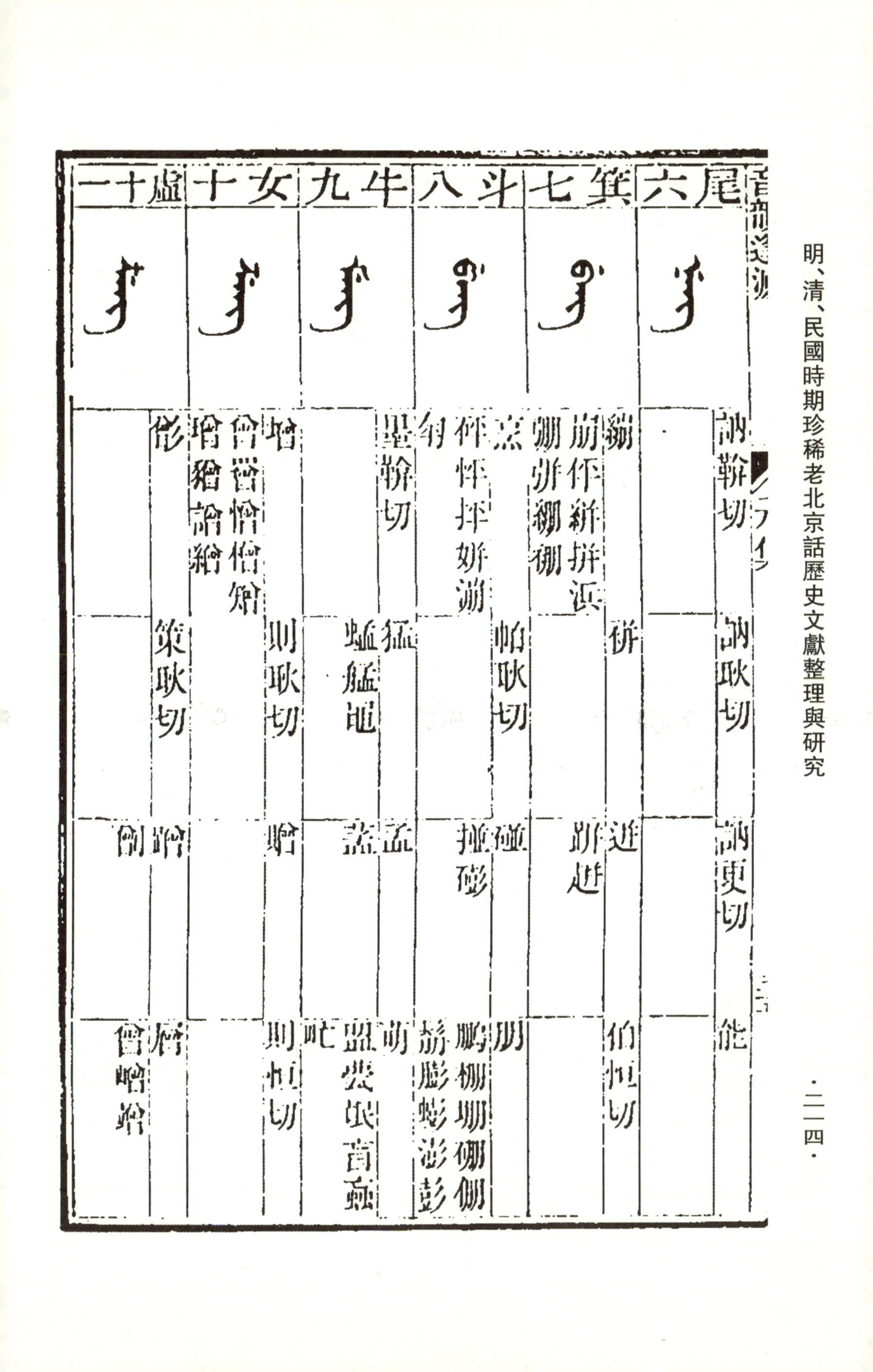

尾六	訥鞥切	訥耿切	訥更切	能
箕七	繃　崩伻絣拼浜　𫎆絣繃伽	絣	迸　跰迸	伯恒切
斗八	烹　怦怦抨姘澎　匉	帕耿切	碰　掽磞	朋　鵬棚堋倗倗　蟚彭蟛澎彭
牛九	盟鞥切	猛　蜢艋黽	孟　㽁	萌　盟甍氓茼䗈　吒
女十	增　曾罾憎橧矰　増繒譄縚	則耿切	贈	則恒切
虛十一	彰	策耿切	蹭　側	層　曾嶒𡾊

危二十	室三十		壁十四

僧 鬙	爭 正征貞楨禎怔箏猙錚睜鯖徵鉦徵癥烝脀丁烝眐瞪諍湞媜姃[illegible]		撐 稱琤蟶偵瞠偵鐺槍瞠赬僜偵追峙趟𠊫
塞耿切	整 脝拯晸		逞 騁悜
塞更切	正 政証證鄭諍掙䁝鋥幀		秤 稱乘牚
塞恒切	哲恒切		成 誠城筬成晟城郕澄懲承橙棖呈呈程程脭珵乘塍丞塍塖椉蹬

亢集 三

貞部坎二

					掁憕娍緎
奎十五		生 笙升陞昇牲 聲甥勝鼪狌	省 眚箵	聖 盛賸剩勝晟 胜嵊縢郕	繩 澠譝憴
婁十六		亨 哼脝	呵耿切	横	恒 衡珩桁蘅𧗠 横姮佷
胃十七		鞥	哽耿切	惡更切	哽恒切
昴十八		發鞥切	發耿切	法更切	發恒切
畢十九		韸鞥切	韸耿切	襪更切	韸恒切

觜二十		參廿一					

拉鞥切		扔					
冷		熱耿切					
倰	踜	熱更切					
棱	稜楞䅋䧙	仍	礽陾扔艿訪				

寅部三	艮三	巽一	離二	坤三	兌四
角一		京 荆驚經涇兢 矜秔稉粳鯨	景 警剄頸檄	敬 鏡竟勁獍璥 兢俓逕經儆	基盆切
		麠		境痙俓桱璥	
九二		卿 輕傾甖	謦 頃檾苘	慶 磬罄輕	擎 檠鯨勍黥殑
氐三		疑英切	疑影切	硬 迎鞕	迎
房四		丁 釘玎仃叮疔 靪虰	頂 鼎酊薡町㴿 濎濎	定 訂錠釘矴碇 飣	低盆切

	心 五		尾 六	箕 七		斗 八
	[illegible]		[illegible]	[illegible]		[illegible]
	聽 廳綎綎汀鞓 桯桯打㹀		泥 英切	兵 并氷掤栟		娉 俜汫涄冰甹 竮甁
	挺 珽脡頲梃鋌 侹艇鋌		顊	丙 炳秉餅昺邴 寎餠柄屏鞞 窉怲棅窉抦 摒苪鈵		披影切
	聽 庭		寗 佞濘凝寧	並 倂幷柄病併 凭摒		聘
	亭 庭廷停婷莛 渟娗葶莛筳 蜓霆綎聤楟 嵉		嚀 鑏獰擰凝儜	[illegible]盈切		平 評苹泙枰㧊 屏坪帡凭郱

字母	清字	一	二	三	四
					洴蘋憑㻂馮 鉼玶泙箳
牛九		密英切	茗	命	明
			酩嫇慏皿	詺	名鳴冥暝蓂 溟銘螟榠鄍
					鳴嫇洺絡瞑
女十		精	井	靜	積盈切
		晶旌睛菁箐	邢汫穽阱	埥靚淨甑請	
		鶄		竫婧	
虛十一		清	請	凊	情
		青蜻鶄鯖圊		靘	晴郬
		鯖			
危十二		星	省	性	餳
		惺腥猩醒鯹	惺醒渻箵	姓	
		箵狌曐煋			

亢　寅部　艮　三

室十三	壁十四	奎十五	婁十六	胃十七	

支英切	蝸英切	施英切	興 馨	英 瑛膺嬰纓櫻 應鷹瓔䪯鶯 攖鶯鸚嚶䙬 罌甖鍈渶㶈 媖韺	
支影切	蝸影切	施影切	涬 悻擤婞	影 景癭巊郢頴 穎穎	
至映切	赤映切	示映切	幸 倖杏荇脛興 行詩𨁈	映 應媵暎	
支盈切	蝸盈切	施盈切	形 行陘邢刑硎 型鉶侀鋞娙	盈 楹螢籯瀛贏 瀛籝蠅營縈 塋濴滎螢營	

昴十八		非英切	非影切	敷映切	非盈切
畢十九		微英切	微影切	味映切	微盈切
觜二十		利英切	領 嶺袊柃	令 另	靈 苓泠聆伶玲 醽酃鈴齡令 囹櫺舲軨紷 苓羚袊詅怜 旍陵綾淩菱 鯪柃翎蛉鴒 岭睖昤朎竛 笭輘淩靈淩 姈柃瓴錂坽

音韻逢源 永集 三

參 廿一

日英切

日影切

日映切

日盈切

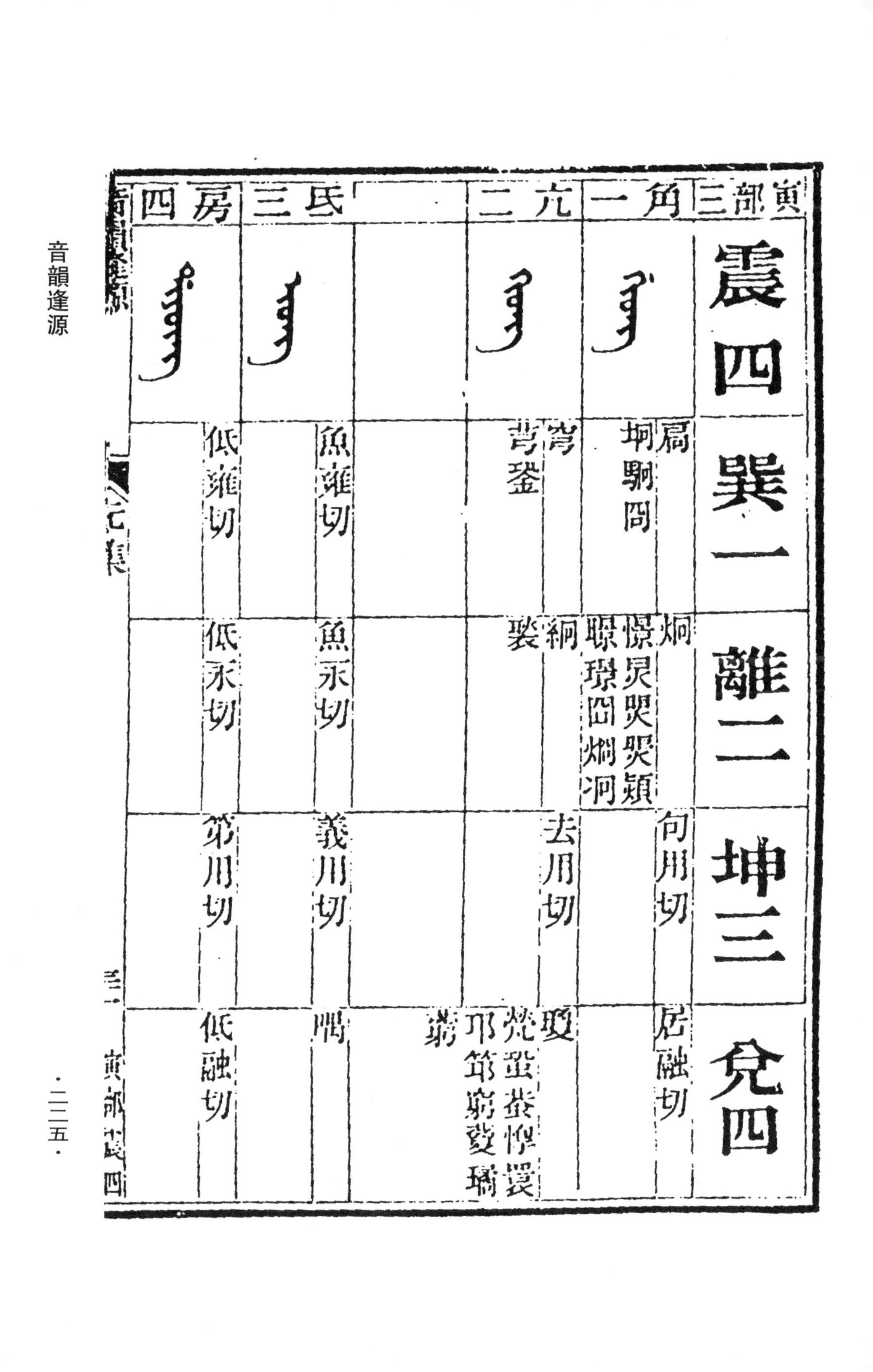

寅部三	角一	亢二		氐三	房四
震四巽一	扃 坰駉冋	穹 芎銎		魚雍切	低雍切
離二	炯 憬炅狊[illegible]熲 暻璟冏烱泂	絅 褧		魚永切	低永切
坤三	向用切	去用切		義用切	第用切
兌四	居融切	瓊 焭蛩跫惸睘 邛笻竆[illegible]璚	藭	喁	低融切

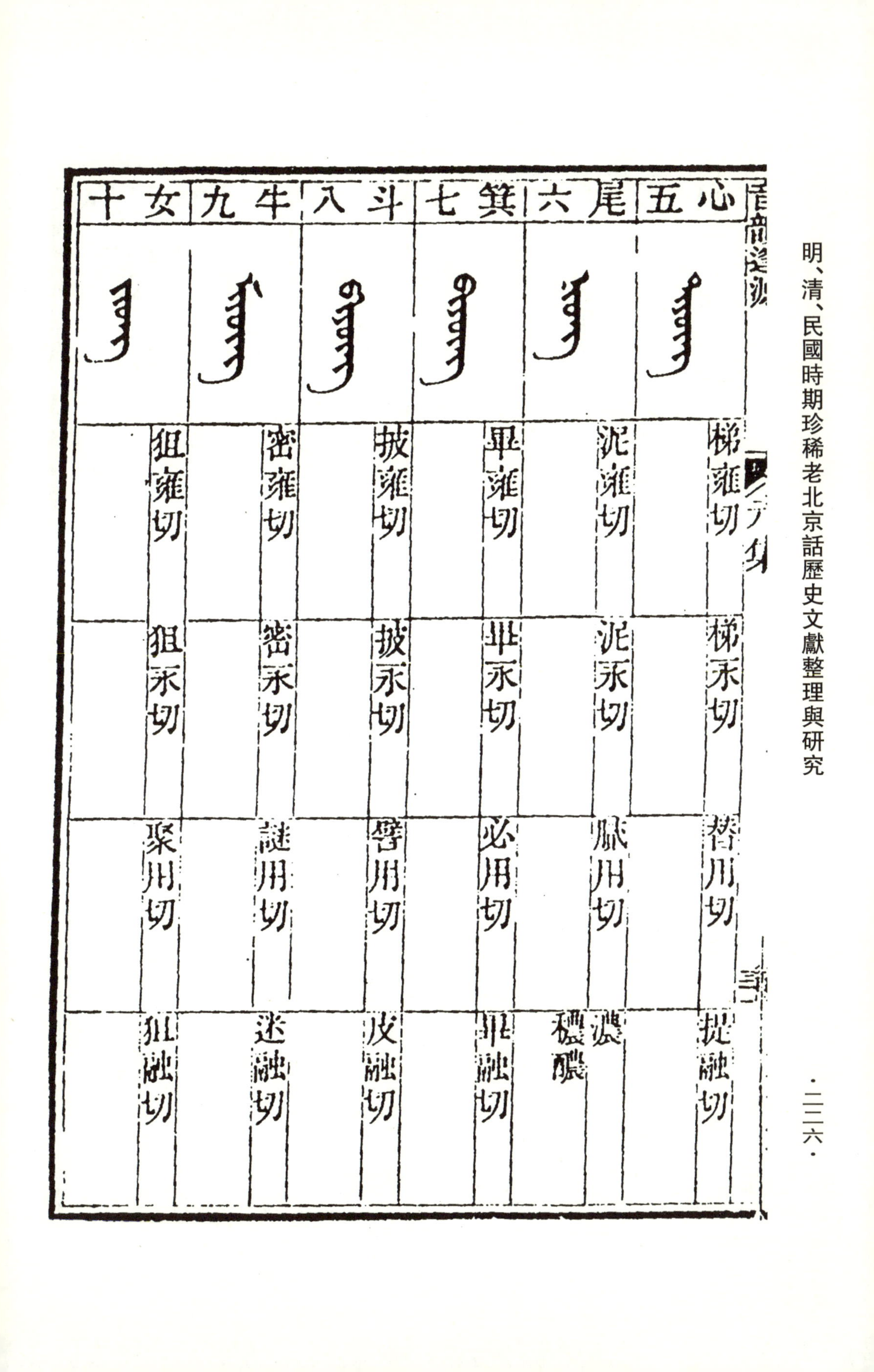

心 五	[illegible]	梯雍切	梯永切	替用切	提融切
尾 六	[illegible]	泥雍切	泥永切	膩用切	濃 穠醲
箕 七	[illegible]	畢雍切	畢永切	必用切	非融切
斗 八	[illegible]	披雍切	披永切	譬用切	皮融切
牛 九	[illegible]	密雍切	密永切	謎用切	迷融切
女 十	[illegible]	狙雍切	狙永切	聚用切	狙融切

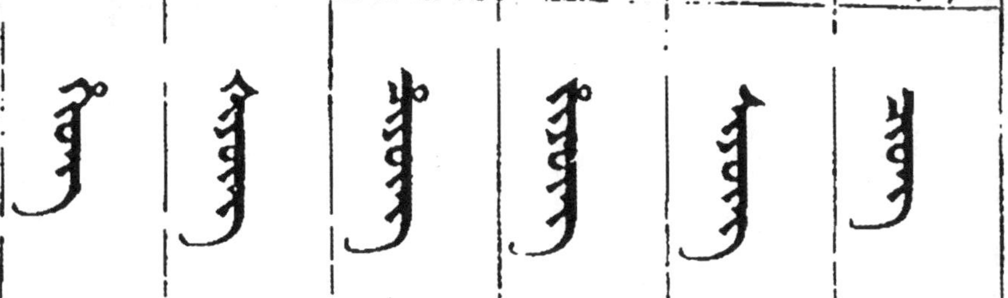

虛十一	趨雍切	趨永切	趨用切	趨融切
危十二	騂 觪	胥永切	揟用切	胥融切
室十三	支雍切	支永切	至用切	支融切
壁十四	蝸雍切	蝸永切	赤用切	蝸融切
奎十五	施雍切	施永切	示用切	施融切
婁十六	兄 胷兇凶匈訩 洶銎	詗 詾迥洞夐	旭用切	雄 熊

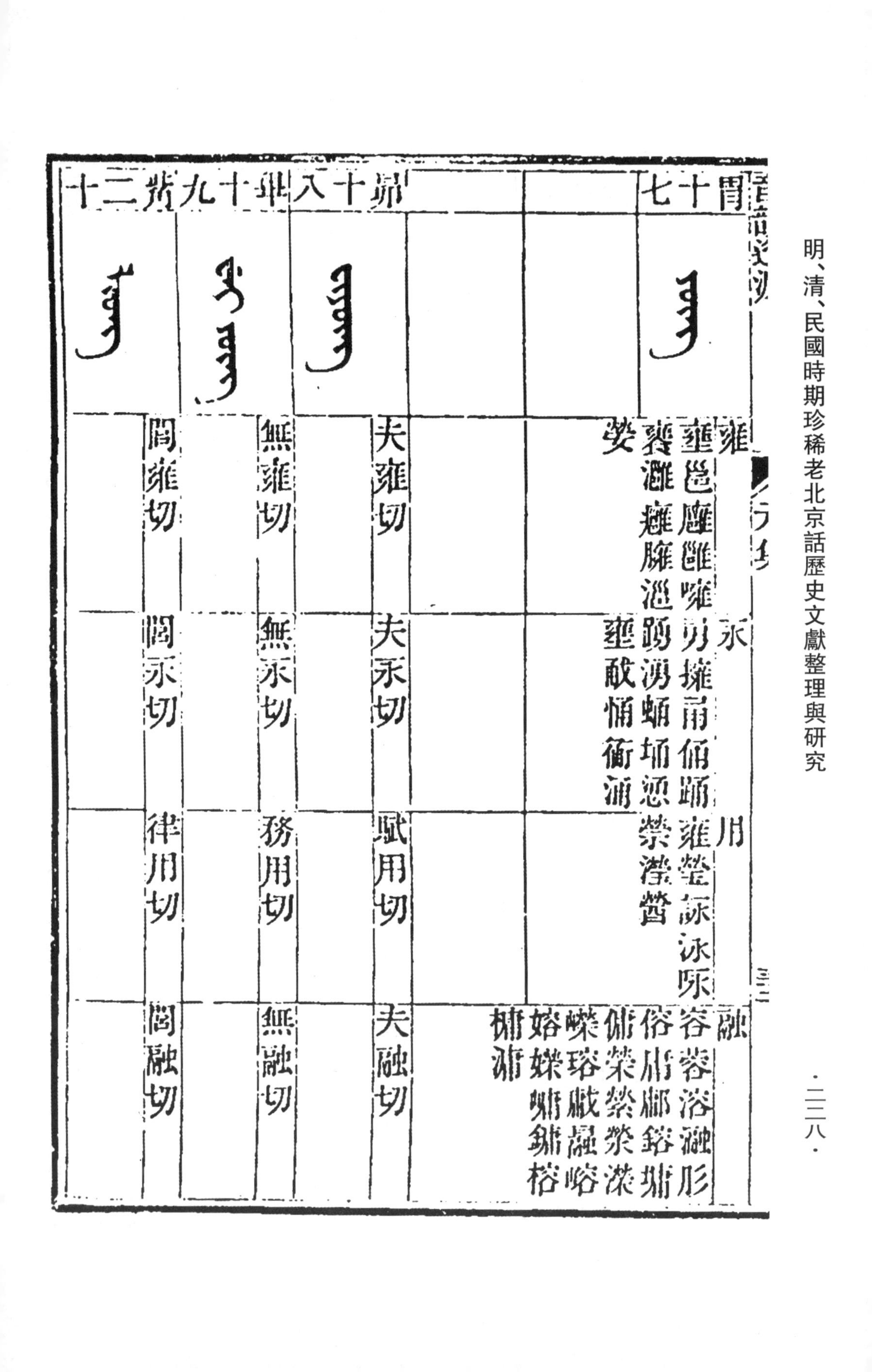

	胃十七		昴十八	畢十九	觜二十
雍	壅邕廱雝噰 饔灉癰臃澭 雍		夫雍切	無雍切	閭雍切
永	勇擁甬俑踊 踴湧蛹埇慂 壅敔悀衕涌		夫永切	無永切	閭永切
用	雍塋詠泳咏 禜濴醟		賦用切	務用切	律用切
融	容蓉溶瀜肜 傛庸鄘鎔墉 傭榮縈滎瀠 嶸瑢䗀螎嵤 熔蠑蝾鏞榕 槦滽		夫融切	無融切	閭融切

參 廿一

如雍切

日永切

入用切

如融切

卯部四	角一	亢二	氐三	房四	心五
乾一	[illegible]	[illegible]	[illegible]	[illegible]	[illegible]
巽一	昆 崐琨錕鵾騉 䎈褌鵾	坤 髡堃	吾溫切	敦 惇墩撴蹾盭瓪 撴驐蜳𤏶	吞 哼暾涒焞
離二	滾 袞鯀𧙉輥緄 卷	閫 悃壼梱稛𥜿 綑捆㩲	吾吻切	盹 躉庉	氽
坤三	棍 睴睔掍	困	諢	頓 鈍遯逇沌囤 炖忳惀㡄扽	褪
兌四	姑文切	枯文切	吾文切	都文切	屯 吨軘臀墩飩 豘魨芚庉豚 卯部乾一

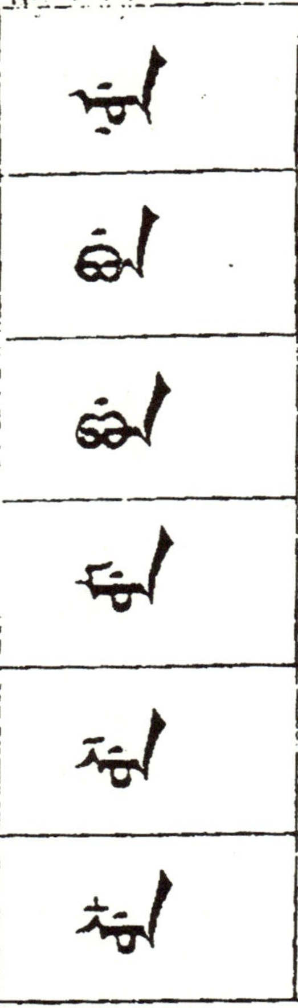

六尾	奴温切	奴吻切	嫩	奴汶切
七箕	奔 賁犇錛	本 畚	奔 体体坌笨逩	不汶切
八斗	噴 歕	普吻切	噴 歕	盆 湓
九牛	們	悗	悶	門 捫虋璊𧂐樠
十女	尊 鐏樽遵僎嶟	撙 僔噂蓴	捘 鷷焌焌	租文切
十一虛	村 邨	忖	寸 刌	存 蹲踆

危十二	[illegible]	孫 蓀猻飧搎[illegible]	損 筍笋隼荀榫 簨[illegible]	巽 遜潠噀	蘇文切
室十三	[illegible]	諄 肫屯迍窀肫	準 埻准	柱問切	珠文切
壁十四	[illegible]	春 椿輴杶瑃	蠢 惷偆僢膥	處問切	脣 純醇鶉蓴漘 錞蒓
奎十五	[illegible]	舒溫切	盾 吮	順 舜瞬蕣瞚眣	醇
婁十六	[illegible]	昏 婚惛閽棔葷 殙	睴 鯇[illegible]	混 慁溷圂惛焜 掍倱	渾 餛魂琿
胃十七	[illegible]	溫 豱蕰榅韞	穩	搵	烏文切

第十八	十九	二十	參廿一
芬 分紛氛雰棻 饙翂羒盼	無温切	盧温切	如温切
粉	吻 抆刎脗肳	埨 稐	如吻切
糞 忿分糞瀵僨 憤坋坌濆	問 紊汶絻免聞 璺璺文	論	閏 潤
汾 焚枌芬羒豶 隫轒轒墳蚡 蕡豶蒀	文 紋雯閺蚊蚉 閺玟炆芠	倫 綸淪輪論侖 掄崙崘崙腀 蜦棆錀	犉 瞤

卯部四	坎二	巽一	離二	坤三	兌四
角一	ᡤᡝ	根 跟	詪	艮 莨	歌痕切
亢二	ᡴᡝ	珂恩切	懇 墾肯齦豤掯	硍 裉	珂痕切
氐三	ᠩᡝ	莪恩切	莪很切	頟恨切	莪痕切
房四	ᡩᡝ	德恩切	德很切	德恨切	德痕切
心五	ᡨᡝ	特恩切	特很切	特恨切	特痕切

尾六	[illegible]	訥恩切	訥很切	訥恨切	訥痕切
箕七	[illegible]	伯恩切	伯很切	伯恨切	伯痕切
斗八	[illegible]	坡恩切	坡很切	珀恨切	坡痕切
牛九	[illegible]	墨恩切	墨很切	默恨切	墨痕切
女十	[illegible]	咨恩切·	怎	譖	咨痕切
虛十一	[illegible]	參	策很切	策恨切	策痕切

	平	上	去	入
危二十	森	塞很切	塞恨切	塞痕切
室三十	真 珍臻榛溱甄斟箴針鍼碪鍖瑊振縝砧蓁鉁	枕 軫診疹昣賢抮袗眕紾畛稹眹稹黰	震 振賑娠侲鷙鎮塡陣朕挋鴆枕酖礈	哲痕切
壁四十	瞋 琛綝郴抻捵嗔諶瞋	磣 傪齓墋瘮	襯 趁趂儭櫬闖沉讖疢齔䞋踸跈	陳 辰晨宸臣塵栕沉諶忱煁䟢
奎五十	申 身伸紳呻深參葠摻突侁	審 諗嬸沈哂矧屒廞賑瀋瞫胥	慎 甚諶椹滲䢈參	神

音韻逢源	婁十六	胃十七	昴十八	畢十九	觜二十
	[illegible]	[illegible]	[illegible]	[illegible]	[illegible]
毗謊蛀珅兟 辫芈姺粢妯	呵恩切	恩	發恩切	斡恩切	勒恩切
宋	很 狠	娶很切	發很切	斡很切	勒很切
	恨	惡恨切	法恨切	襪恨切	勒恨切
	痕 拫	娶痕切	發痕切	斡痕切	勒痕切

參廿一

王

日恩切

忍 荵 肕

認 軔 刃 仞 訒 牣 任 衽 妊 袵 紝 任 恁 朋 稔 軔

人 任 壬 仁 紝 儒

卯部四	艮三	巽一	離二	坤三	兌四
角一	[illegible]	巾 斤筋今金禁巹珒槿堇縉 襟矜紟觔釿慬緊錦	謹	禁 噤妗靳近覲 僸僸厪勁噤	[illegible]頭切
		齡		僸	
亢二	[illegible]	欽 嶔衾	欺隱切	搇 顉	物 慇廕愔庈㾡 新堇埁芩銜
					芩僑黔擒捦 庈噙
氐三	[illegible]	凝因切	凝隱切	憖	銀 垠誾誾犾吟 听犾齗齦崟

卯部艮三

房四	心五	尾六	箕七

低因切	梯因切	泥因切	彬 賓斌濱豳鑌 檳彬豳檳彩 份玢積瀕骗
低隱切	梯隱切	泥隱切	稟
爹印切	梯印切	賃	鬢 儐擯殯臏
低質切	梯質切	紉	畢質切

又 鄉

斗八	牛九	女十		虛十一	危十二
[illegible]	[illegible]	[illegible]		[illegible]	[illegible]
繽	密因切	津 濅稜		親 侵駸葠鋟綅	新 薪辛心莘芯
品 牝	敏 閔憫愍惽 黽湣抿	儘		寢 梫	伈
謗	謎印切	晉 進縉搢瑨鄑 璡盡浸贐枃 㳍嶜㮗		沁 親吣	信 訊汛囟費𤏐 藎蓋顖
貧 頻嬪蘋蠙薲 矉瀕嚬玭	民 珉岷泯閩忞 緡鍲暋捪旼	積貟切		秦 螓榛岑涔梣 鱏	尋 潯鄩鐔䰼鱘 蕁璕[illegible][illegible][illegible]

卯部艮三

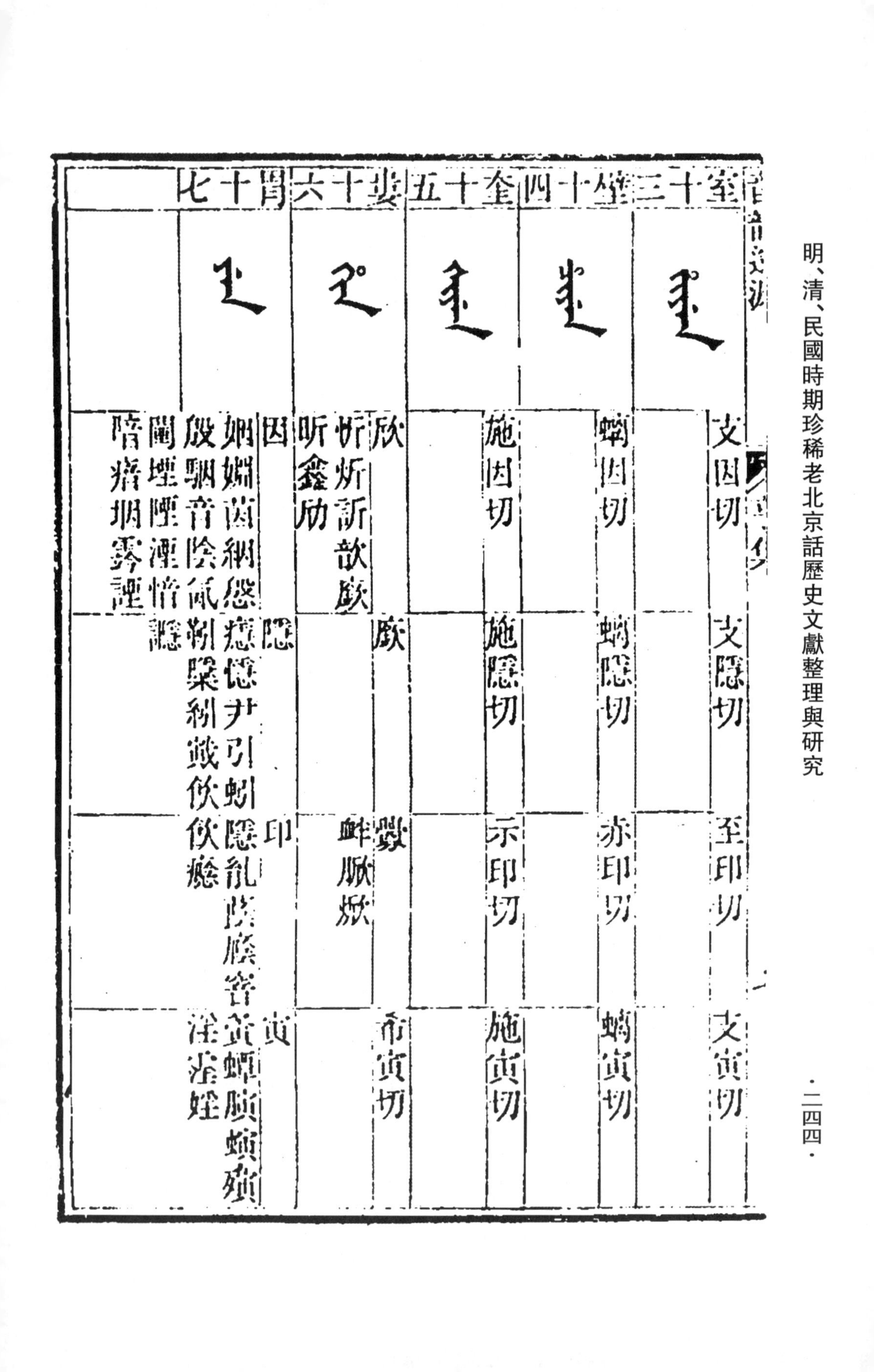

室十三	支因切	支隱切	至印切	支寅切
壁十四	螭因切	螭隱切	赤印切	螭寅切
奎十五	施因切	施隱切	示印切	施寅切
婁十六	欣 忻炘訢歆廞 昕鑫励	廞	釁 衅脪焮	希寅切
胃十七	因 姻婣茵絪慇 殷駰音陰氤 闉堙陻湮愔 喑瘖捆霠諲	隱 癮檼尹引蚓 𠛊檃䤃戭飲 讔	印 隱䚿垽胤窨 飲癊	寅 夤蟫螾螾殥 淫滛婬

鼐十八	非因切	非隱切	非印切	非寅切
華十九	微因切	微隱切	味印切	微寅切
背二十	利因切	凛 廩檁懔	吝 藺悋㤉臨淋 蹸躪	鄰 隣鱗遴嶙粼 磷潾璘嶙驎 林琳霖淋瞵 臨燐獜麐鏻 暽[illegible]
參廿一	日因切	日隱切	日印切	日寅切

卯部四	震四	巽一	離二	坤三	兌四
角一	ᠵᡠᠨ	君 軍均鈞麇昀 麇麕莙頵桾	窘 菌囷箘攟僒攈 捃	郡	居云切
		龜皸礿			
亢二	ᠴᡠᠨ	困 菌箘峮	梱 麇	大韻切	羣 裙
氐三	ᠶᡠᠨ	魚氲切	魚允切	御韻切	魚云切
房四	ᡩᡠᠨ	低氲切	低允切	第韻切	低云切

心五	尾六	箕七	斗八	牛九	女十
梯氳切	泥氳切	畢氳切	披氳切	密氳切	狙氳切
梯允切	泥允切	畢允切	披允切	密允切	狙允切
梯韻切	賦韻切	必韻切	譬韻切	謎韻切	俊 峻駿畯寯儁 晙餕儁餕儁
梯云切	泥云切	畢云切	披云切	密云切	狙云切

				鵕	
虚十一	(滿文)	逡 皴[illegible]	逡允切	趣韻切	逡六切
危十二	(滿文)	荀氳切	荀允切	迅 濬徇殉陖浚狥埈	巡 侚循馴紃揗迿荀詢恂洵郇峋珣眴栒楯
室十三	(滿文)	支氳切	支允切	至韻切	支六切
壁十四	(滿文)	蝍氳切	蝍允切	亦韻切	蝍六切

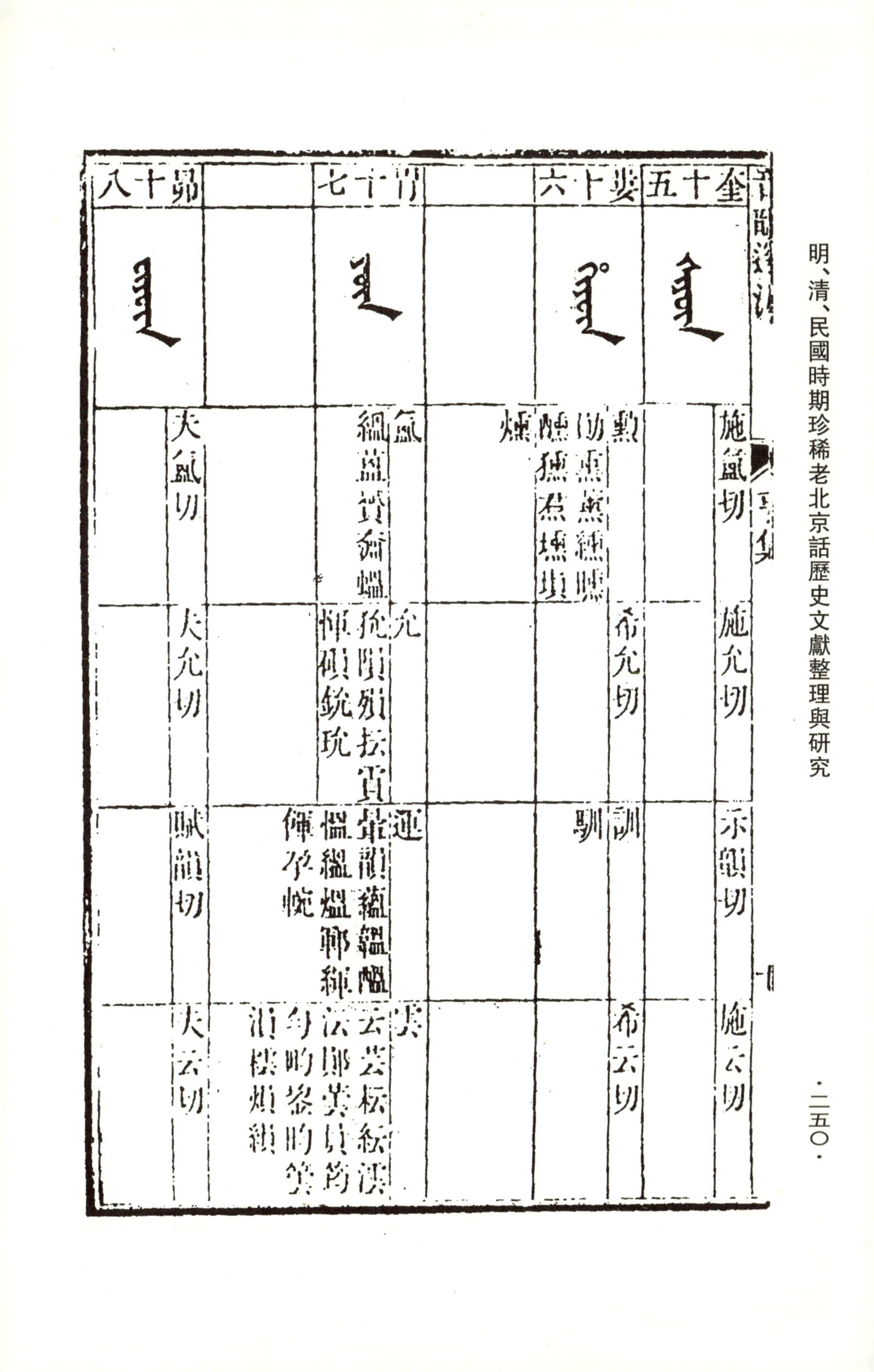

五十奎	六十叟		七十胥		八十覓
[Manchu]	[Manchu]		[Manchu]		[Manchu]
施氳切	勲 勛熏薰纁曛 醺獯焄壎塤	爋	氳 緼蒀贇奫蝹		夫氳切
施允切	希允切		允 狁阭殞抎霣 惲隕鈗玧		夫允切
示韻切	訓 馴		運 韻鄆藴韞醞 慍緼熅鄆緷	惲孕惋	賦韻切
施云切	希云切		雲 云芸枟紜澐 沄鄖篔員筠	勻畇姿昀篔 涓橒熉損	夫云切

日云切	人韻切	日允切	日氳切	
利云切	利韻切	利允切	利氳切	
微云切	閏韻切	微允切	微氳切	

一卄參十二部九十北

音韻逢源

辰部五	角一	亢二	氐三	房四	心五
乾一					
巽一	姑鹽切	枯鹽切	吾鹽切	都鹽切	禿鹽切
離二	姑襖切	枯襖切	吾襖切	都襖切	禿襖切
坤三	固傚切	庫傚切	悟傚切	杜傚切	吐傚切
兌四	姑遨切	枯遨切	吾遨切	都遨切	禿遨切

尾六	[illegible]	奴麃切	奴襖切	怒傲切	奴遨切
箕七	[illegible]	不麃切	不襖切	布傲切	不遨切
斗八	[illegible]	鋪麃切	鋪襖切	怖傲切	鋪遨切
牛九	[illegible]	模麃切	模襖切	暮傲切	模遨切
女十	[illegible]	租麃切	租襖切	祚傲切	租遨切
虛十一	[illegible]	粗麃切	粗襖切	醋傲切	粗遨切

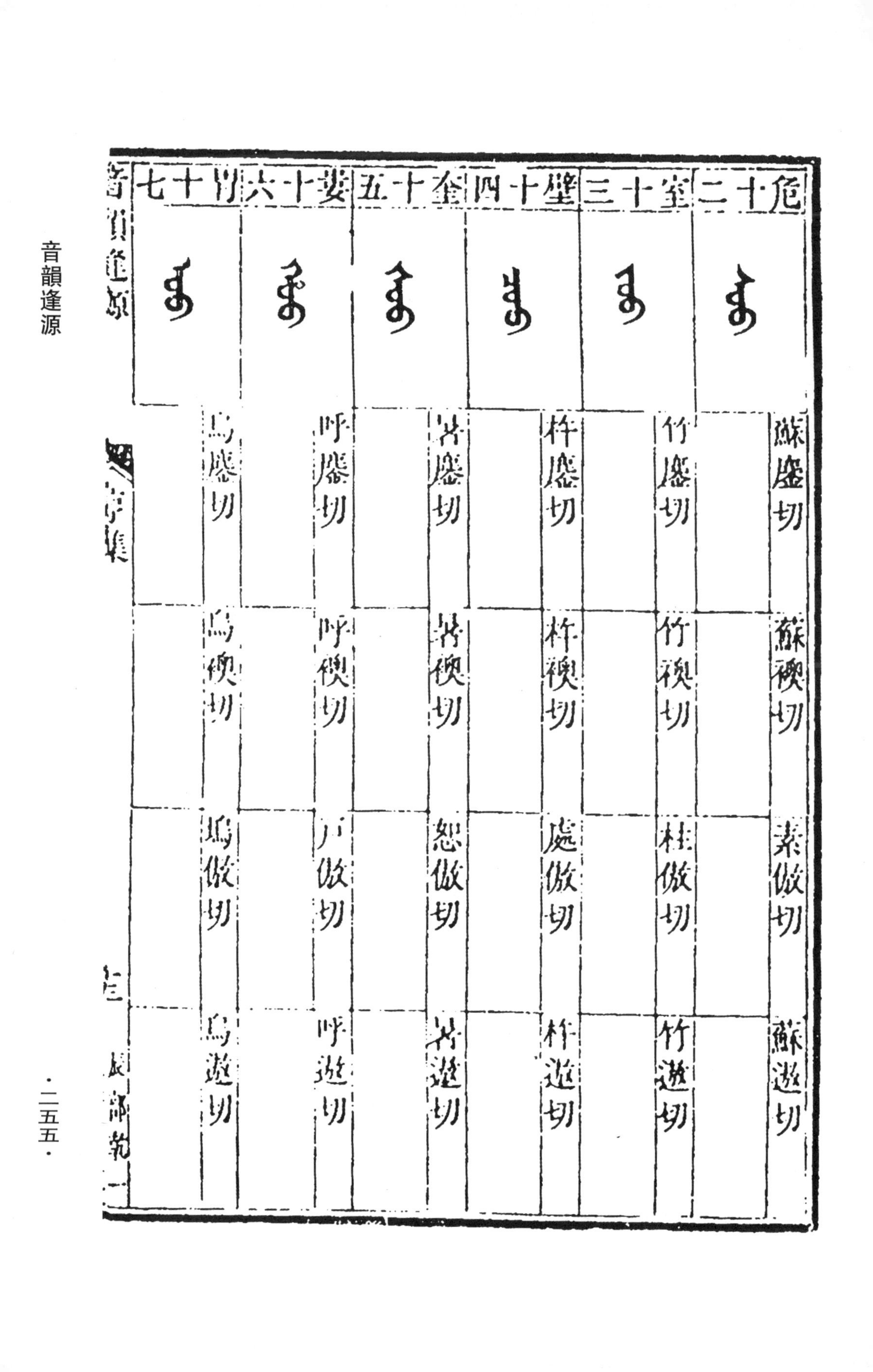

危十二	室十三	壁十四	奎十五	婁十六	胃十七
[illegible]	[illegible]	[illegible]	[illegible]	[illegible]	[illegible]
蘇鑪切	竹鑪切	杵鑪切	苦鑪切	呼鑪切	烏鑪切
蘇禨切	竹禨切	杵禨切	苦禨切	呼禨切	烏禨切
素儌切	柱儌切	處儌切	恕儌切	戶儌切	嗚儌切
蘇遨切	竹遨切	杵遨切	苦遨切	呼遨切	烏遨切

音韻逢源 虛集 巳 戌部第一

歸十八		夫鏖切	夫襖切	賦做切	夫遨切
畢十九		無鏖切	無襖切	務做切	無遨切
背二十		盧鏖切	盧襖切	路做切	盧遨切
參廿一		如鏖切	如襖切	入做切	如遨切

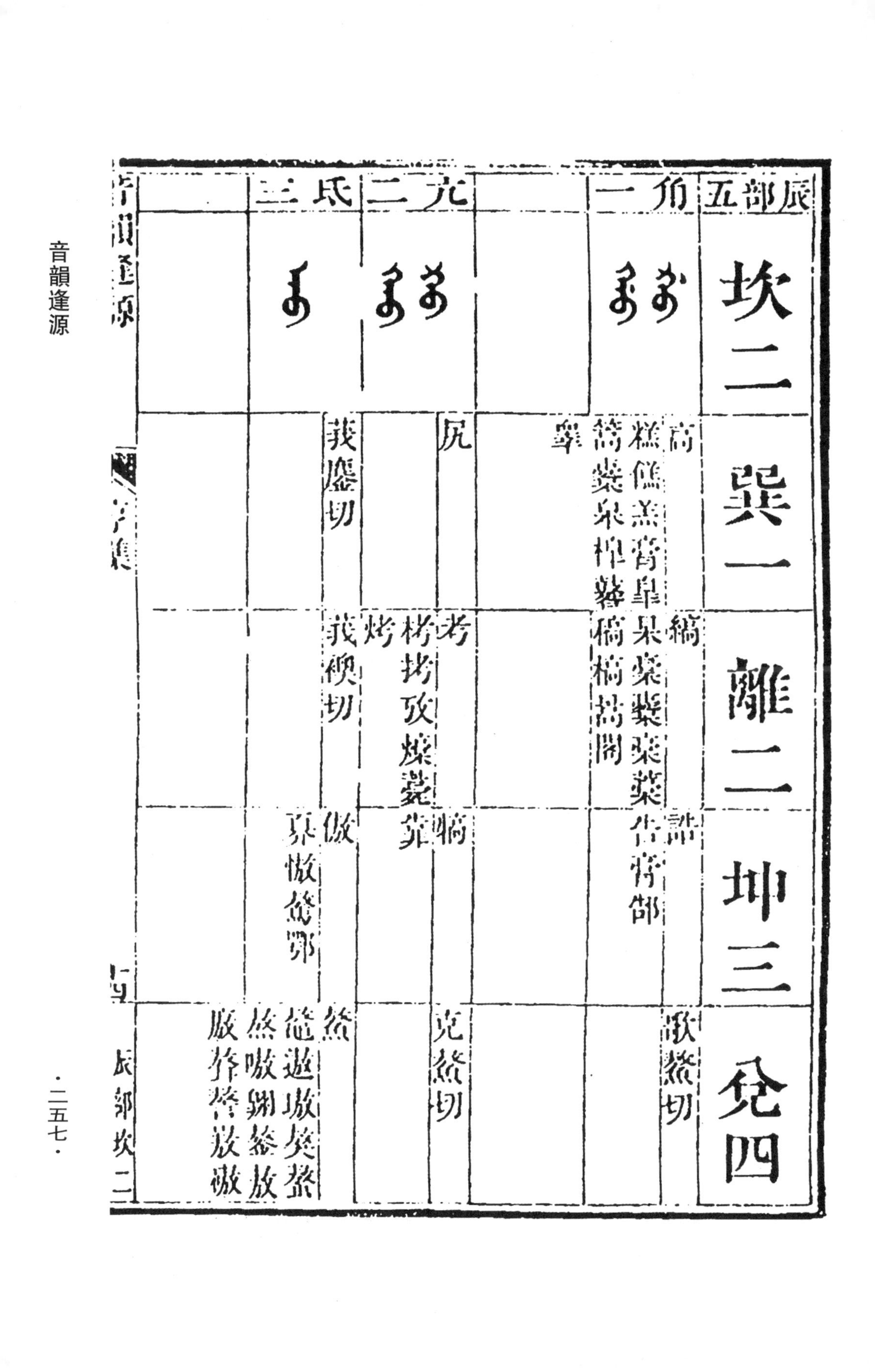

辰部五	角一			亢二		氐三		
坎二	[illegible]			[illegible]		[illegible]		
巽一	高	糕餻羔膏臯 篙鼛臯槔鼛	睪	尻		敖鏖切		
離二	縞	杲槀槀槀槀 稿槁槁閣		考	栲拷攷燺薧菲 烤	敖襖切		
坤三	誥	告誥郜		犒		傲	奡慠敖鄗	
兌四	歊 歊敖切			虓 虓敖切		敖	遨遨嗷獒嶅 嗸嗷翱嫯放	廒𤯟簪嶅獓

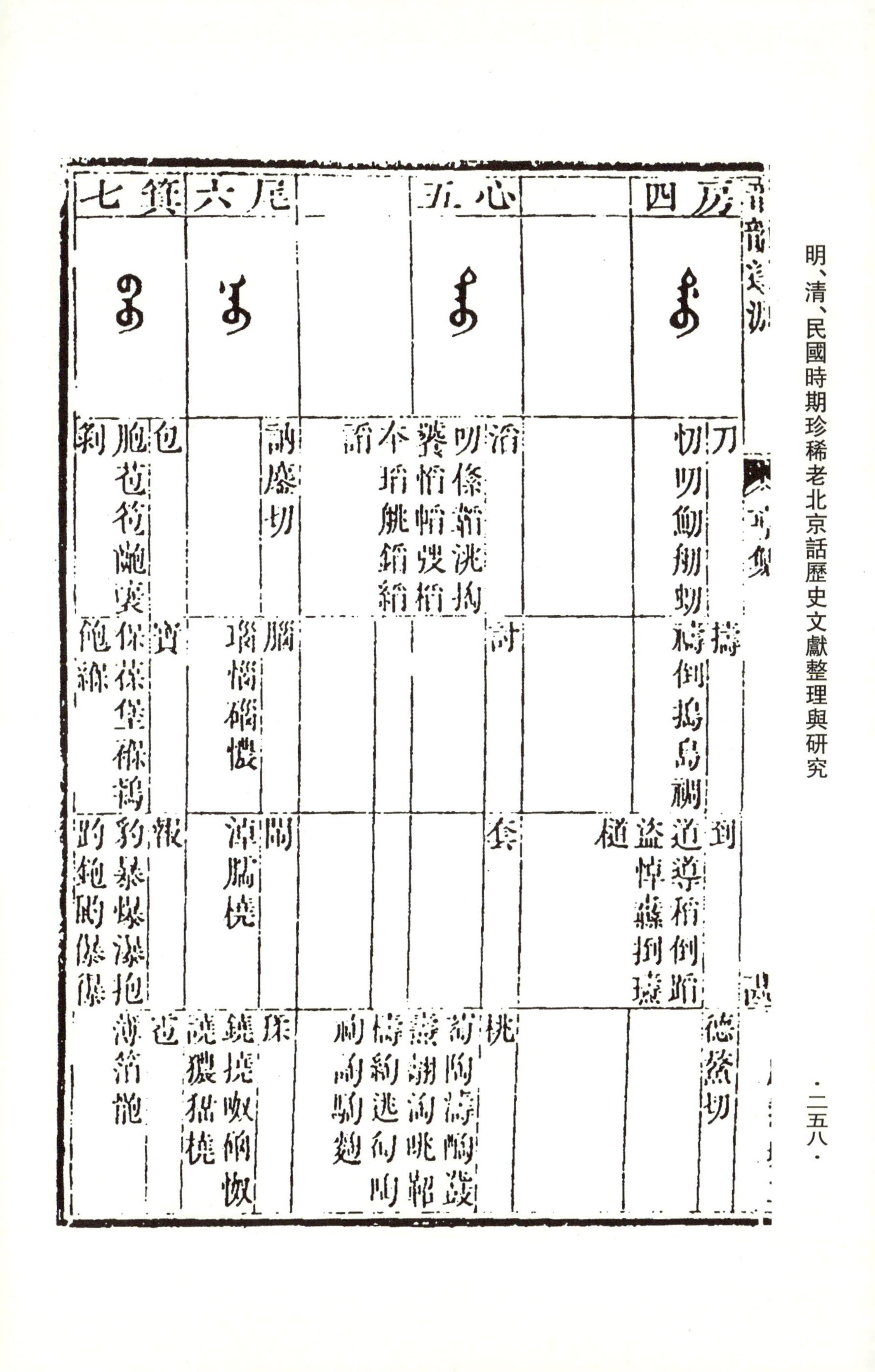

七 箕	六 尾		五 心		四 房
包 胞苞苞䶌褒 剝	詉 [illegible]切		滔 叨絛縚洮掏 饕慆幍弢槄 夲搯䑬鞱縚 謟		刀 忉叨魛舠虭
寶 保葆堡褓鴇 飽 緥	腦 瑙惱碯㛴		討		擣 禱倒搗島祠
報 豹瀑爆瀑抱 趵鮑鉋儤儤	鬧 淖臑橈		套		到 道導稻倒蹈 盜悼纛捯燾 檤
[illegible] 薄箔袍	猱 鐃撓呶峱怓 譊獿猱橈		桃 萄陶綯醄跢 翿淘咷鞀 檮綯逃匋咱 [illegible]		德[illegible]切

女十	牛九	斗八
[illegible]	[illegible]	[illegible]
遭 糟慒䜊	貓 猫	抛 泡皰脬橐
早 澡澡藻蚤璪 䵲璪	卯 昴茆泖	跑
造 簉躁漕皂皁	貌 帽媢眊冃帽 茂皃瞀淈茟 眊扣耄冒	砲 礮炮颮奅藥 泖炮 萢鮑嚗鞄鮑 皺嚗臊醲謋 㯋
鑿	毛 茅旄蝥髦旄 髳錨酕媌牦	袍 庖咆炰麭麃 捊掊瓟跑刨 㾃

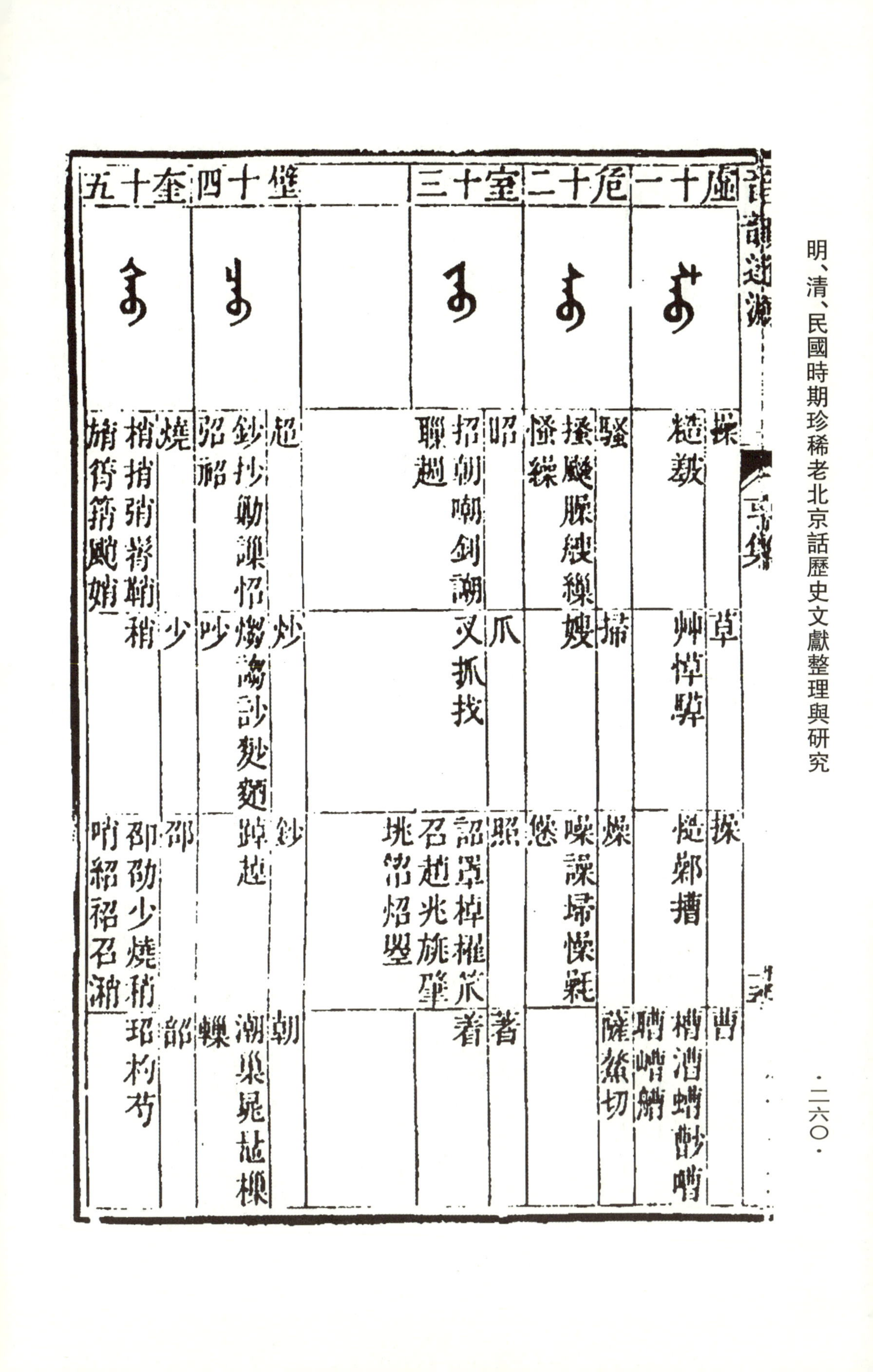

十一虛	十二危	十三室		四十壁	五十奎
操 糙皺	騷 搔颾臊艘繰 慅繰	昭 招釗嘲釗謝 聯趙		超 鈔抄勦謙怊 弨船	燒 梢捎弰箾鞘 艄筲筲颵娋
草 艸慅騲	掃 嫂	爪 叉抓找		炒 燍瀉訬麨麵 吵	少 稍
操 慥鄵槽	燥 噪譟埽懆氉 慅	照 詔罩棹櫂笊 召趙兆旐肇 垗炤炤曌		鈔 踔趠	邵 劭劭少燒稍 哨紹袑召潲
曹 槽漕螬艚嘈 蟰嘈艚	薩蒸切	着 着		朝 潮巢晁樔樵 轈	韶 玿杓苕

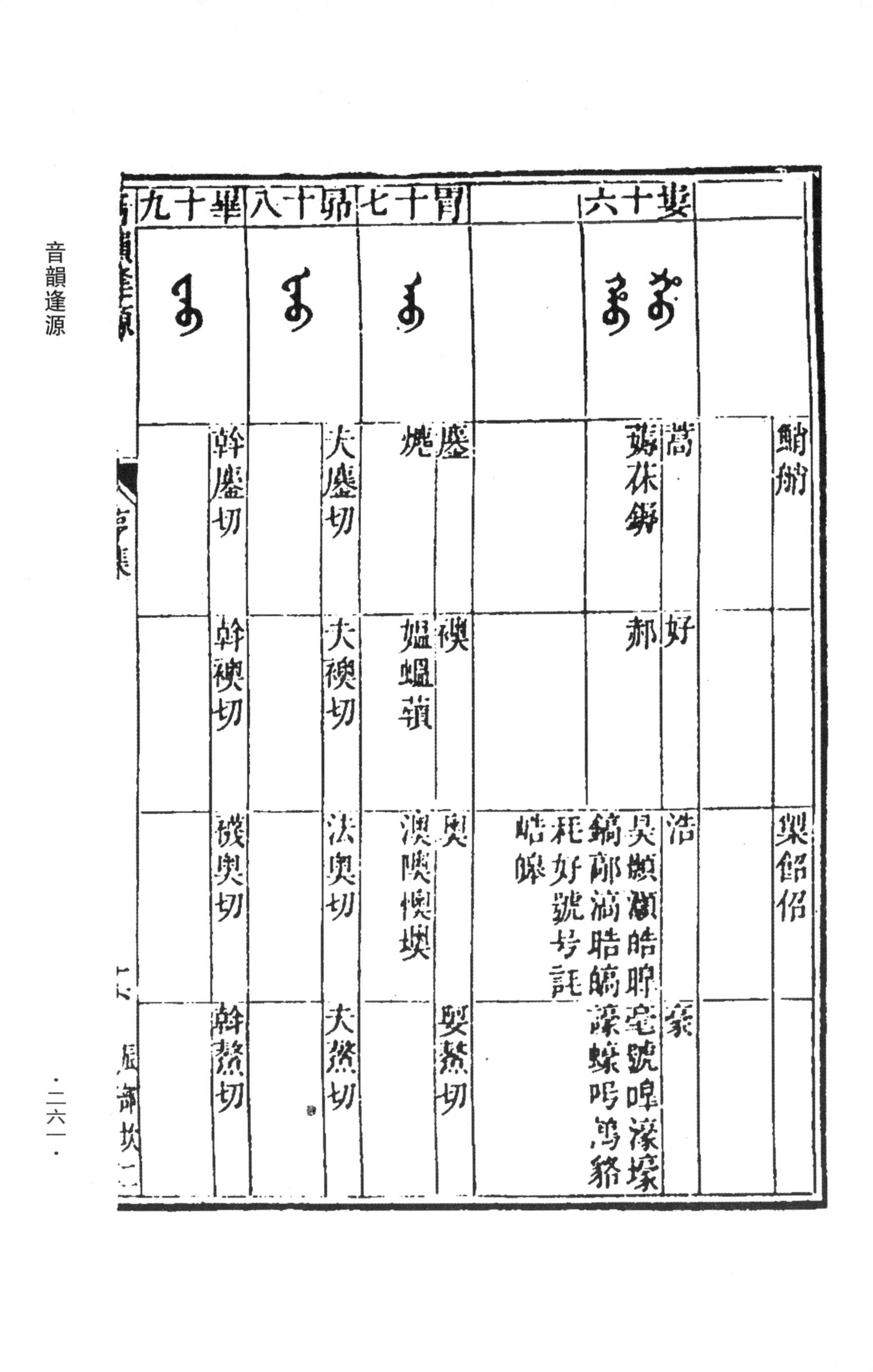

	婁十六		胃十七	昴十八	畢十九
鮹翛	蒿 薅茠鎒		鏖 爊	夭鏖切	幹鏖切
	好 郝		襖 媼蝹䫜	夭襖切	幹襖切
梨餡佋	浩 昊皞灝皓聕 鎬鄗滈晧皜 秏好號号秏	峼皞	奧 澳隩懊墺	法奧切	硪奧切
	豪 毫號嗥濠壕 藃螓嗃鴞貉		嬰熬切	夭熬切	幹熬切

	勞二十			參廿一	
撈			熱壓切		
老	栳獠狫恅橑		擾	繞遶𢞣	
澇	潦勞嫪落酪	絡烙珞樂	繞	遶	
勞	[illegible]癆醪潦咾	撈澇嘮憥	僥	橈蕘蟯嬈橈	

辰部五	艮三	巽一	離二	坤三	兌四
角一		交 郊膠蛟教嬌 驕澆轇茭鷮 跤鵁儌鮫咬 亢嘐	咬 矯攪狡絞徼 蟜譑膠姣筊 鉸撟蹻憍皦 璬皦僥儌蟜 佼璬脚筊	教 轎叫覺窖較 校挍校酵嗷 曒皦嶠敫皦 窌礐	基堯切
亢二		敲 撬蹺郻橇蹻 趫撬郻墝磽 礄	巧 墝	敫 趬傚敫觳	喬 橋蕎僑蹻翹 荍嶠劭鐈
氐三		䠷么切	咬 皎噍湫	桀 兆覜	兆 眺佻糶洮垚

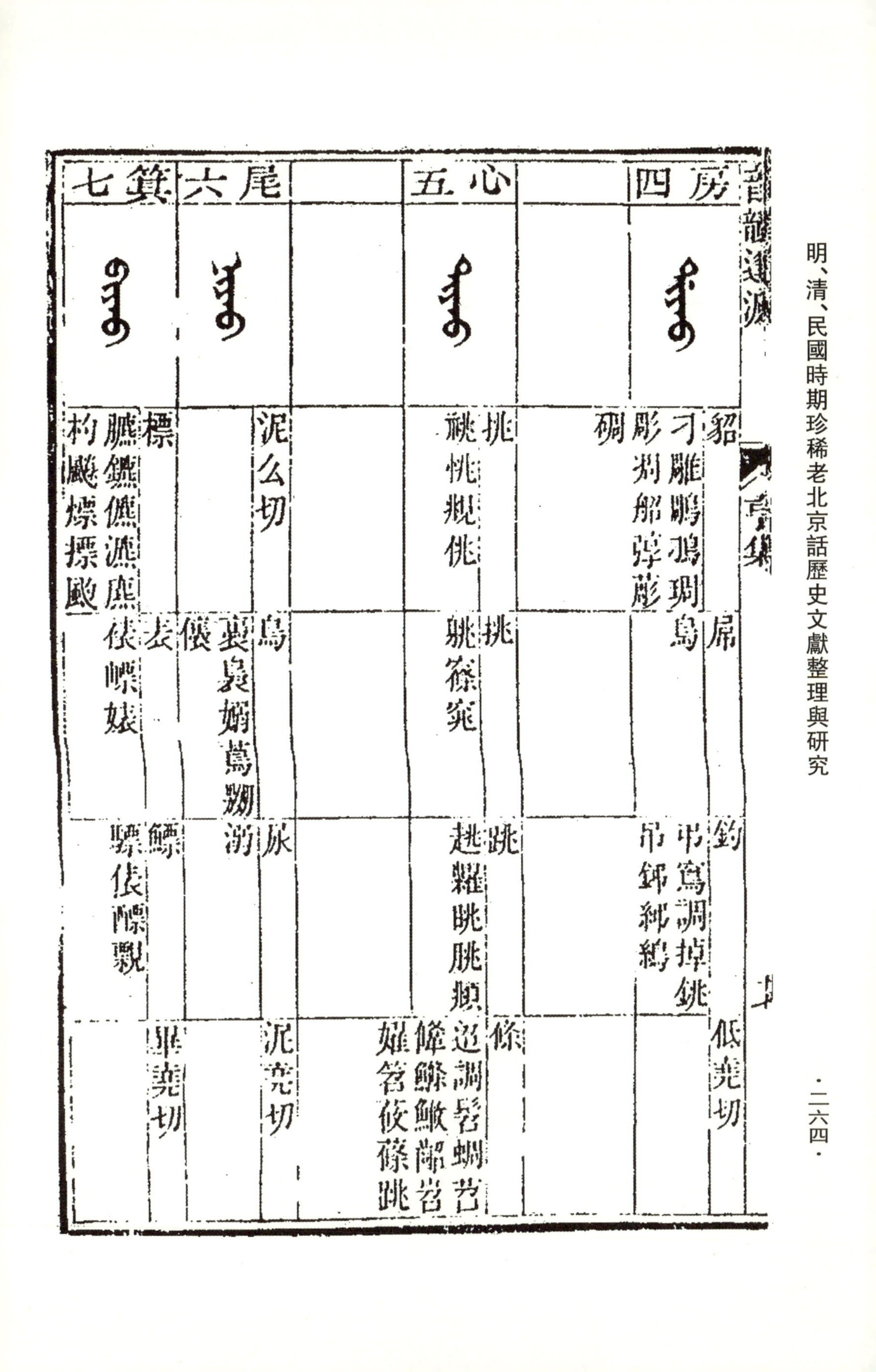

房四		心五		尾六	箕七
[illegible]		[illegible]		[illegible]	[illegible]
貂 刁雕鵰鴅琱鳥 彫凋船琱彫 碉		挑 祧恌覜佻		泥么切	標 膘鏢儦瀌穮 杓飈熛摽颮
屌		挑 朓篠窕		鳥 褭裊嫋蔦嬲 儴	表 俵幖婊
釣 弔寫調掉銚 吊鋓釰鵃		跳 趒糶眺朓頫		尿 溺	鰾 驃俵膘覹
低堯切		條 迢調髫蜩苕 鋚鰷鮋鞗岧 嬥笤莜蓧跳		泥堯切	卑堯切

		幖鏢瞟猋膘			
斗八		飄 漂螵彯翲慓 嘌蟲	縹 殍摽	票 漂嫖剽僄	瓢 漂嫖
牛九		皛么切	眇 藐秒杪渺緲 淼	妙 廟	苗 描緢
女十		焦 椒蕉燋僬鷦 噍蟭膲	勦 勦漅湫	醮 醮爝燋譙	嚼
虛十一		鍫 鍬	悄 雀鵲愀	俏 峭誚稍鞘陗	樵 瞧譙憔顦
危十二		蕭 簫瀟宵霄逍 消硝綃蠨蟰	小 篠謏筱	笑 嘯肖歗	昔堯切

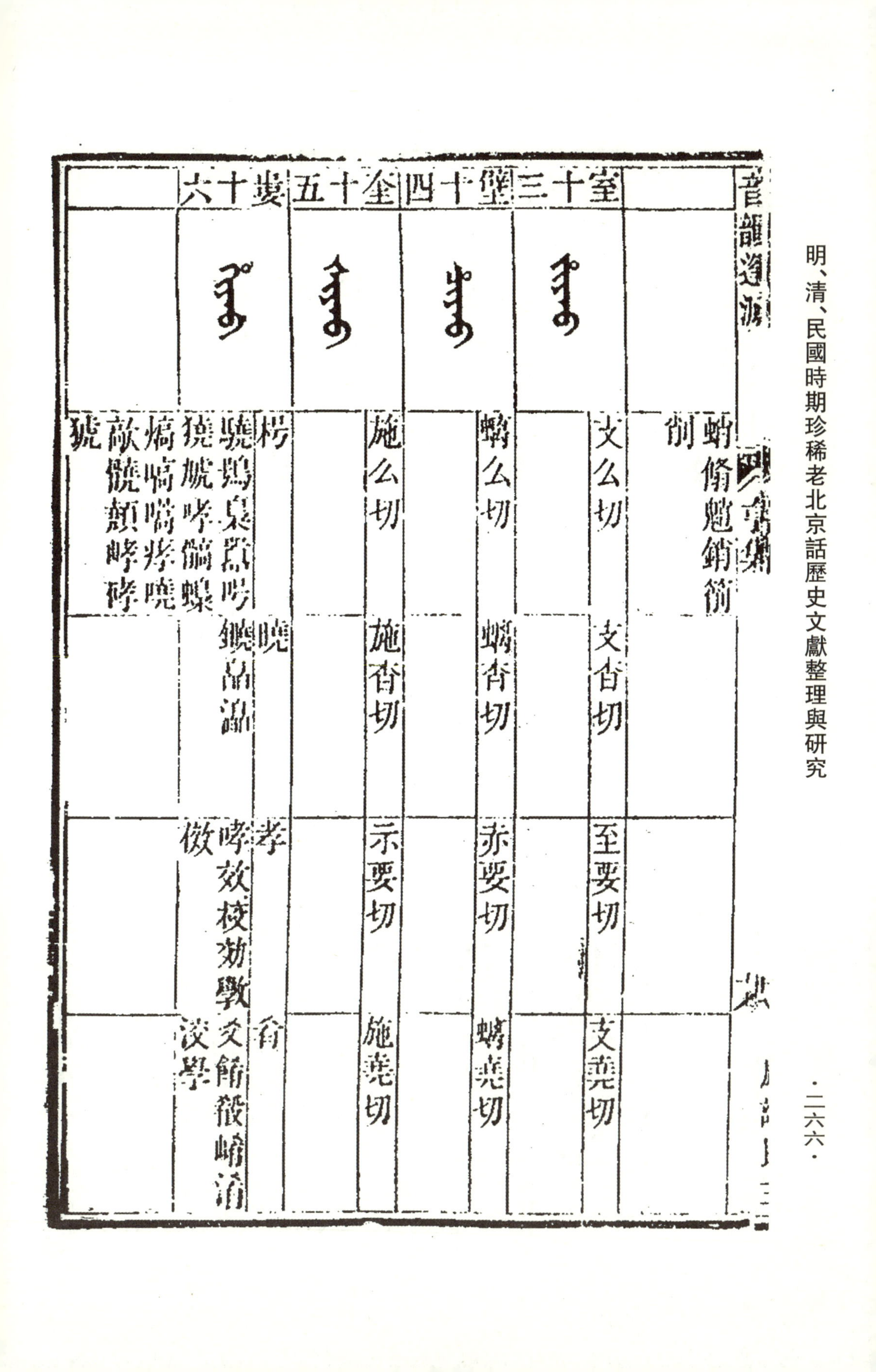

		蛸傄魈銷箾 削			
室三十		支么切	支杳切	至要切	支堯切
璽四十		螭么切	螭杳切	赤要切	螭堯切
全五十		施么切	施杳切	示要切	施堯切
嫂十六		枵 驍鴞梟嚻呺 獟虓哮𤟹蟂 熇嗃嗃痚嘵 歊髐顤哮哮 號	曉 皢皛謞	孝 哮效校効斆 傚	斈 爻餚殽崤淆 洨學

乾一

巽一 鍋曰切

其餘同前

離二 鍋也切

坤三 周悅切

兌四 鍋爺切

此部八十四聲俱切音

酉部十

角一

坎二 ᠠ

巽一 歌噠切 其餘同前

離二 歌也切

坤三 歌夜切

兌四 歌爺切 此部八十四辤俱切音

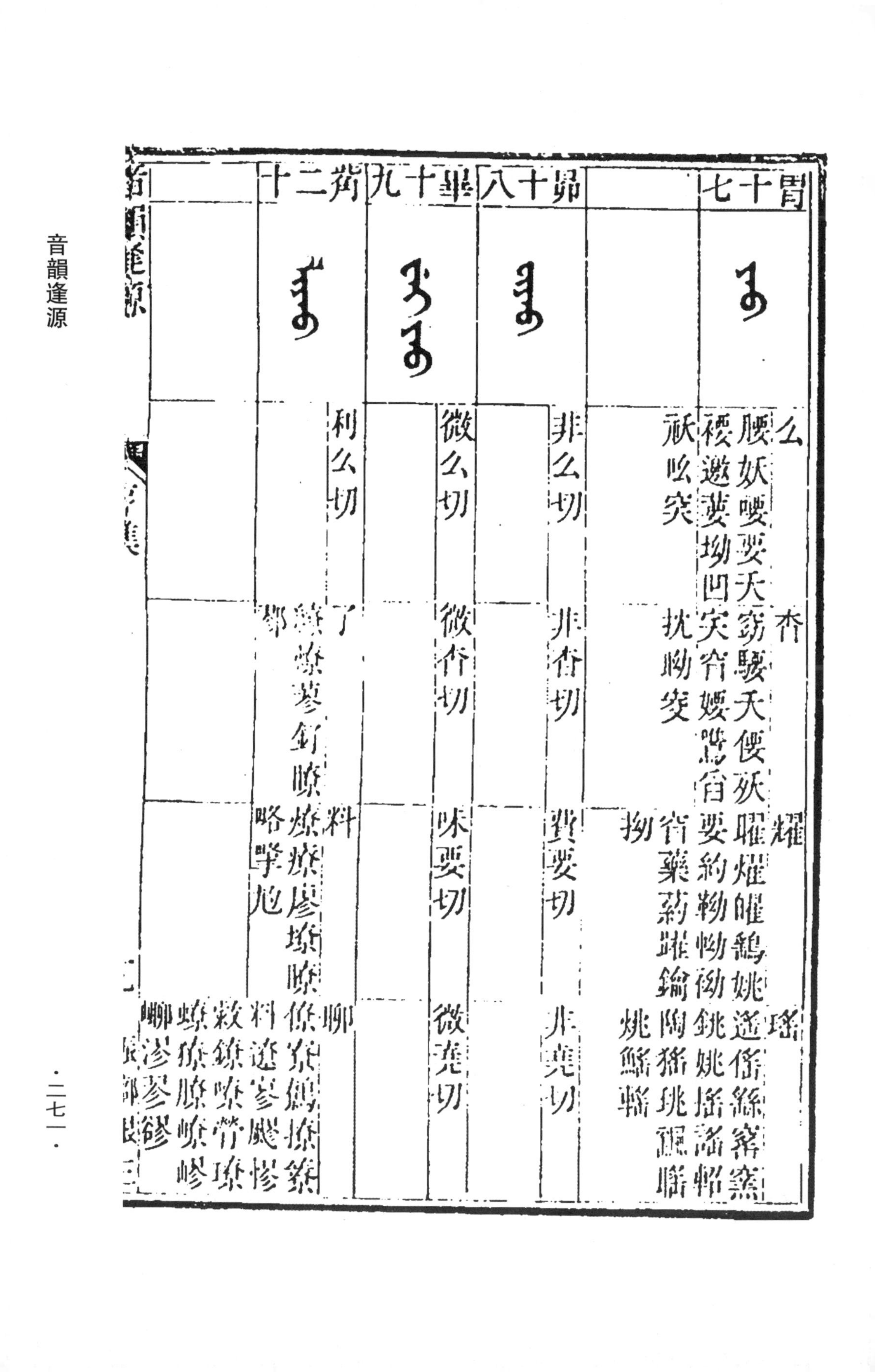

胃十七		昴十八	畢十九	觜二十	
么 腰妖喓要夭 褄邀葽坳凹	祅吆突	非么切	微么切	利么切	
杳 窈騕夭偠殀 宎窅嫈㝔窅	扰呦㚢	非杳切	微杳切	了 蟟蟟蓼釕瞭 鄝	
燿 曜燿矅鷂姚 要約靿怮㘭	窅藥葯踽鑰 物	費要切	味要切	料 燎療廖瞭瞭 略掔尥	
瑤 遙傜繇䌛窯 銚姚搖謠榣	陶猺珧䍃䍃 烑鰩䠛	非堯切	微堯切	聊 僚寮鷯撩䍡 料遼蟉飂憀 簝鐐嘹簝璙 蟟獠膫嶚嵺 嘹漻蓼鏐	

音韻逢源

參廿一

日么切

日杳切

日要切

日堯切

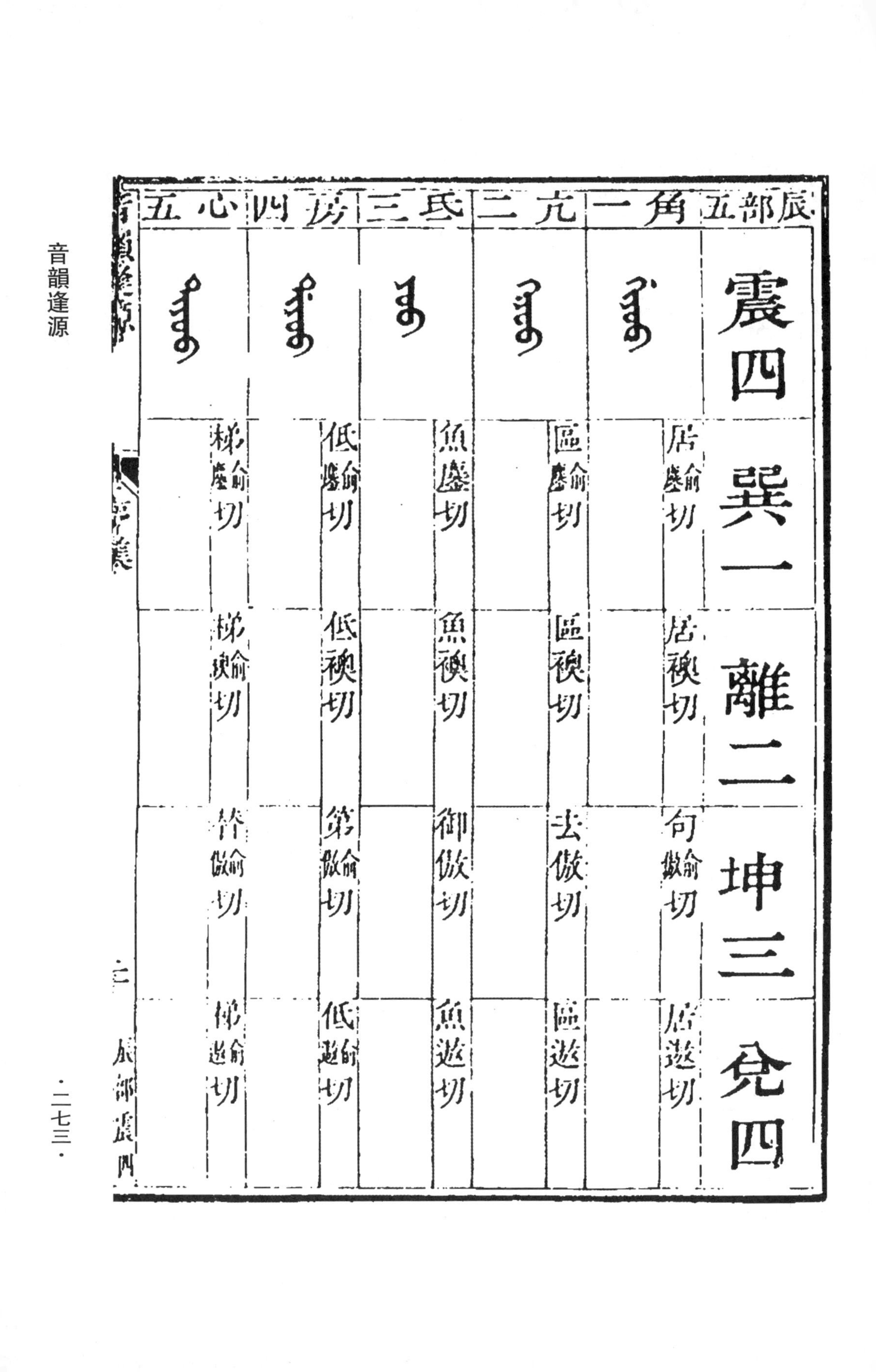

辰部五	角一	亢二	氐三	房四	心五
震四	[illegible]	[illegible]	[illegible]	[illegible]	[illegible]
巽一	居俞壂切	區俞壂切	魚壂切	低俞壂切	梯俞壂切
離二	居襖切	區襖切	魚襖切	低襖切	梯俞襖切
坤三	句俞儌切	去儌切	御儌切	第俞儌切	替俞儌切
兌四	居遨切	區遨切	魚遨切	低俞遨切	梯俞遨切

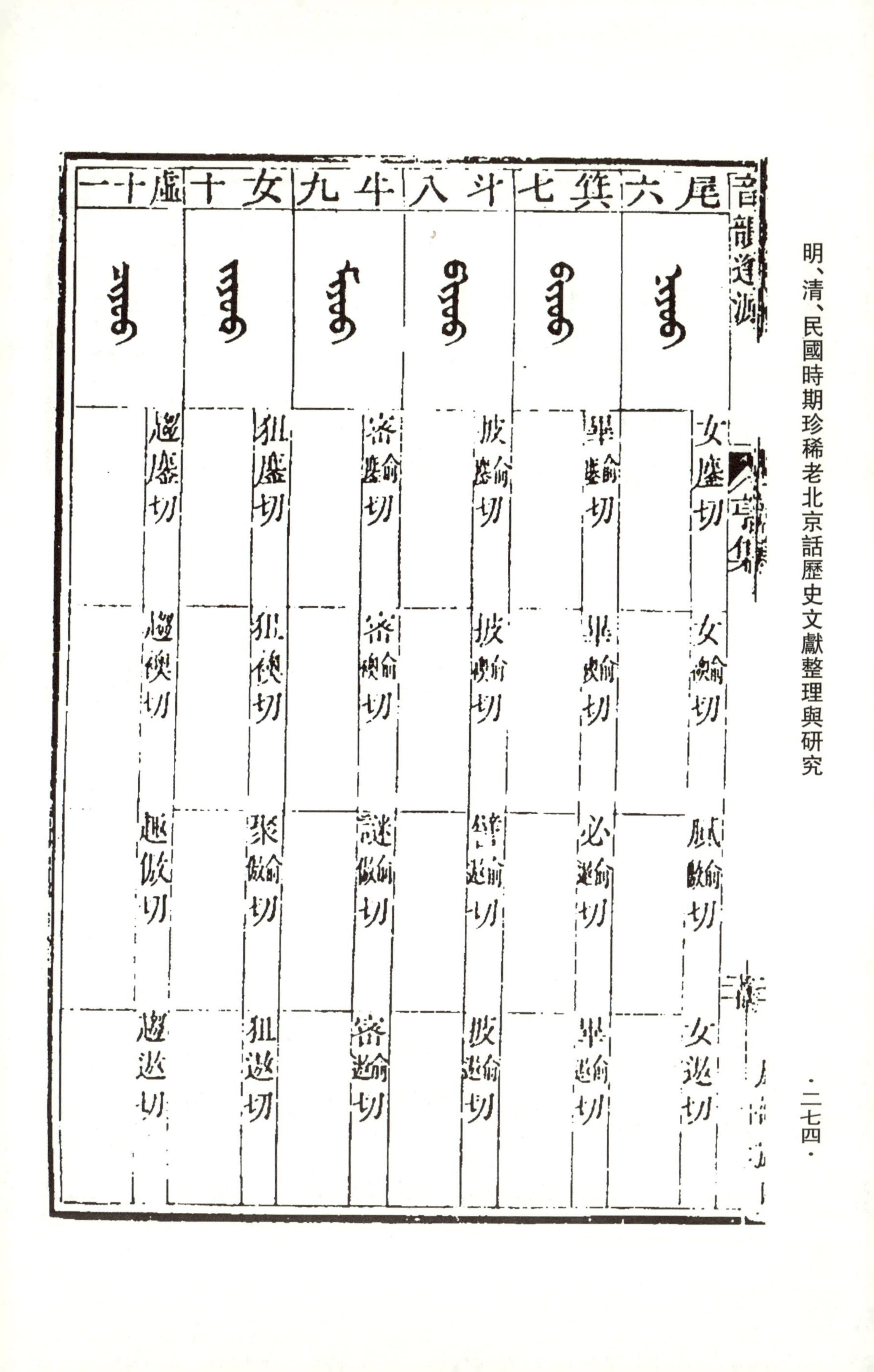

尾六		女鏖切	女襖俞切	膩歐俞切	女遨切
箕七		畢鏖俞切	畢襖俞切	必遨俞切	畢遨俞切
斗八		披鏖俞切	披襖俞切	𥲅遨俞切	披遨俞切
牛九		濟鏖俞切	濟襖俞切	謎傲俞切	濟遨俞切
女十		狃鏖切	狃襖切	狖傲俞切	狃遨切
虛十一		𨓏鏖切	𨓏襖切	趣傲切	𨓏遨切

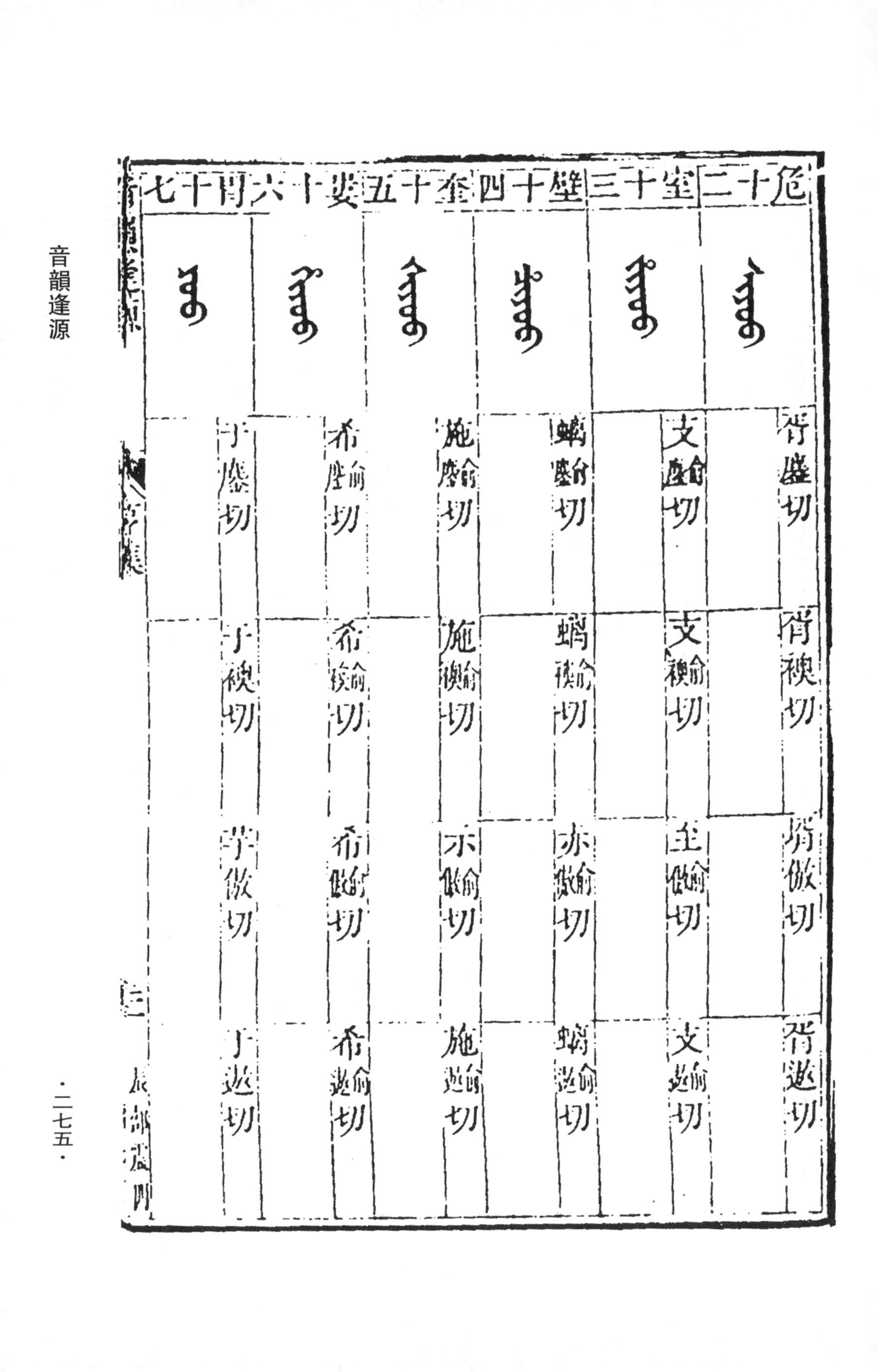

危十二	室十三	壁十四	奎十五	婁十六	胃十七
[illegible]	[illegible]	[illegible]	[illegible]	[illegible]	[illegible]
胥塵切	支塵俞切	螭塵俞切	施塵俞切	希塵俞切	于塵切
胥襖切	支襖俞切	螭襖俞切	施襖俞切	希襖俞切	于襖切
胥傚切	主傚俞切	赤傚俞切	示傚俞切	希傚俞切	芋傚切
胥遨切	支遨俞切	螭遨俞切	施遨俞切	希遨俞切	于遨切

音韻逢源

昴十八	畢十九	觜二十	參廿一		
夫慮切	微盧俞切	利盧俞切	日盧俞切		
夫澳俞切	微澳俞切	利澳俞切	日澳俞切		
賦傲俞切	務傲俞切	律傲切	入傲俞切		
夫遨俞切	微遨俞切	利遨俞切	日遨俞切		

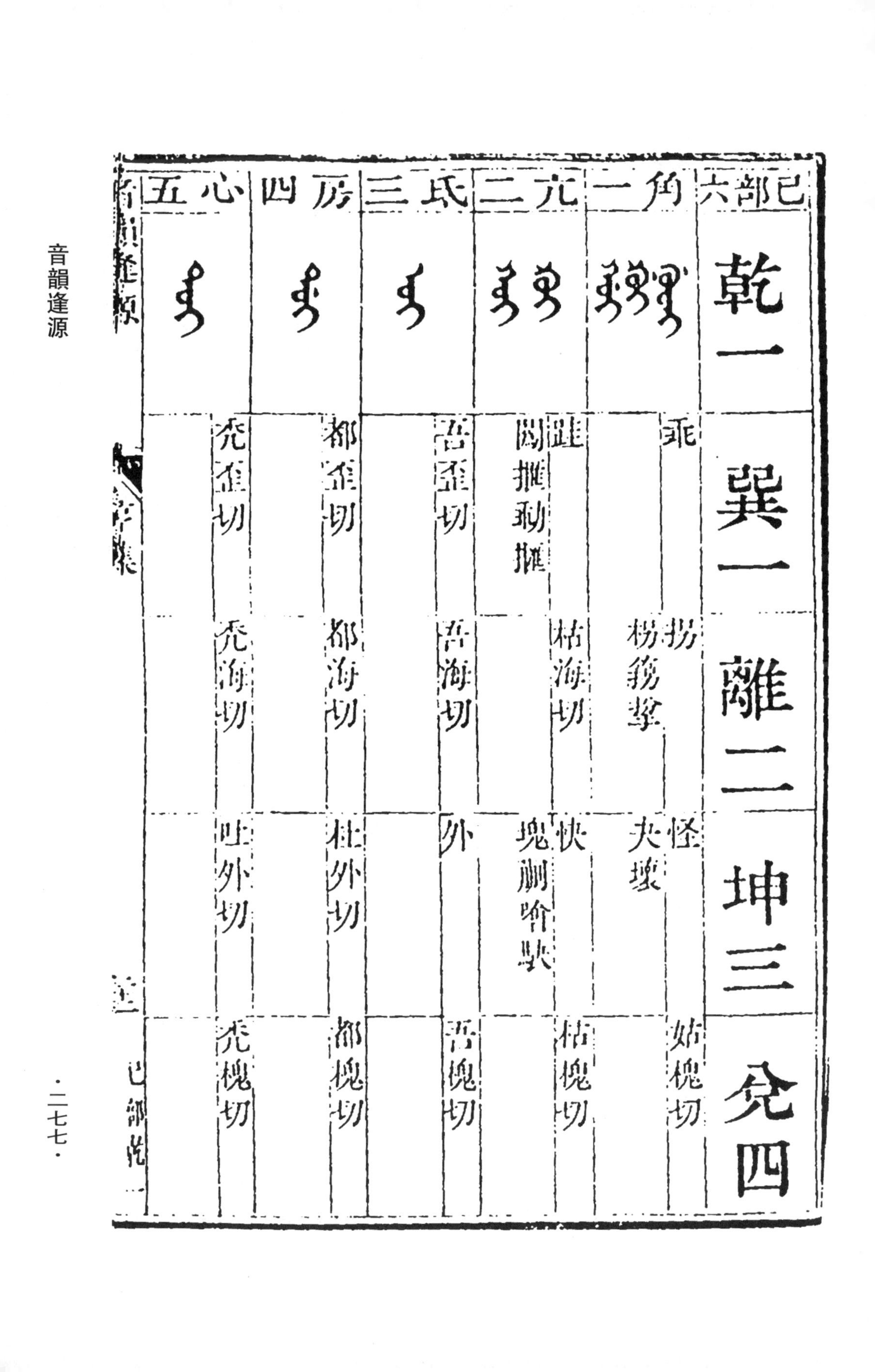

巳部六	角一	亢二	氐三	房四	心五
乾一					
巽一	乖	𨄮 闠擓𦛨擓	吾歪切	都歪切	禿歪切
離二	拐 枴㧊掔	枯海切	吾海切	都海切	禿海切
坤三	怪 夬壞	快 塊㕟噲駃	外	杜外切	吐外切
兌四	姑槐切	枯槐切	吾槐切	都槐切	禿槐切

音韻逢源 巳部乾一

尾六	箕七	斗八	牛九	女十	虛十一
[illegible]	[illegible]	[illegible]	[illegible]	[illegible]	[illegible]
奴歪切	不歪切	鋪歪切	楳歪切	租歪切	粗歪切
奴海切	不海切	鋪海切	楳海切	租海切	粗海切
怒外切	拜 敗稗唄憊粺韛	派 湃	邁 勱	祚外切	醋外切
奴槐切	不槐切	鋪槐切	楳槐切	徂槐切	粗槐切

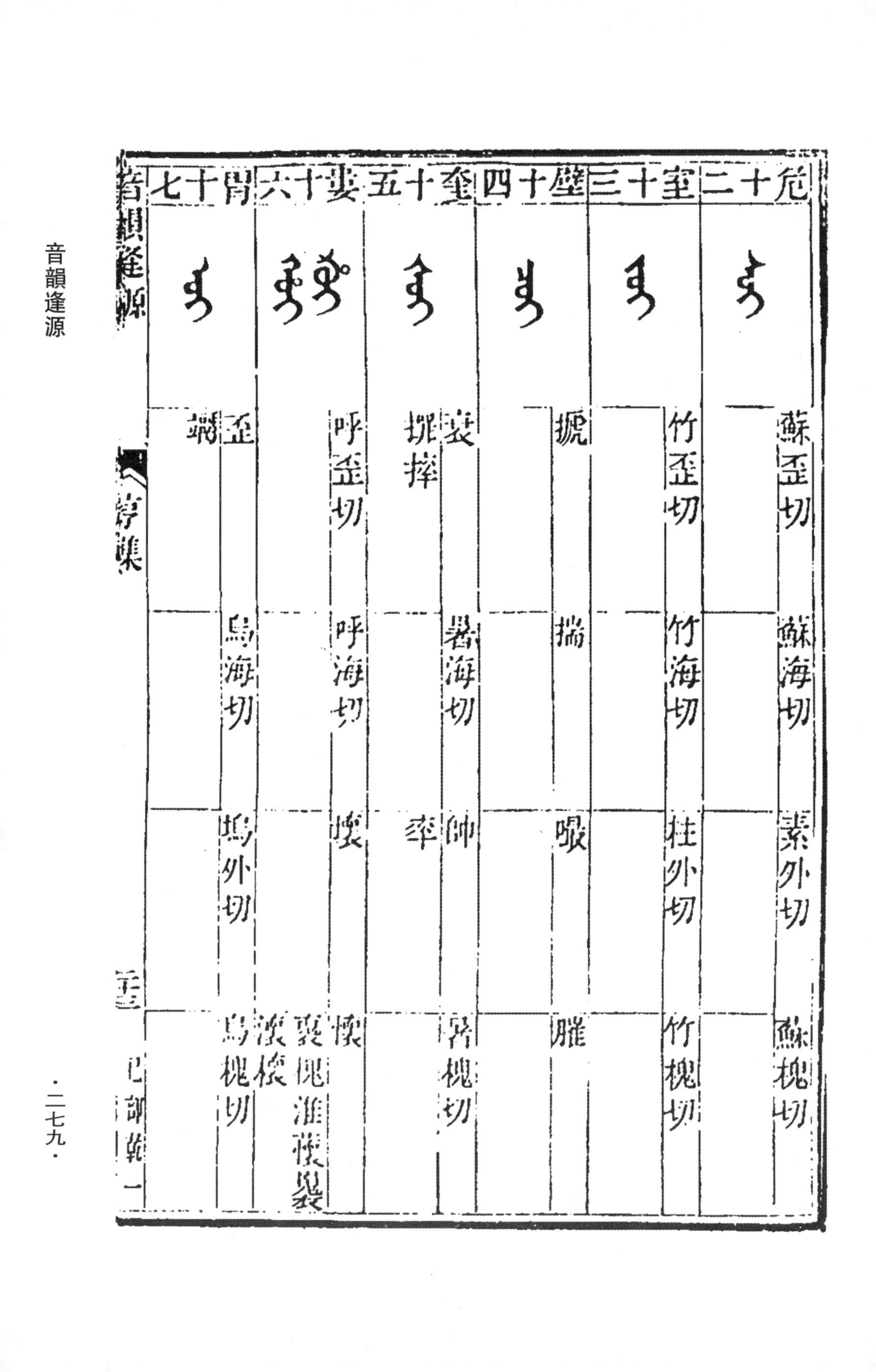

危十二	蘇歪切	蘇海切	素外切	蘇槐切
室十三	竹歪切	竹海切	拄外切	竹槐切
壁十四	搋	揣	嘬	膗
奎十五	衰 挑捽	署海切	帥 啐	署槐切
婁十六	呼歪切	呼海切	壞	懷 褱隗淮櫰褢 瀤櫰
胃十七	歪 竵	烏海切	烏外切	烏槐切

昴十八	畢十九	觜二十	參廿一		

夫歪切	無歪切	盧歪切	如歪切		
夫海切	無海切	盧海切	如海切		
賦外切	務外切	路外切	入外切		
夫槐切	無槐切	盧槐切	如槐切		

巳部六	角一	亢二	氐三	房四	
坎二					
巽一	該 陔垓晐峐賅㱾 胲絯剴荄	開	我哀切	獃 懛	
離二	改	鎧 凱愷塏嘅闓 豈䁗	靄 譪藹騃	歹 詒紿觧逮	
坤三	蓋 丐槩溉匄概 戲葢	慨 嘅欬	艾 礙㝵閡毅	帶 𢶍戴黛代岱 袋黛埭埭逮 瑇玳酨貸大	待殆怠迨汏 偫逮
兌四	歌孩切	克孩切	皚 敱獃	德孩切	

巳部坎二

	心五	尾六	箕七	斗八	牛九	女十

一	胎 台部	納亥切	擘 擗	拍	麻哀切	哉 栽災灾甾
二	臺 駘	乃 奶迺嬭妳	擺 百柏伯欒	哶	買 蕒	宰 載縡崽囝
三	泰 太態汰忕忲	奈 耐鼐褦唻	伯愛切	珀愛切	賣 㸪佅	再 載在
四	臺 擡苔菭儓駘 籉炱鮐	納孩切	白	排 牌俳簰	埋 霾薶	則孩切

	虛十一	危十二	室十三	壁十四	奎十五	婁十六
	猜	腮 顋鰓䚡毸𢡱 揌塞	齋 摘	釵 差拆	篩 簁籭揌	哈 咳
	彩 采綵寀採棌 睬埰䌽𨂂	䰄海切	廌 豸窄		躧 色	海 醢倄闓盌欬
	菜 縩	賽 塞簺	寨 眦債瘵砦祭	蠆 嘬	曬 晒殺	亥 害劾佽
	才 纔材裁財	塞孩切	宅 擇翟	柴 豺儕祡	[illegible]孩切	孩 頦

巳部坎二

	胃十七	昴十八	畢十九	觜二十		參廿二

平	哀 埃唉誒	夫哀切	斡哀切	拉哀切		熱哀切
上	矮 欸毐	發海切	斡海切	唻 攋		熱海切
去	愛 靉曖誒噯僾 璦壒薆	法愛切	襪愛切	賴 賚籟瀨癩唻萊洑徠郲琜 徠萊來逨藾騋崍𣵛 勑		熱愛切
入	娶孩切	發孩切	斡孩切	來		熱孩切

音韻逢源

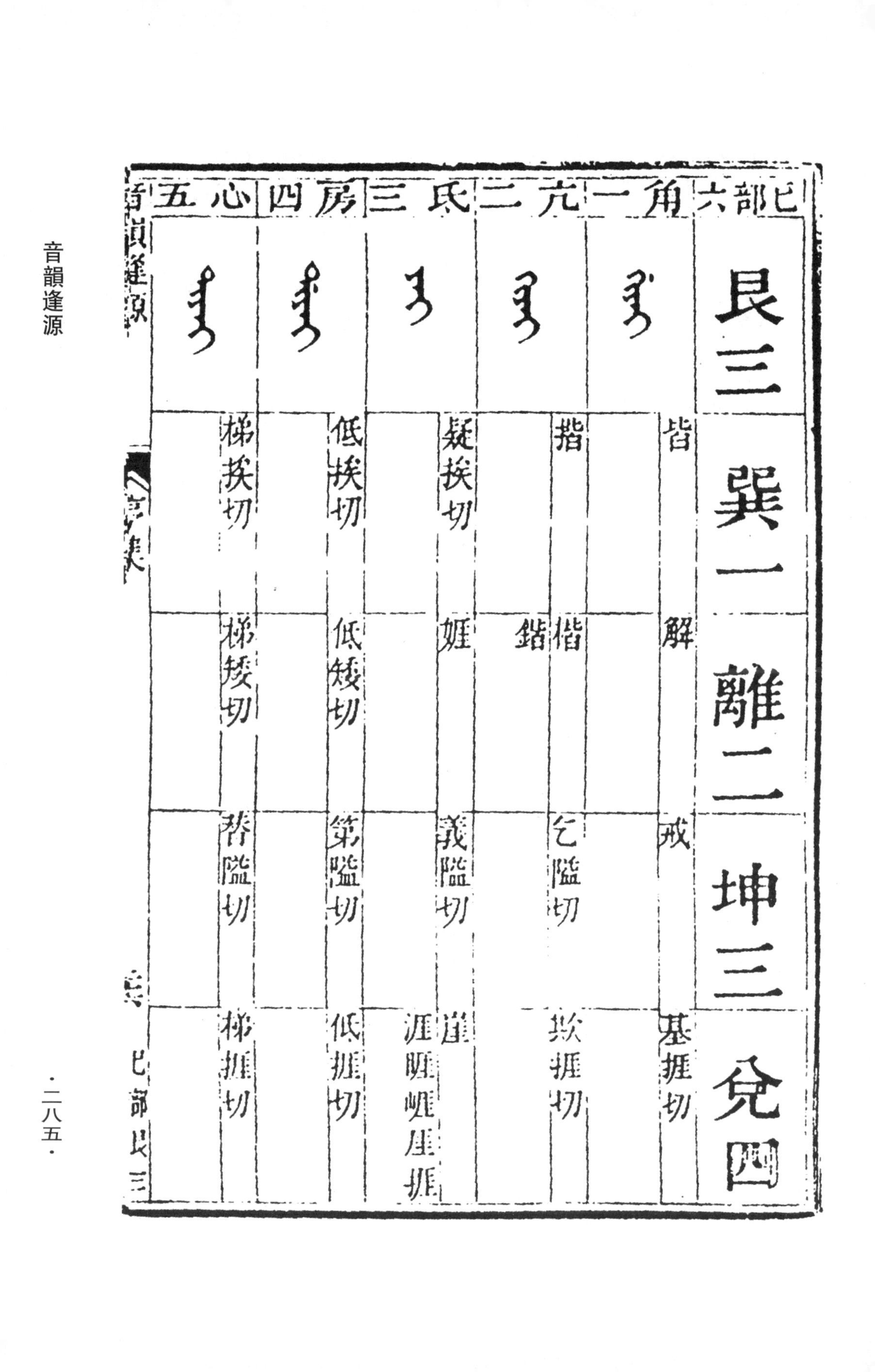

巳部六	艮三	巽一	離二	坤三	兌四
角一		皆	解	戒	基揯切
亢二		揩	楷　鍇	乞隘切	欺揯切
氐三		疑挨切	娾	義隘切	崖　涯睚啀厓揯
房四		低挨切	低矮切	第隘切	低揯切
心五		梯挨切	梯矮切	替隘切	梯揯切

音韻逢源　巳部艮三

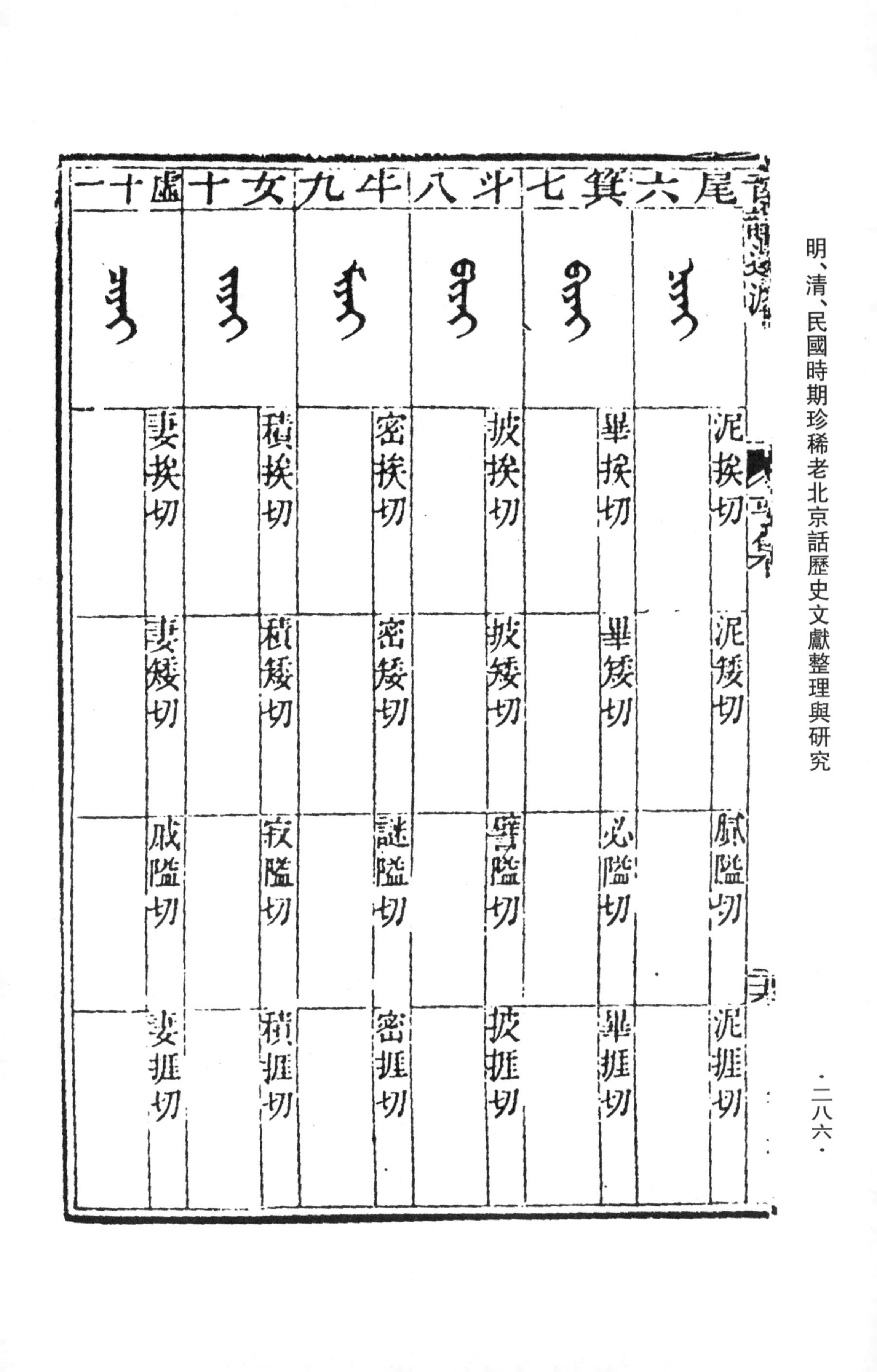

尾六	箕七	斗八	牛九	女十	虛十一
泥挨切	畢挨切	披挨切	密挨切	積挨切	妻挨切
泥矮切	畢矮切	披矮切	密矮切	積矮切	妻矮切
膩隘切	必隘切	辟隘切	謎隘切	寂隘切	戚隘切
泥捱切	畢捱切	披捱切	密捱切	積捱切	妻捱切

危十二	室十三	壁十四	奎十五	婁十六	胃十七
西挨切	支挨切	蝸挨切	施挨切	希挨切	挨
西矮切	支矮切	蝸矮切	施矮切	駭 獬解蠏	倚矮切
細隘切	至隘切	赤隘切	示隘切	邂	隘 阨搤嗌嗌隘 哎
西捱切	支捱切	蝸捱切	施捱切	啨 骸諧	哪

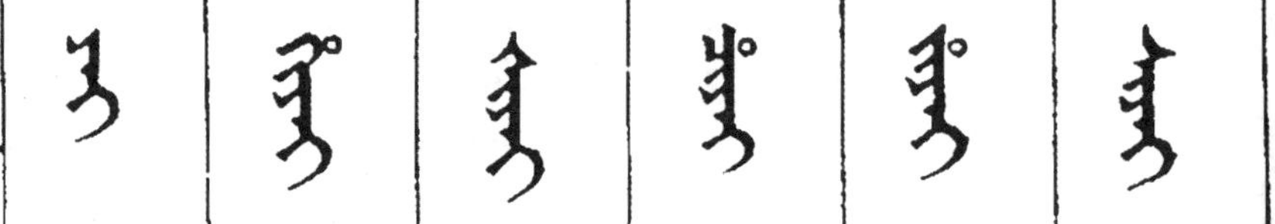

巳部艮三

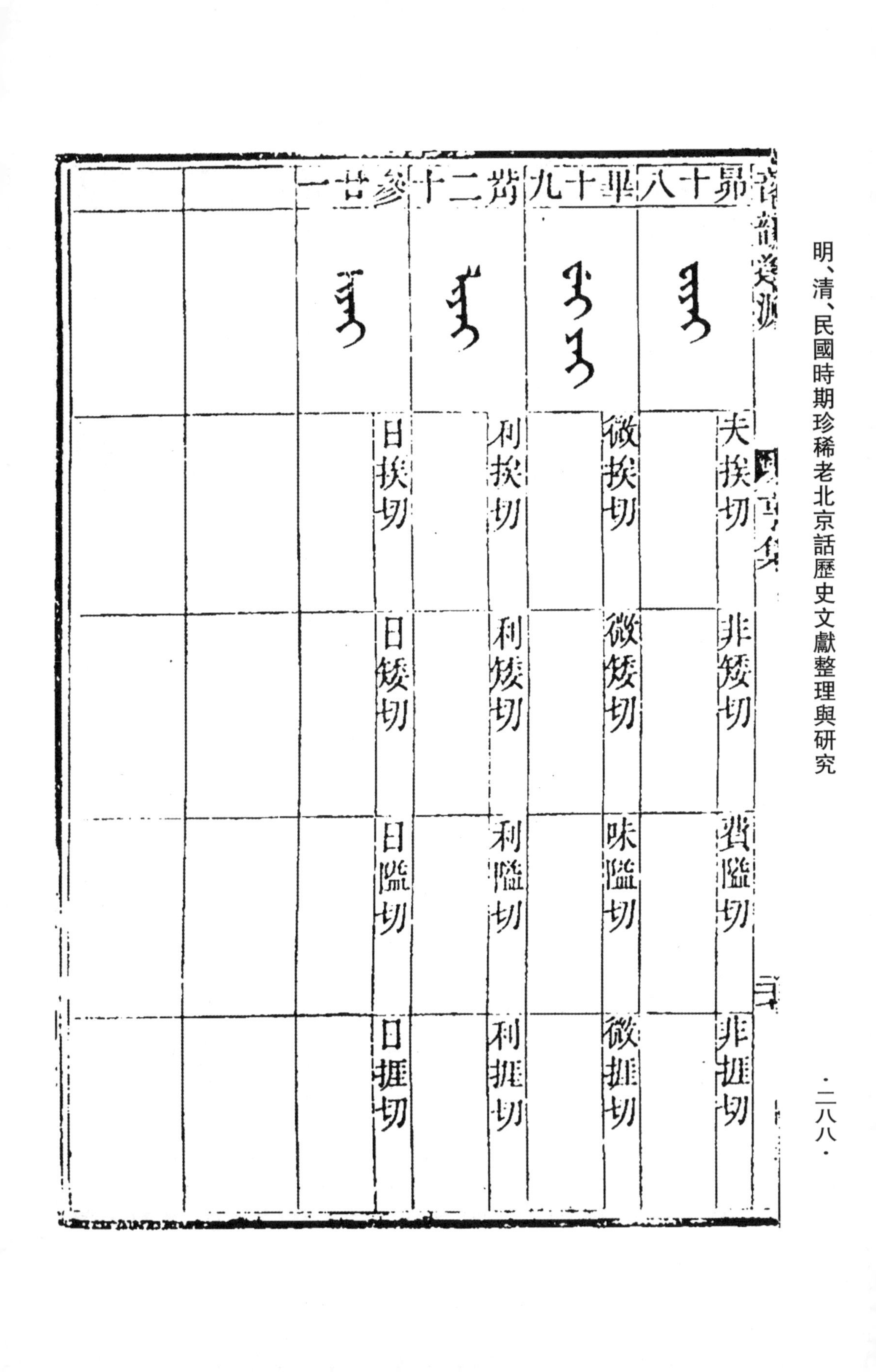

第十八	畢十九	背二十	參廿一		
[illegible]	[illegible]	[illegible]	[illegible]		
夫挨切	微挨切	利挨切	日挨切		
非矮切	微矮切	利矮切	日矮切		
費隘切	味隘切	利隘切	日隘切		
非捱切	微捱切	利捱切	日捱切		

巳部六	角一
震四	
巽一 居挨切	其餘同前
離二 居矮切	
坤三 句隘切	
兌四 居捱切	

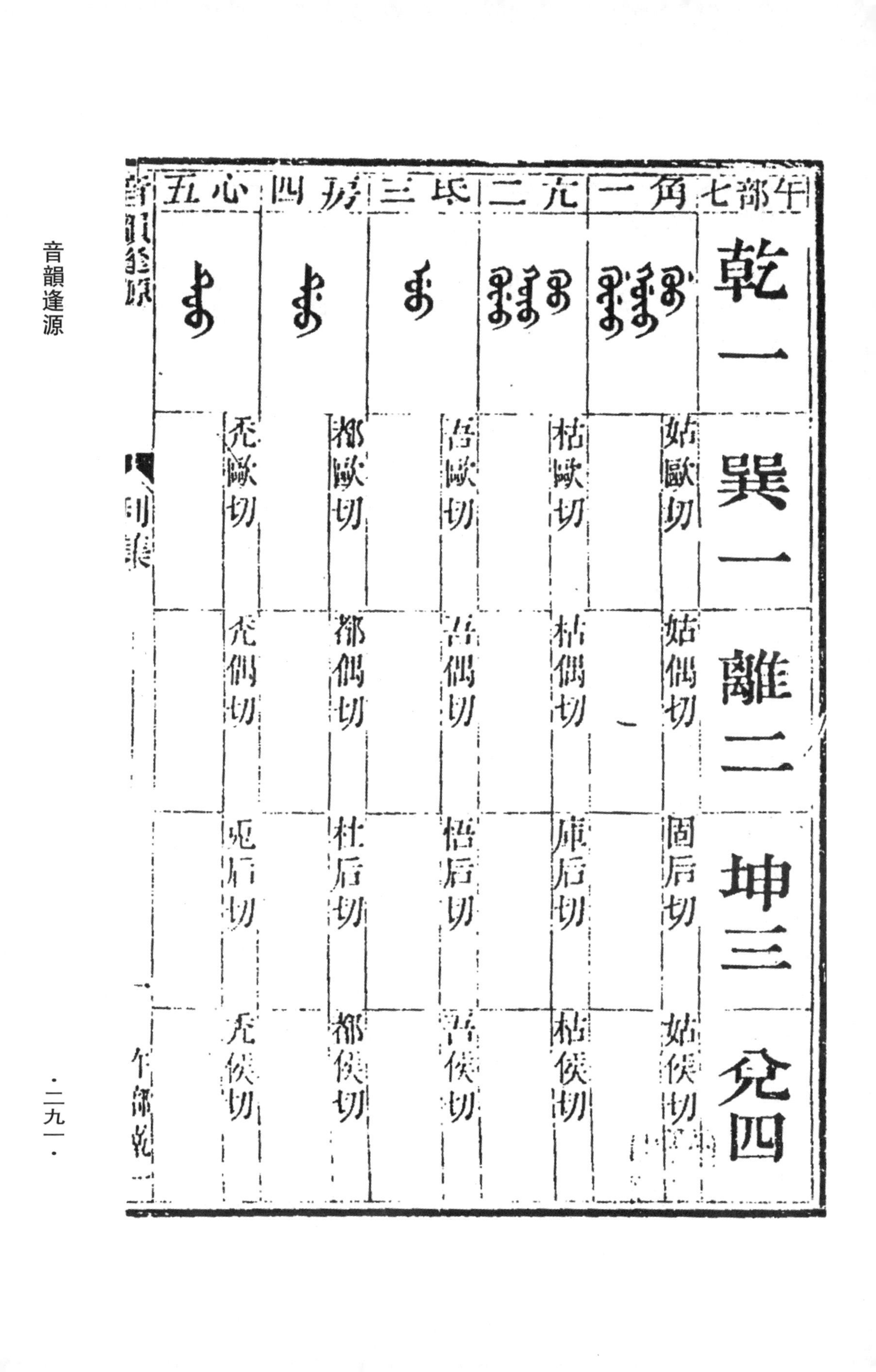

午部七	乾一	巽一	離二	坤三	兌四
角一	[illegible]	姑歐切	姑偶切	固后切	姑侯切
亢二	[illegible]	枯歐切	枯偶切	庫后切	枯侯切
氐三	[illegible]	吾歐切	吾偶切	梧后切	吾侯切
房四	[illegible]	都歐切	都偶切	杜后切	都侯切
心五	[illegible]	禿歐切	禿偶切	兎后切	禿侯切

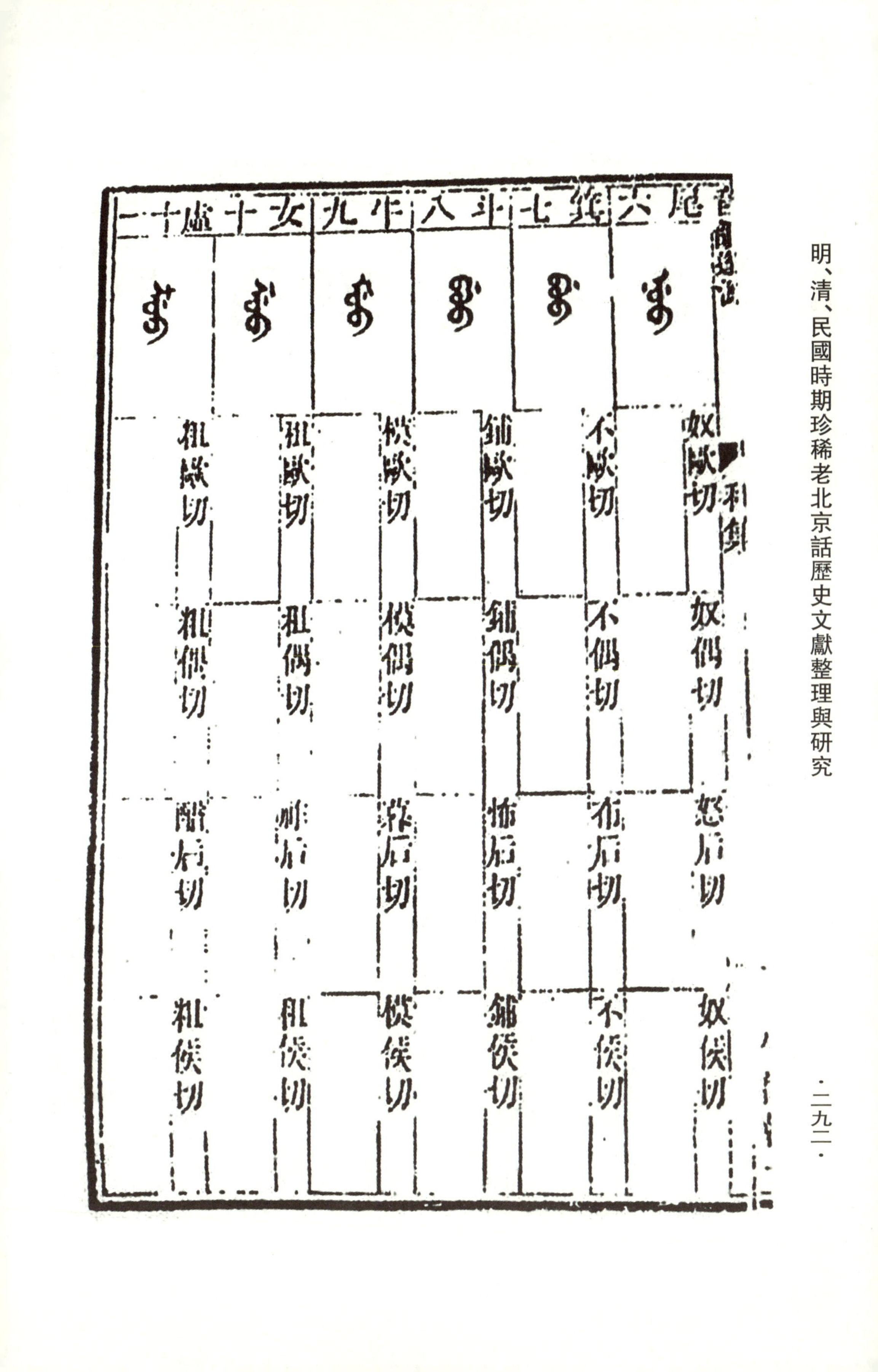

尾六雙七非八牛九女十虛十二

奴歐切	不歐切	鋪歐切	模歐切	租歐切	粗歐切
奴偶切	不偶切	鋪偶切	模偶切	租偶切	粗偶切
怒后切	布后切	怖后切	暮后切	祖后切	醋后切
奴侯切	不侯切	鋪侯切	模侯切	租侯切	粗侯切

危十二		蘇歐切	蘇偶切	素后切	蘇侯切
室十三		竹歐切	竹偶切	柱后切	竹侯切
壁十四		初歐切	初偶切	處后切	初侯切
奎十五		舒歐切	舒偶切	恕后切	舒侯切
婁十六		呼歐切	呼偶切	戶后切	呼侯切
胃十七		烏歐切	烏偶切	塢后切	烏侯切

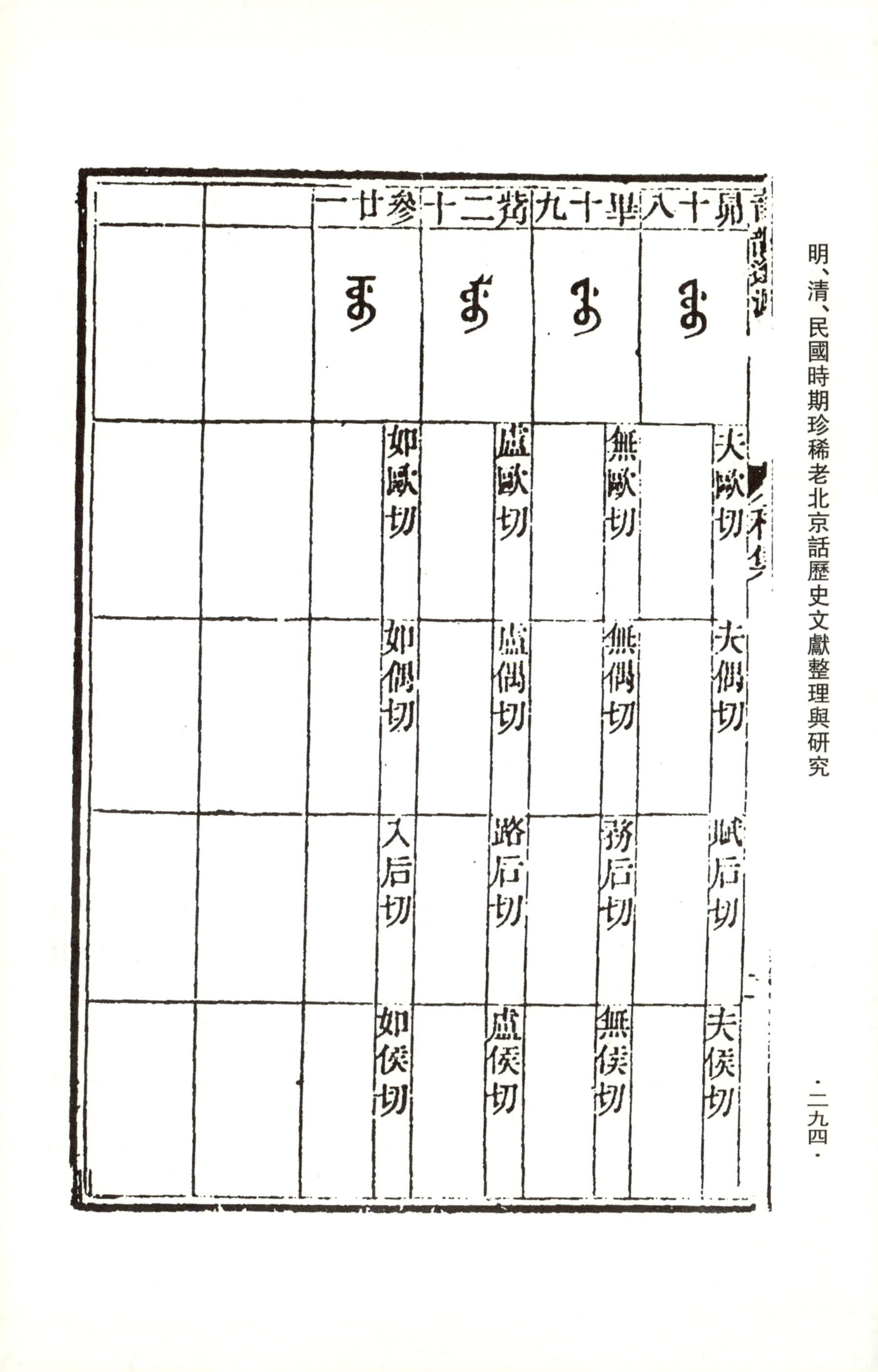

昴十八	[illegible]	夫歐切	夫偶切	賦后切	夫侯切
畢十九	[illegible]	無歐切	無偶切	務后切	無侯切
觜二十	[illegible]	盧歐切	盧偶切	路后切	盧侯切
參廿一	[illegible]	如歐切	如偶切	入后切	如侯切

午部七	坎二	巽一	離二	坤三	兌四
角一		鉤 溝勾韝篝軥 褠緱	苟 枸狗笱耇耈	垢 垢搆逅構遘 覯媾冓煹購 彀雊詬竘彀 句佝	歌侯切
亢二		摳 彄芤眗䁱剾	口	叩 扣蔻滱簆釦	克侯切
氐三		𢫬歐切	偶 腢藕	敂 頜后切	我侯切
房四		兜 吺篼𢭃𦗕	斗 抖陡阧蚪枓 鬥鈄	豆 鬭鬥短逗荳 豉脰竇讀梪	德侯切

三 午部 坎二

	心	五	尾	六	箕	七	斗	八	牛	九
		[illegible]		[illegible]		[illegible]		[illegible]		[illegible]
	偷	鍮 媮	納歐切		巴歐切		帕歐切		嗾歐切	
	黈	鈄	穀	鷇	掫		剖	掊	某	
痘 餖	透		糅	𣪘	伯后切		珀后切		懋	楙 菽 袤 愗 貿
	頭	投 骰 酘	羺	㲣 獳 䰭	抔	裒 捊	帕候切		謀	雂 牟 侔 矛 蝥 堥 蛑 蟊 桙

字母	清文	平	上	去	入
女十	[illegible]	諏 鄒緅郰鯫掫陬菆騶棸	走	奏 驟走[illegible]傶剿	則侯切
虛十一	[illegible]	策歐切	策偶切	湊 輳 腠蔟揍簉 棷	策侯切
危十二	[illegible]	搜 颼傁蒐鎪溲 廋鄋傁螋	叜 藪擻嗖籔	嗽 嗾 漱瘷㥛	桼侯切
室十三	[illegible]	周 州洲舟週啁 盩譸輖謅鵃 淍輈侜洀珘 調惆粥	肘 箒[illegible]	呪 晝胄宙籀[illegible] 縐皺[illegible]紂[illegible] 冑酎[illegible]葤紬	婤 軸
壁十四	[illegible]	抽 惆瘳搊篘犨	丑 醜杻[illegible][illegible]	臭 殠	籌 儔紬綢[illegible]椆 燽裯雔售[illegible]

	奎十五	婁十六	胃十七	昴十八	畢十九
	[illegible]	[illegible]	[illegible]	[illegible]	[illegible]
	收	齁	歐 謳漚甌䩰鷗毆敺 熰	紑 不	[illegible]歐切
	首 手守狩	吼 後犼	嘔	否 不缶缻	[illegible]偶切
	綬 授瘦守獸首 受壽售㻉	厚 後后候垢㖃 郈鄇垕鲘	漚 熰	法后切	[illegible]后切
四 愁雠仇酬醻 洲䲨裯燽	熟	侯 猴喉餱鍭篌 鄇睺瘊鯸糇	婜侯切	浮 芣罘罦蜉烰 枹涪	[illegible]侯切

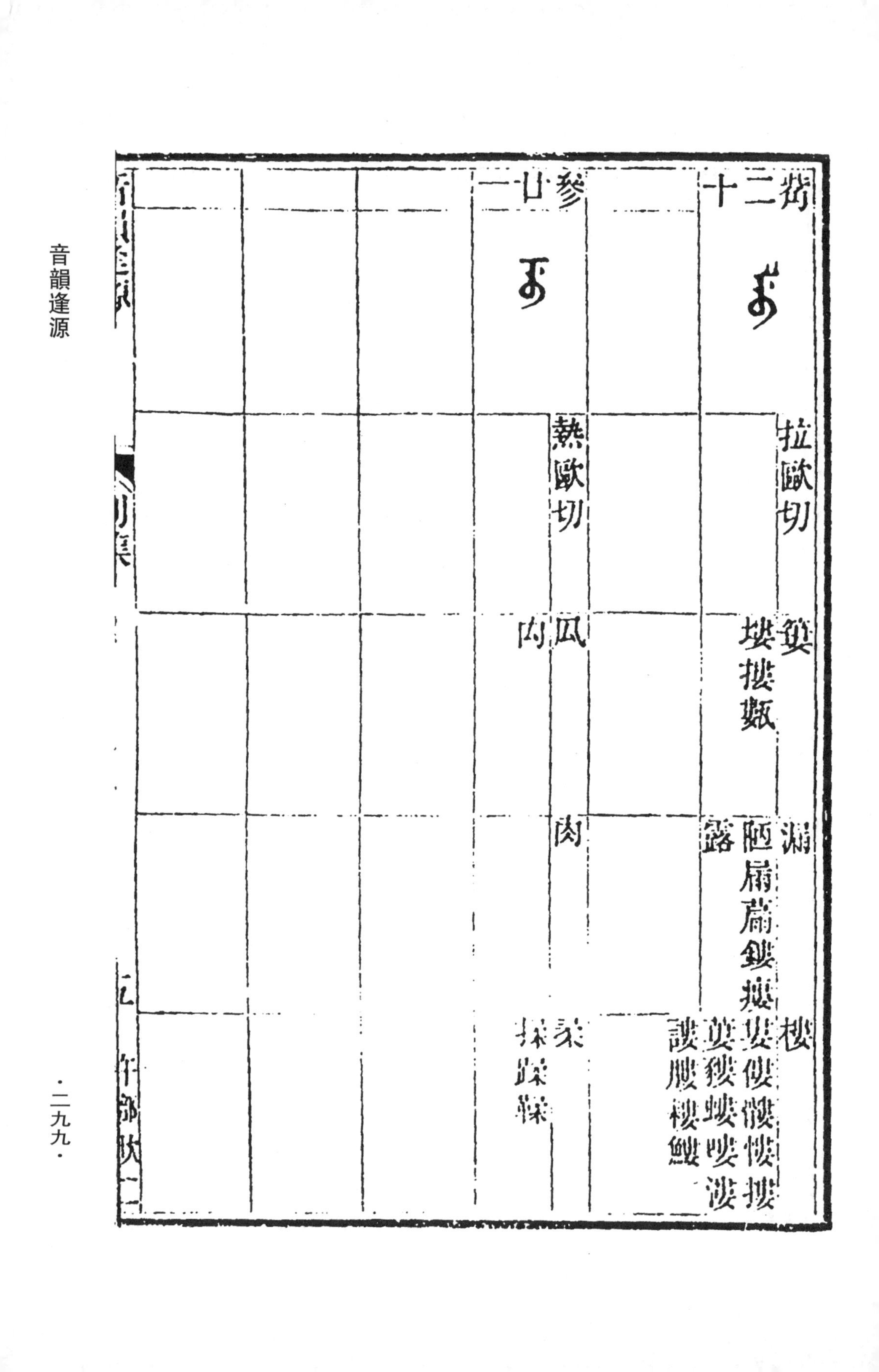

	拗 二十	參 廿一
切	拉歐切	熱歐切
上平	簍 塿摟數	瓜 肉
去	漏 陋屚屚鏤瘻 露	肉
下平	樓 婁僂艛慺摟 蔞貗螻嘍漊 謱膢耬鞻	柔 揉蹂鞣

午部七	角一	九二		氏三	房四
艮三					
巽一	鳩 糾樛閟匊糺灸 菊	卯 蚯區鰌		疑幽切	丟
離二	九 玖韭赳久	糗 㑂		疑有切	低有切
坤三	救 究疚舅待廄 柩臼咎相㿉	乞右切		義右切	第右切
兌四	[illegible]由切	求 逑裘俅絿仇 毬球蝌塛虯 厹捄觩觓銶 朹艽賕梂蛷		疑由切	低由切

五心	六尾	七箕	八斗	九牛	十女
[illegible]	[illegible]	[illegible]	[illegible]	[illegible]	[illegible]
柲幽切	妞	彪	披幽切	密幽切	揪 揫啾湫鬏㷀烋
柲有切	紐 狃忸鈕扭杻䋴鈕䏔	畢有切	披有切	密有切	酒
替右切	狃	必右切	譬右切	謬 繆	就 鷲僦蹴殧
柲出切	牛	畢出切	披出切	繆	積出切

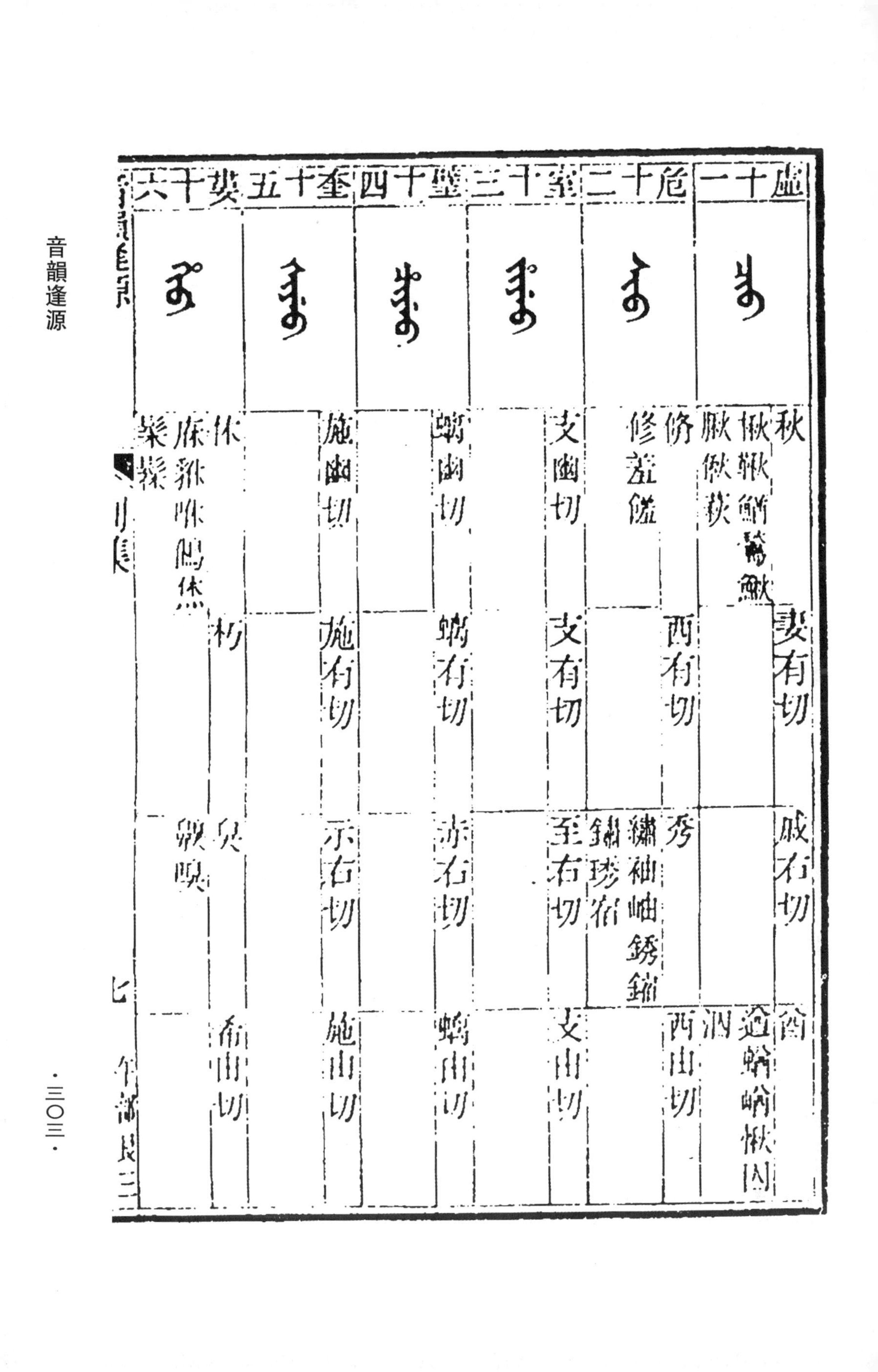

虚十一	危十二	室十三	壁十四	奎十五	婁十六
[illegible]	[illegible]	[illegible]	[illegible]	[illegible]	[illegible]
秋 揪鍬鰌鶖鰍 湫偢萩	脩 修羞饈	支幽切	螭幽切	施幽切	休 貅咻鵂烋 髹鬏
趣有切	西有切	支有切	螭有切	施有切	朽
戚右切	秀 繡袖岫銹鏥 鏽琇宿	至右切	螭右切	示右切	臭 齅嗅
酋 遒蝤崷湫囚 泅	西由切	支由切	螭由切	施由切	希由切

音韻逢源　利集

	胃十七		昴十八	畢十九	觜二十	
	優 憂幽呦鄾櫌 麀耰嚘蚴顣		非幽切	微幽切	溜	
	有 友酉牖卣琇 莠羑梄		非有切	微有切	柳 罶綹嬼	
	幼 又右佑祐囿 宥侑黝柚誘 褎狖酭鼬釉		費右切	味右切	溜 霤餾廇橊六	
	由 猷尤猶游遊 繇油郵悠攸 蝣蚰猶蕕輶 訧疣[illegible][illegible][illegible] [illegible]庮肬逌[illegible]		非由切	微由切	留 劉流旒斿瑠 榴騮遛鏐瀏 鶹硫[illegible][illegible]琉 瘤[illegible][illegible][illegible]蟉 鷚	

參廿一

日幽切

日有切

日右切

日由切

午部七
角一

震四			
巽一	居歐切		其餘同前
離二	居偶切		
坤三	句后切		
兌四	居侯切	此部八十四聲俱切音	

未部入	角一			九二
乾一				
巽一	規 龜圭珪閨跪 嬀瑰潙袿窐 邽瓌皈			虧 窺盔闚巋恢 詼悝刲
離二	癸 晷軌詭簋宄 匭鬼餽庋揆 氿恑悸垝洈			傀 頍磈跬烓蹞
坤三	貴 桂蹶櫃檜匱 簣蕢饋瞶劌 劊儈會膾獪 鄶旝噲澮鱠 樻劊憒瑰嶋 禬鱖			餽 愧媿喟
兌四	姑韋切			奎 魁逵馗夔騤 戣頯葵睽睽 睽躨頄

氐三	房四		心五	尾六	箕七
[Manchu]	[Manchu]		[Manchu]	[Manchu]	[Manchu]
吾威切	堆 頧磓追陮		推 蓷䢼焞	奴威切	杯 盃桮
隗 嵬頠娓硊	都委切		腿 骽	餒 腇	不委切
魏 偽磑	對 兌碓隊憝敦 鐓懟儩轛對 對對祋		退 蜕	內 談	背 輩孛焙悖誖 邶琲禙
危 巍嵬隗桅䲁 峗巊	都葦切		穨 隤蘈魋瘨頹 僓弟	奴葦切	不葦切

斗八		牛九	女十	虛十一	

胚 髬醅呸		模威切	朘 峻厜	崔 催縗衰嗺陮	
倍 陪		毎 浼痗苺	觜 茍嶊嗺	璀 趡漼㜠	
配 佩珮妃朏		妹 昧眛㾍沬韎 晦	醉 最檇晬䘹綷 靟	翠 萃顇悴脃脆 猝竁倅膵淬 焠竁崪啐	
陪 裴培徘棓焙 倍賠𨌲踣鄁 阫		枚 媒禖脢莓煤 鋂霉玫脢沒 珇隹切		摧	

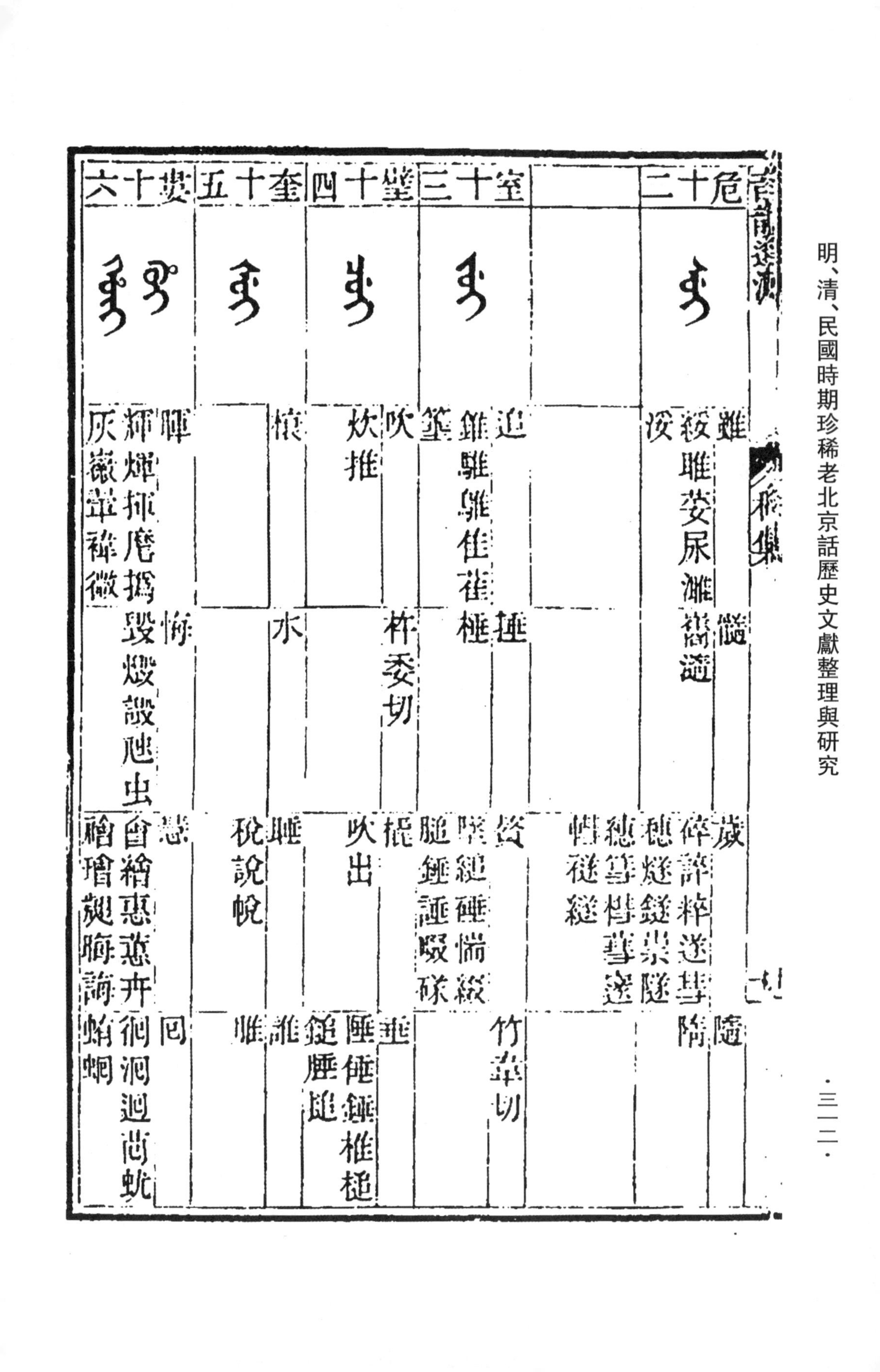

危二十		室三十	壁四十	奎五十	婁六十
雖 綏雎荾尿濉鵻 浽		追 錐騅䨌隹萑 筵	吹 炊推	㷠	暉 輝煇揮麾撝 灰䴱韋褘微
隨 邃		槌 椎	桵委切	水	悔 毀燬譭虺虫
歲 倅誶粹遂彗 穗燧鐩祟隧 繐篲彗遂 檅璲繸		笍 墜縋硾惴綴 膇錘諈啜礈	吹 出	睡 稅說帨	慧 會繪惠蕙卉 檜璯蟪廆誨
隨 隋		竹萃切	垂 陲倕錘椎槌 鎚㖢䞼	誰 脽	回 徊洄迴茴蚘 蛕蛔

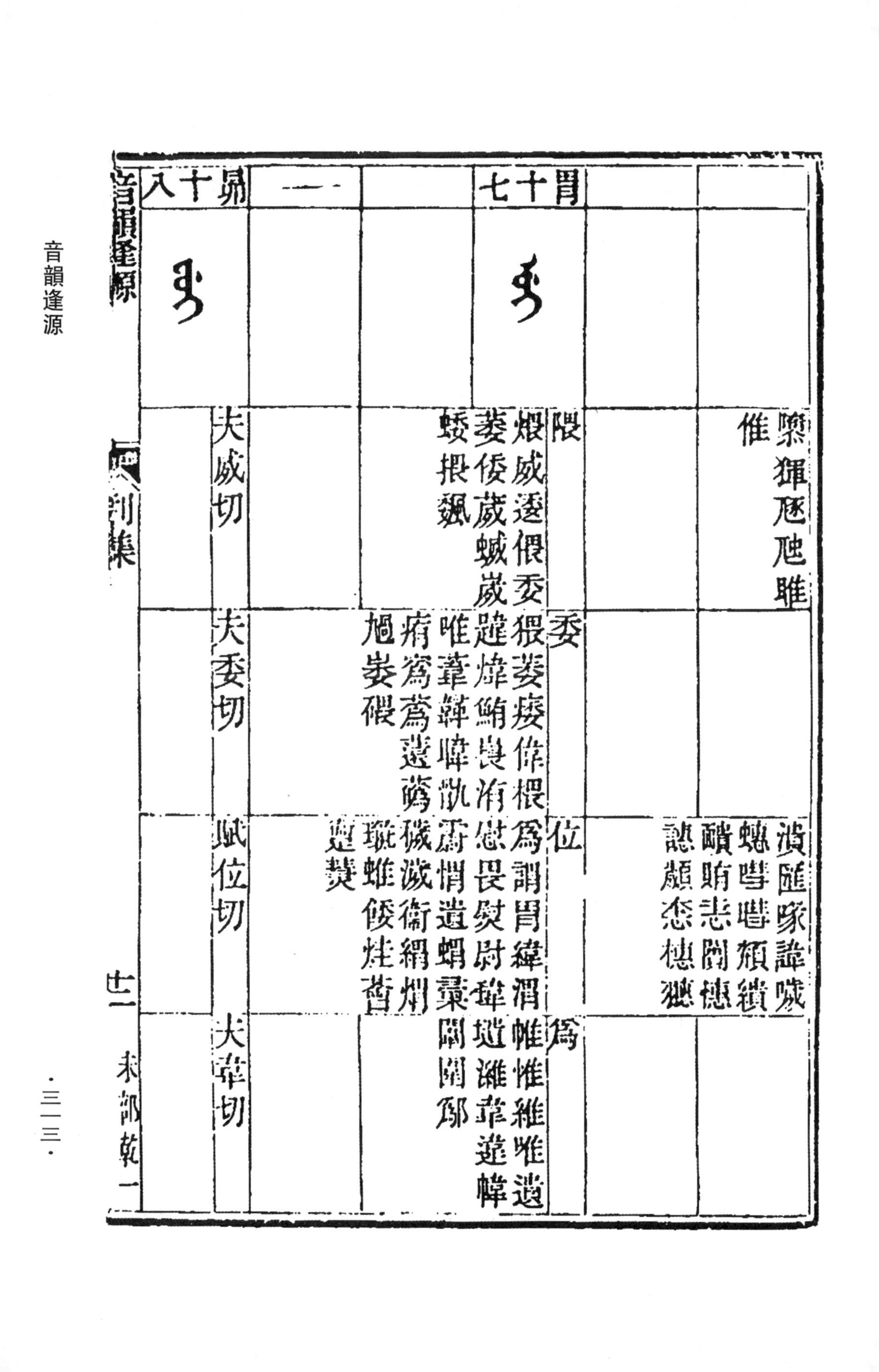

		胃十七		一	鼎十八
繠獾㕟[illegible]雖 催		隈 煨威逶偎委 萎倭葳蜮崴 蜲捤颾			夫威切
		委 猥萎痿倭椳 踒煒鮪㟪洧 唯葦韡韙骫 痏蔿蔿遺薳 䯌嵔碨			夫委切
潰匯喙諱噦 蟪嘒嘒頮鐨	醨賄恚闠憓 譓䫌恚憓懲	位 爲謂胃緯渭 慰畏熨尉韙 蔚惼遺蝟彙 犩濊衛緭熭 琟蜼倭烓菁 䠷䙰			賦位切
		爲 帷惟維唯遺 壝濰韋遺幃 闈闈鄬			夫韋切

華十九	齒二十		參廿一	一	

無威切	盧威切		汝威切		
無委切	磊 儡壘蕾櫑累 耒誄纍𦆧蘂 櫑礧𥗒儽 藟		蘂 蕊		
務位切	類 纍纇擂擂		瑞 叡銳芮汭 枘蜹銳		
無弃切	雷 䨓蘱蘂蘂礧 累漯縲蘽擂 縲腂鷝		甤 蕤緌		

未部	角一	亢二	氐三	房四	心五
坎二	[illegible]	[illegible]	[illegible]	[illegible]	[illegible]
巽一	哥伲切	克伲切	額伲切	德伲切	特伲切
離二	給	克[illegible]切	耳 駬珥佴洱咡 爾尒邇毦薾	德 得	特[illegible]切
坤三	葛[illegible]切	刻[illegible]切	二 貳樲刵餌佴	德[illegible]切	特[illegible]切
兌四	哥[illegible]切	克[illegible]切	兒 而髵耏洏胹 輀鮞袻峏	德[illegible]切	特[illegible]切

尾六	訥伲切	訥婗切	訥䛘切	訥鈚切
箕七	碑 稗卑悲陂詖 椑萆箄鵯庳 箍背	北	貝 倍臂被備俱 狽贔糒旆婢 薜鼻萸鞁犕 犕湨	伯鈚切
斗八	鬔 丕坯伾秠駓 披破鈈丕	珀婗切	沛 霈轡帔	邳 秠伾駓
牛九	陌伲切	羨 嫩渼瀸	寐 媚袂魅	眉 湄嵋楣黴麋 郿 簡堳堳
女十	則伲切	則婗切	則䛘切	賊

十一虛	十二危	十三室	十四壁	十五奎	十六婁
ᠰᡳᡝ	ᠰᡳᡝ	ᠰᡳᡝ	ᠰᡳᡝ	ᠰᡳᡝ	ᡥᡳᡝ
策⿰亻厄切	塞⿰亻厄切	遮⿰亻厄切	硨⿰亻厄切	賒⿰亻厄切	黑
策⿰矢厄切	塞⿰矢厄切	遮⿰矢厄切	硨⿰矢厄切	賒⿰矢厄切	黑⿰矢厄切
策⿰意厄切	塞⿰意厄切	浙⿰意厄切	澈⿰意厄切	舍⿰意厄切	赫⿰意厄切
策⿰宜厄切	塞⿰宜厄切	遮⿰宜厄切	硨⿰宜厄切	賒⿰宜厄切	黑⿰宜厄切

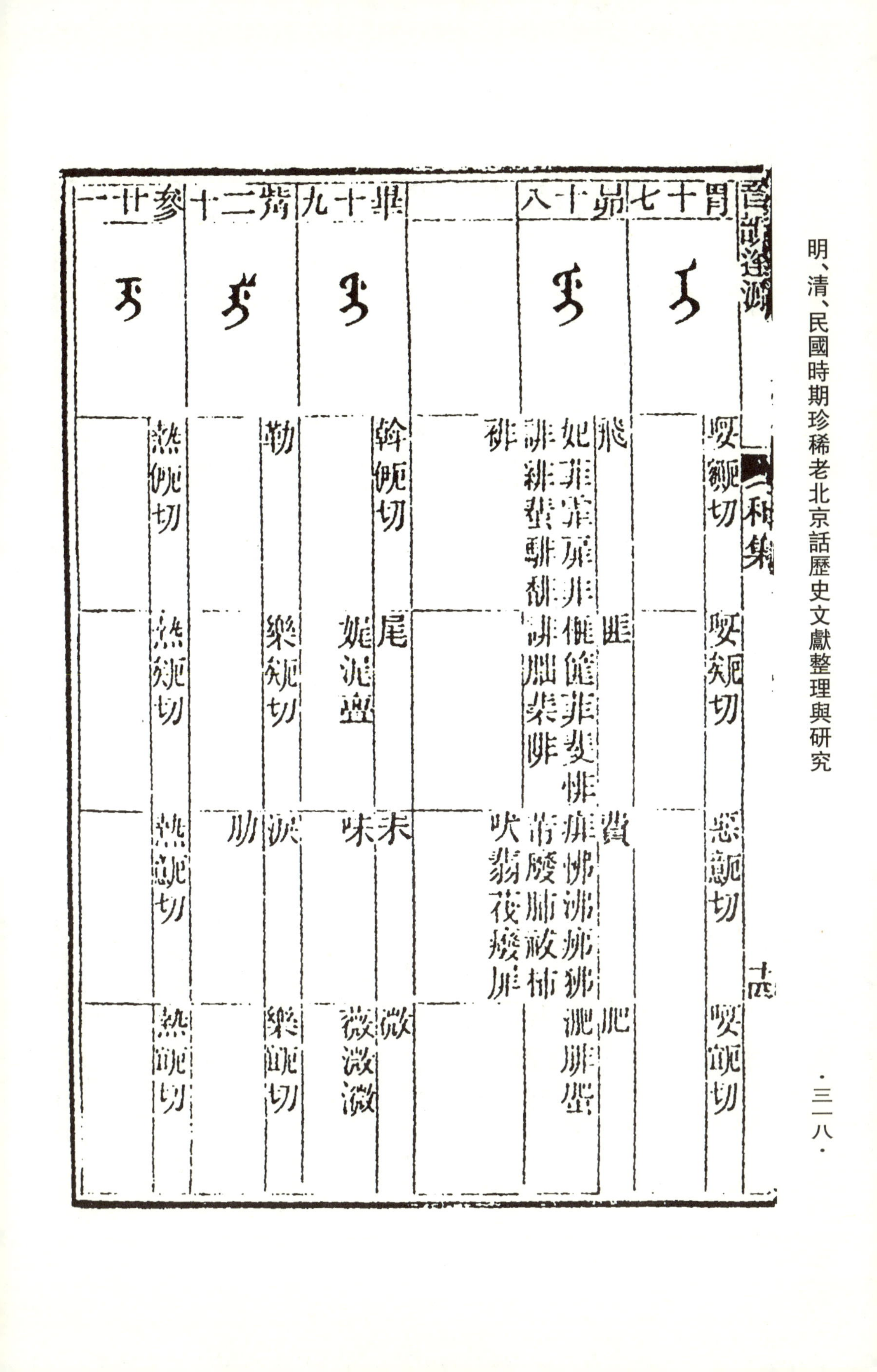

胃十七	昴十八		畢十九	觜二十	參廿一
[illegible]	[illegible]		[illegible]	[illegible]	[illegible]
啰䴡切	飛 妃菲霏扉非 誹緋斐騑䨾 𩨛		斡俷切	勒	熱俷切
啰䴡切	匪 俷餥非斐悱 誹朏棐腓		尾 娓浘壐	樂䴡切	熱䴡切
惡䴡切	費 痱怫沸狒狒 芾廢肺祓柿 吠翡茷撥屝		未 味	訥 肭	熱䴡切
啰䴡切	肥 淝腓䠊		微 薇溦䥩	樂䴡切	熱䴡切

末部入	角一	亢二	氐三	房四	心五
艮三	[illegible]	[illegible]	[illegible]	[illegible]	[illegible]
巽一	基依切	斯依切	疑依切	低依切	梯依切
離二	基⿰爻衣切	斯⿰爻衣切	疑⿰爻衣切	低⿰爻衣切	梯⿰爻衣切
坤三	杞⿰意衣切	乙⿰意衣切	義⿰意衣切	弟⿰意衣切	替⿰意衣切
兌四	基⿰宜衣切	斯⿰宜衣切	疑⿰宜衣切	低⿰宜衣切	梯⿰宜衣切

尾六	箕七	斗八	牛九	女十	虛十一

泥伊衣切	畢伊衣切	披伊衣切	瀰伊衣切	際伊衣切	妻伊衣切
泥矣衣切	畢矣衣切	披矣衣切	瀰矣衣切	際矣衣切	妻矣衣切
膩意衣切	必意衣切	劈意衣切	謎意衣切	祭意衣切	吱意衣切
泥宜衣切	畢宜衣切	披宜衣切	瀰宜衣切	際宜衣切	妻宜衣切

利集 五

危十二	室十三	壁十四	奎十五	婁十六	胃十七
西倈衣切	支倈衣切	蛳倈衣切	施倈衣切	希倈衣切	衣倈衣切
西綵衣切	支綵衣切	蛳綵衣切	施綵衣切	希綵衣切	衣綵衣切
細𦁩衣切	至𦁩衣切	赤𦁩衣切	示𦁩衣切	係綵衣切	易綵衣切
西宜衣切	支宜衣切	蛳宜衣切	施宜衣切	希宜衣切	衣宜衣切

音卯十八華十九紫二十參廿

非[illegible]切	微[illegible]切	利[illegible]切	日[illegible]切
非[illegible]切	微[illegible]切	利[illegible]切	日[illegible]切
費[illegible]切	味[illegible]切	利[illegible]切	日[illegible]切
非[illegible]切	微[illegible]切	利[illegible]切	日[illegible]切

未部八

角 一

震四		
巽一	居成切	其餘同前
離二	居尾切	
坤三	何位切	
兌四	居韋切	此部八十四聲俱切音

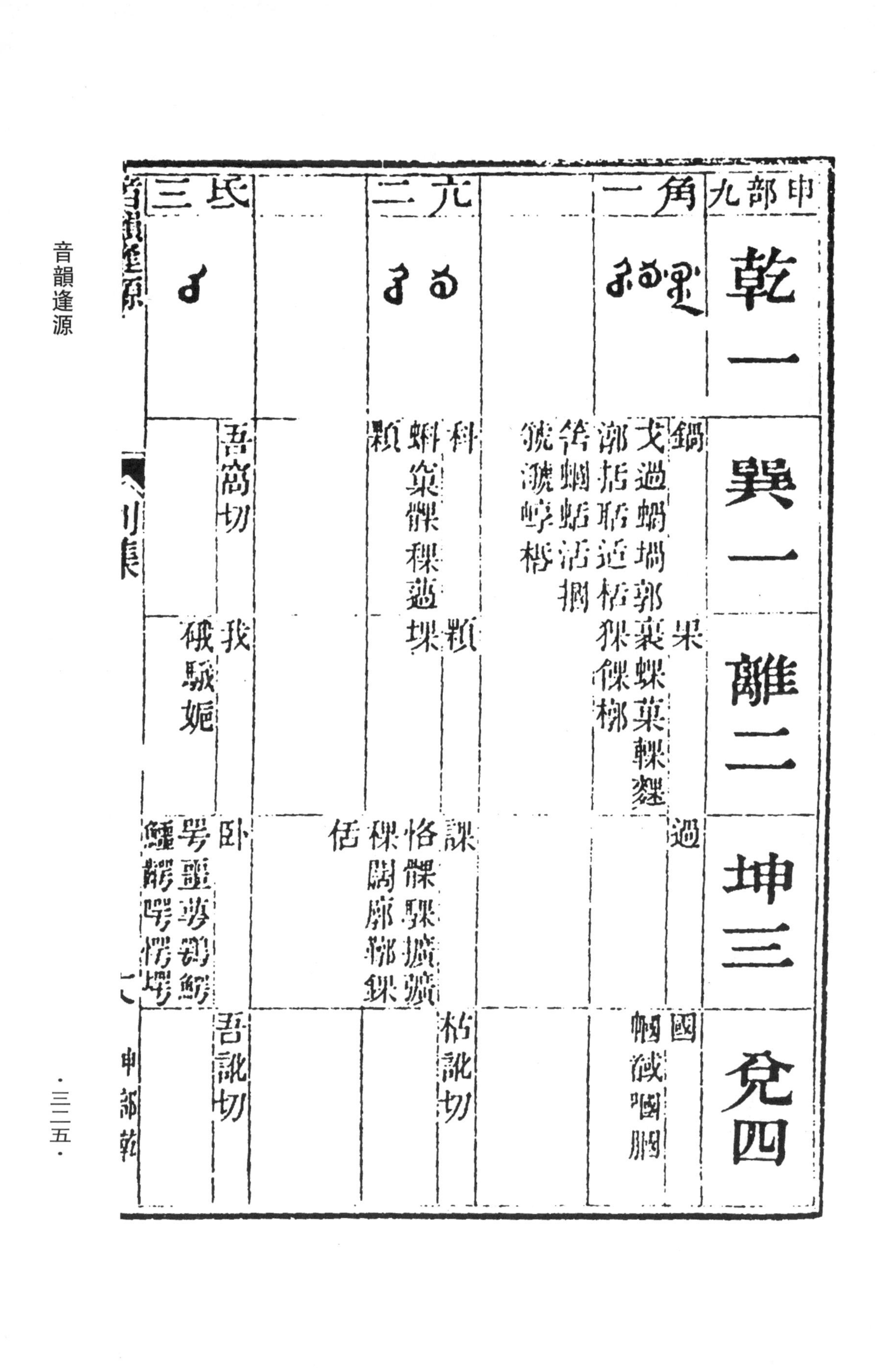

甲部九	乾一	巽一	離二	坤三	兌四
角一		鍋	果	過	國
		戈過蝸堝郭	裹蜾菓輠𧄍		幗馘嘓膕
		鄬聒聒适栝	猓倮椤		
		筈蜩蛞活𢴍			
		虢漷崞椁			
亢二		科	顆	課	枯訛切
		蝌窠髁稞薖	堁	恪髁騍擴礦	
		顆		稞闊廓鞹鞟	
				佸	
氐三		吾窩切	我	臥	吾訛切
			硪騀娿	咢噩蕚鄂鰐	
				鱷鶚諤愕堮	

	四房		五心		六尼
	ꡊ		ꡊ		ꡊ
	多 哆奓掇敠咄 敪		托 侂拖它脫托 託飥捝袥		奴禍切
	朶 垜躱趓埵䅜 陊䴙跺秅稞 移		妥 橢庹鵎		娜
鑼嵺譒蘲䃧 涹	椭 墮稌剁舵柁 馱大稞跢皮 踱澤䤻剫鵽		唾 毻蘀𣟂拆拓 魄侂橐跅		糯 懦那諾訥稬
	奪 鐸敚		駝 馱紽沱紽驒 鮀陀跎砣㸰 阤迱酡鉈堶 柁碢𧮪㴱		挪 挼捼儺那哪

箕七			斗八	牛九	

波 玻波嶓碆番 撥鉢餑䅣鱍	般發盋		坡 頗陂岥潑𣷔 蹳癹	摸嫫	
皺 跛駊			叵 頗尀箥	懡抹	
播 皺			破	磨 莫漠驀嗼摸 膜鏌鄚末妹 抹靺袜帓眜 沫秣邈韎蛛 沒歿貊𩚳	
博 溥泊箔礴 亳篛煿傅勃	渤膊榑埻鈸 馞駮駁鋼鶔 浡焞勃 椁簙 艴剝朋荸孛 仢啈		婆 鄱皤鏷	磨 摩麽魔磨㦄 攠磨	

乙
卯部乾一

女十	虛十一	危十二		室十三	

侳 綴撮撮	蹉 撮蹉嵯瑳溠脞脞	梭 莎娑唆娑抄挱莎挲趖傞㨹索䐝䐝 餕		提 梟抓	
左	瑳	鎖 鎖瑣璅鎍索		土火切	
座 坐佐作做作 酢怍筵筰筰	剉 銼莝挫錯剒	素臥切		䫜 傚酸䓫傚	
䳜 緊緊搾	㽨 醝瘥醝醝鄘 鄗蓮推蓬	蔟詑切		卓 琢啄斲椓焯 濁濯擢涿鐲 着着酌灼勺 妁斫繳礿侻 斮準䓲倬浞	

雙 十 四　危 十 五　耍 十 六

戳　戳

析火切

戳

啜 鈋 㮛 龱 娗
婼 娓

析訛切

說　所　朔

艼

槊 稍 鑠 爍 數 杓 汋

溯 擨 碩 搠

鎝　火　貨

沽

影

和 禍 盉 嵀 濩 越

捱 嚄 雘 擭 膗

曤 濩 濩 鑊 若

騞 剨 擭 剨 掯

嘜 畫 嫿 蒦 或

馘 獲 谽 溘 劃

滅 篗 泂 窒 回

碃 鶴 豁 謀 役

喆

䜌 鎞 謘 䍍 啐

𡾰

中部 乾 一

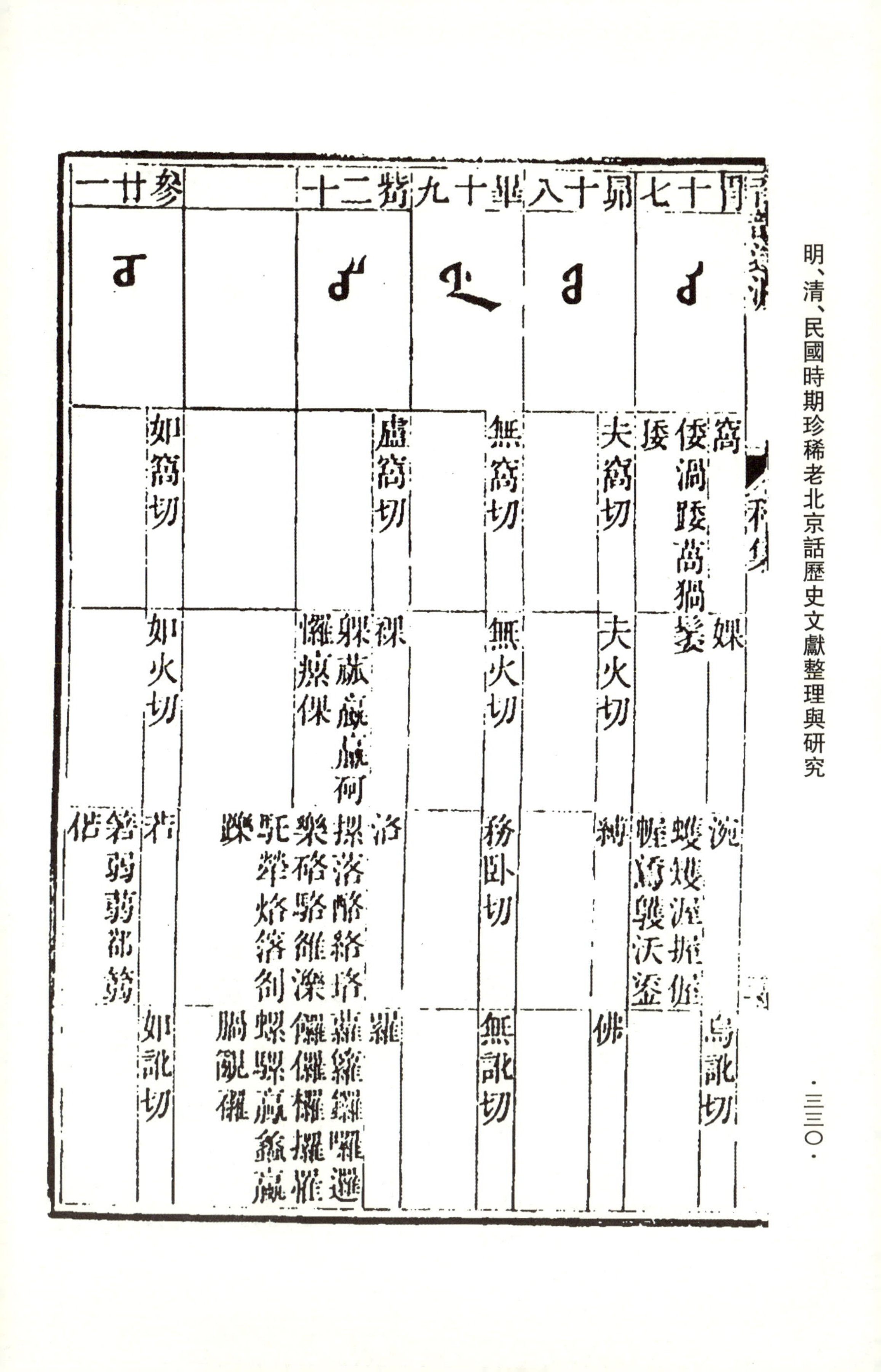

胃十七	[illegible]	窩 倭 渦 踒 萵 猧 鬖 矮	婐	涴 蠖 嬳 渥 握 偓 蠖 濩 雘 沃 鋈	烏訛切
昴十八	[illegible]	夫窩切	夫火切	縛	佛
畢十九	[illegible]	無窩切	無火切	務臥切	無訛切
觜二十	[illegible]	盧窩切	裸 躶 蓏 蠃 臝 砢 儸 攞 倮	洛 摞 落 酪 絡 珞 樂 硌 駱 雒 濼 駱 犖 烙 簵 剳 躒	羅 蘿 籮 鑼 囉 邏 儸 儸 欏 攞 椤 螺 騾 蠃 蠡 蠃 腡 覶 儸
參廿一	[illegible]	如窩切	如火切	若 箬 弱 蒻 鄀 篛 偌	如訛切

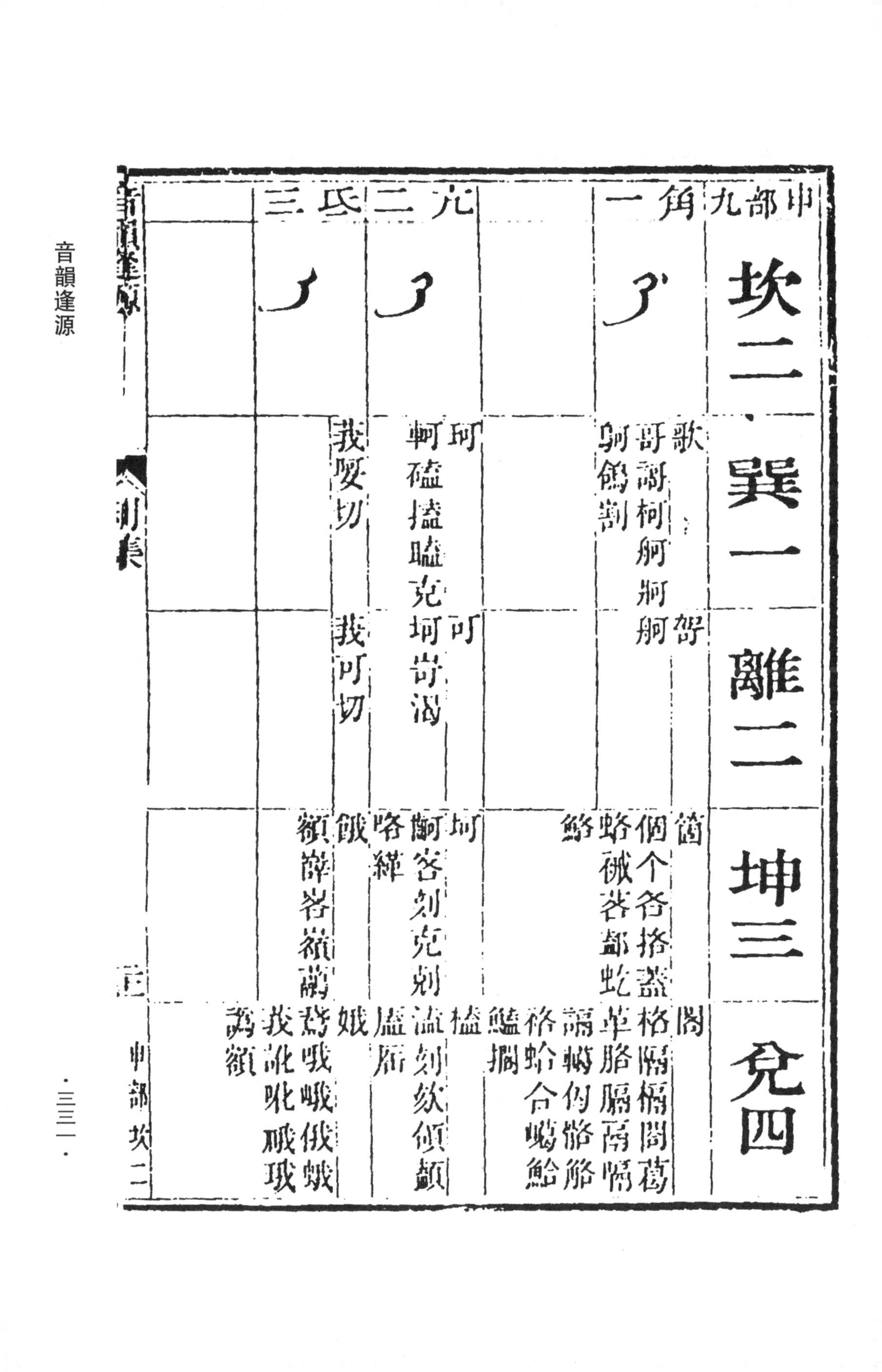

中部九	角一		亢二	氐三	
坎二					
巽一	歌 哥謌柯牁牱 鴚鴿割		軻磕搕嗑克	我娿切	
離二	哿 舸		可 坷岢渴	我可切	
坤三	箇 個个各搿謌 蛤礉客郤虼 紇		坷 軻客刻克剋 咯緙	餓 額㗊咨額藹	
兌四	閤 格隔槅閤葛 革胳膈鬲嗝 諽輵佮骼骼 格蛤合螛鮯 鰪㨯		榼 溘刻紋傾顱 廅厒	娥 礍哦峨俄蛾 我訛吪硪珴 額額	

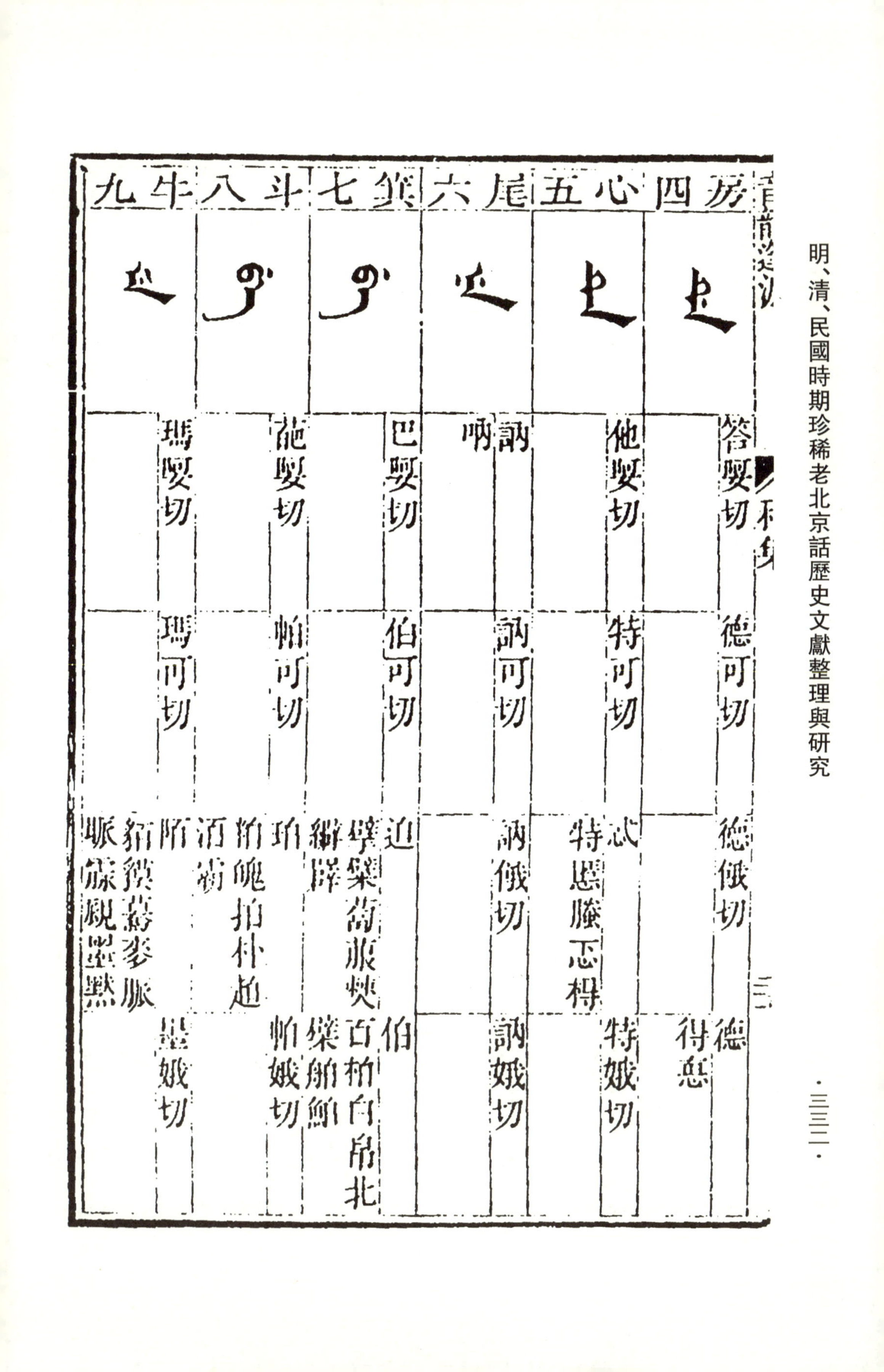

音韻逢源 ……

房	四	心	五	尾	六	箕	七	斗	八	牛	九
答耍切		他耍切		訥	吶	巴耍切		葩耍切		瑪耍切	
德可切		特可切		訥可切		伯可切		帕可切		瑪可切	
德俄切		忒	特慝螣忑棏	訥俄切		迫	擘檗蔔菔僰 糪辟	珀	珀魄拍朴廹 洦蔔	陌	貊貘驀麥脈 脈霡覛𧡺默
德	得惪	特娥切		訥娥切		伯	百栢白帛北 檗舶艊	帕娥切		墨娥切	

	女十	虛十一	危十二	室十三

	則叜切	策叜切	塞叜切	遮 哲嗻
	則可切	策可切	塞可切	者 赭
嘿口万佰皿 螺纙墨	仄 戾側萴萴崔 㨓	策 筴冊測惻廁	塞 悉色	柘 蔗蔗淛鷓浙 蟅樜䗪䭚摭
	則 賊鰂責擇擇 譖鰂嘖簀幘	策娥切	塞娥切	哲 折宅摘謫窄 晢摺適持踥 蟄徹磬傑迮 蛇翟騎岩窄

巨

中部坎二

音韻逢源 利集

四十甓		車 硨	撦 扯 䦆	䩛 赿 拆 坼 徹 撤 聅 轍 澈 㯙 炭 尐	硨娫切
五十奎		賒 奢	捨 舍	射 麝 社 舍 赦 貰 佘 阇 舌 折 欱 厙 設 色 嗇 犗 設 犄 澀 攝 葉 攝 慴 鰈 涉 瑟 颸 澁 摵 㩎 濇 瑟 㵟	蛇
六十娶		呵 訶 欱 歁	歌 荷	賀 荷 喝 赫 嚇 爀 黑 㵟 紇 郝 嗑	何 荷 河 和 詠 鉌 姀 苛 龢 禾 啊

		閏十七		錦十八	輯十九

		娿 阿痾㾴婀㿍 婀		夫娿切	榦娿切
		娿可切		發可切	榦可切
䅺		惡 堊扼厄呃啞 軛尼遏閼頞	堨剨	法俄切	礤俄切
合盒劾郃廅 匼闔嗑曷褐 核翮齕鶡盇 [illegible]蚵鞨䶎溘 秴		娿娥切		發娥切	榦娥切

指二十 上

吽

勒可切

肋 扐樂朸仂泐 阞捋酹埒䬈 玏

勒娥切

參廿一 下

熱耍切

惹 喏若

熱

熱娥切

申部九

艮三			
巽一	基嬰切		其餘同前
離二	基欢切		
坤三	記過切		
兌四	基娥切	此部八十四韻俱切音	

中部九	角一	亢二		氐三	房四
震四	ᡴᠣ	ᡴᠣ		ᠣ	ᡨᠣ
巽一	居喲切	區喲切		疑喲切	低喲切
離二	枯我切	區我切		魚我切	低鵝切
坤三	玃 攫嬳貜钁	却 確愨觳郤瀫 殼榷㰤瑴搉 潅		虐 樂嶽鸑	第虐切
兌四	覺 角桷榷珏确 腳噱殼傕	區娥切		魚娥切	低蝓切

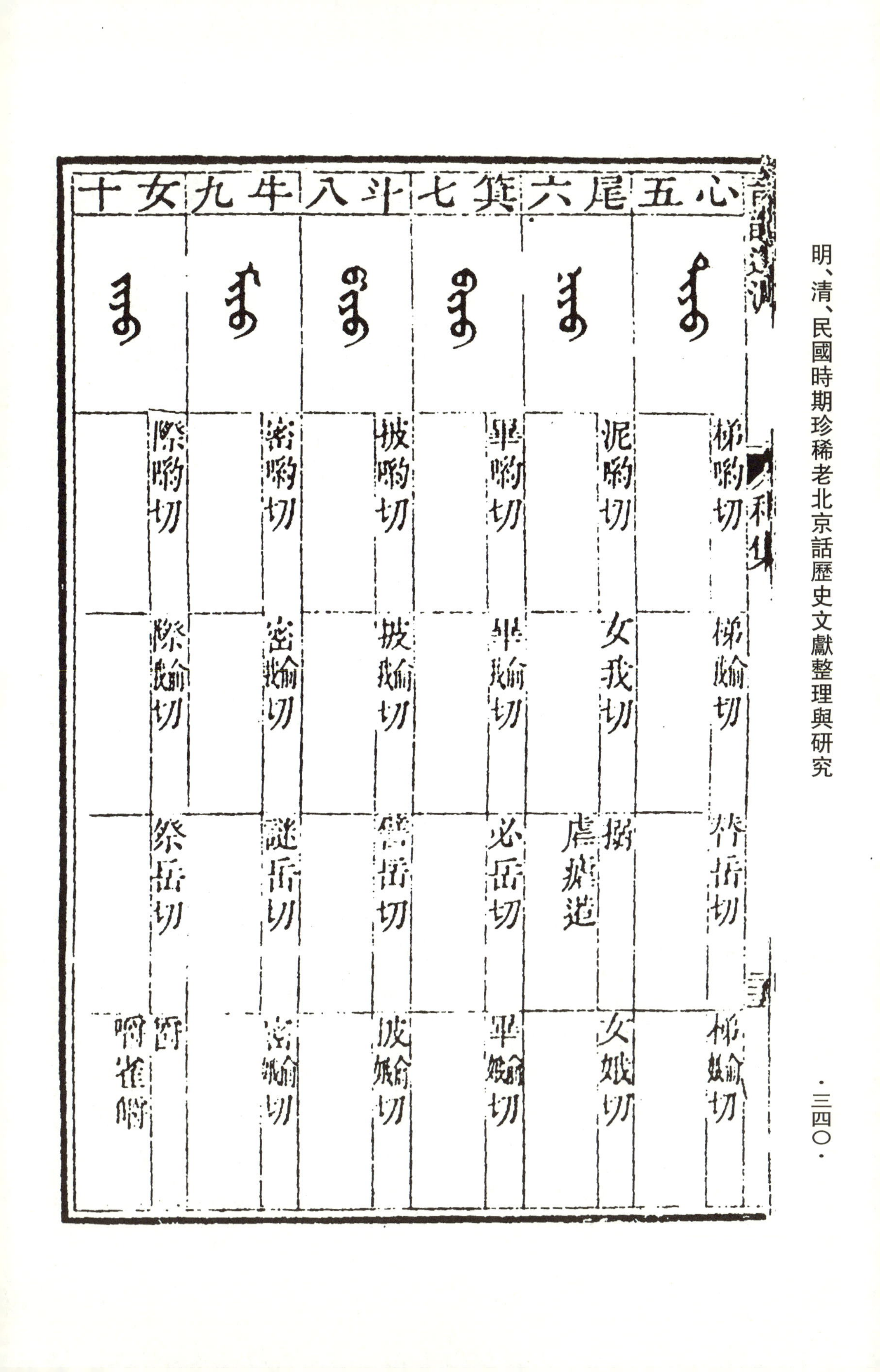

心五	尾六	箕七	斗八	牛九	女十
梯哟切	泥哟切	毕哟切	披哟切	密哟切	際哟切
梯我俞切	女我切	毕我俞切	披我俞切	密我俞切	際我俞切
梯折切	搦 虐瘧謔	必岳切	劈折切	謎折切	祭岳切
梯娥俞切	女娥切	毕娥俞切	披娥俞切	密娥俞切	爵 嚼雀嚼

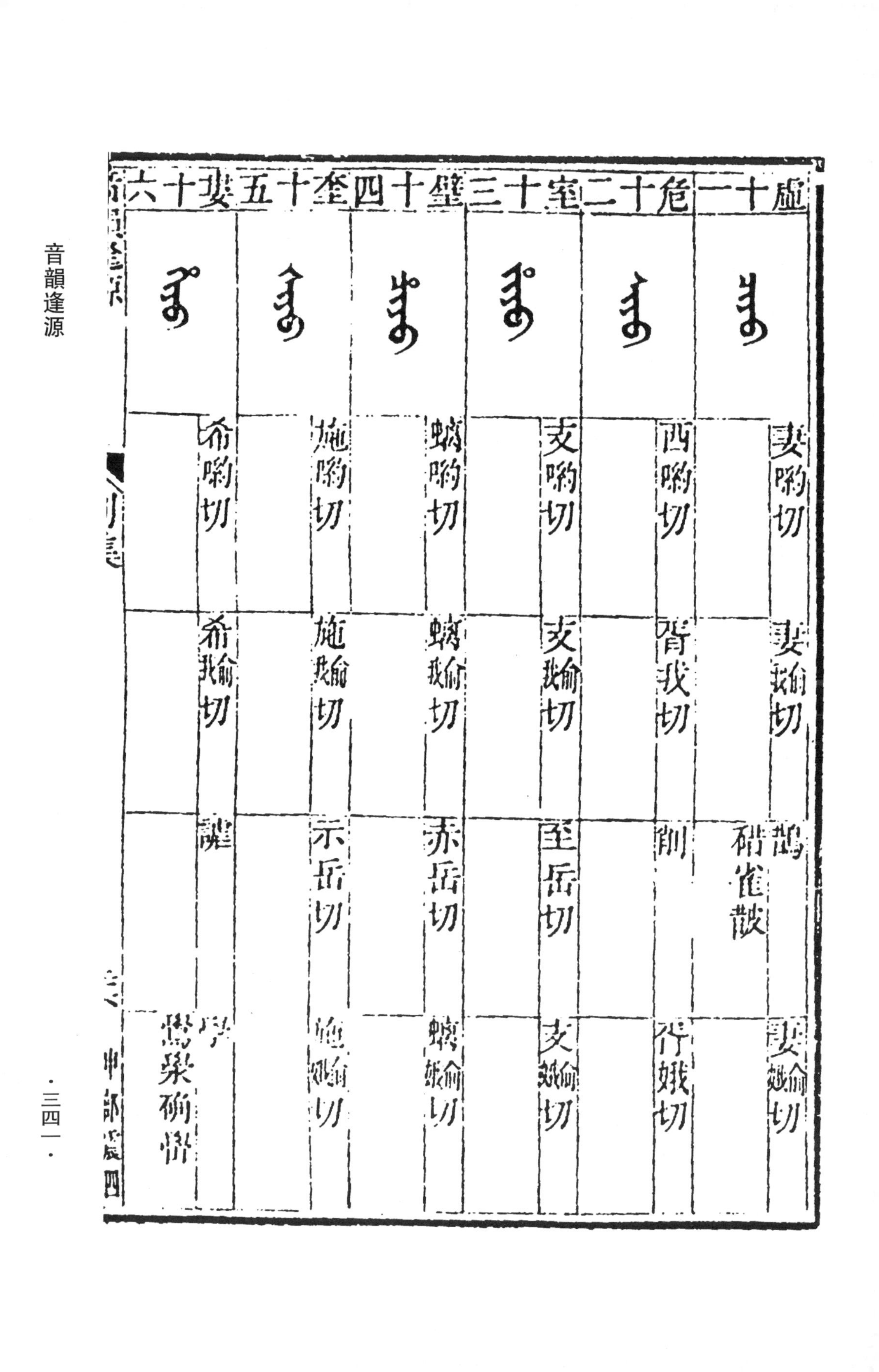

虛十一		婁喲切	婁[我俞]切	鵰 稍雀散	婁[娥俞]切
危十二		西喲切	背我切	側	行娥切
室十三		支喲切	支[我俞]切	至岳切	支[娥俞]切
壁十四		螭喲切	螭[我俞]切	赤岳切	螭[娥俞]切
奎十五		施喲切	施[我俞]切	示岳切	施[娥俞]切
婁十六		希喲切	希[我俞]切	謔	学 鴬粱硇惝

胃十七		昴十八	畢十九	觜二十	參廿一
[illegible]		[illegible]	[illegible]	[illegible]	[illegible]
喲		夫喲切	無喲切	利喲切	日喲切
于我切		夫我俞切	無我俞切	閭我切	日我俞切
約	葯藥躍礿瀹爚龠籥鑰龥趯鸙敫籰瀹	賦岳切	務岳切	略　掠擽	人岳切
于娥切		夫娥俞切	無娥俞切	閭娥切	日娥俞切

酉部十	角一			亢二	氐三
艮三					
巽一	皆 階街楷偕 揩階薢孩揭 結			欺噎切	疑噎切
離二	解			欺也切	疑也切
坤三	戒 誡介界价玠 疥岎屆芥魪 齘犗解觧犗 蚧尬忍鴭斺 魀			怯 愜㥦朕慊挈 揭	業 鄴業
兌四	結 拮潔擷傑杰 竭砌傛子訐 桔桀櫟劫抾 頡箺㮮㤅搦 擽极蛣秸鋏 梜嵥			茄 伽	疑爺切

房	四		心	五	尾	六
爹 跌			貼		提 捻	
低也切			鐵 驖𦩦帖蛈		泥也切	
第夜切			帖 怗呫		躡 躡䟯䥏捻	
牒 蝶鰈堞揲楪 𩑑䐑蛈壵凸 啑迭㧻蹀喋 垤跕沽㩹絰 昳眣諜渫蛈 柣嗤墆詄蠂 褋			梯爺切		涅 㮆	

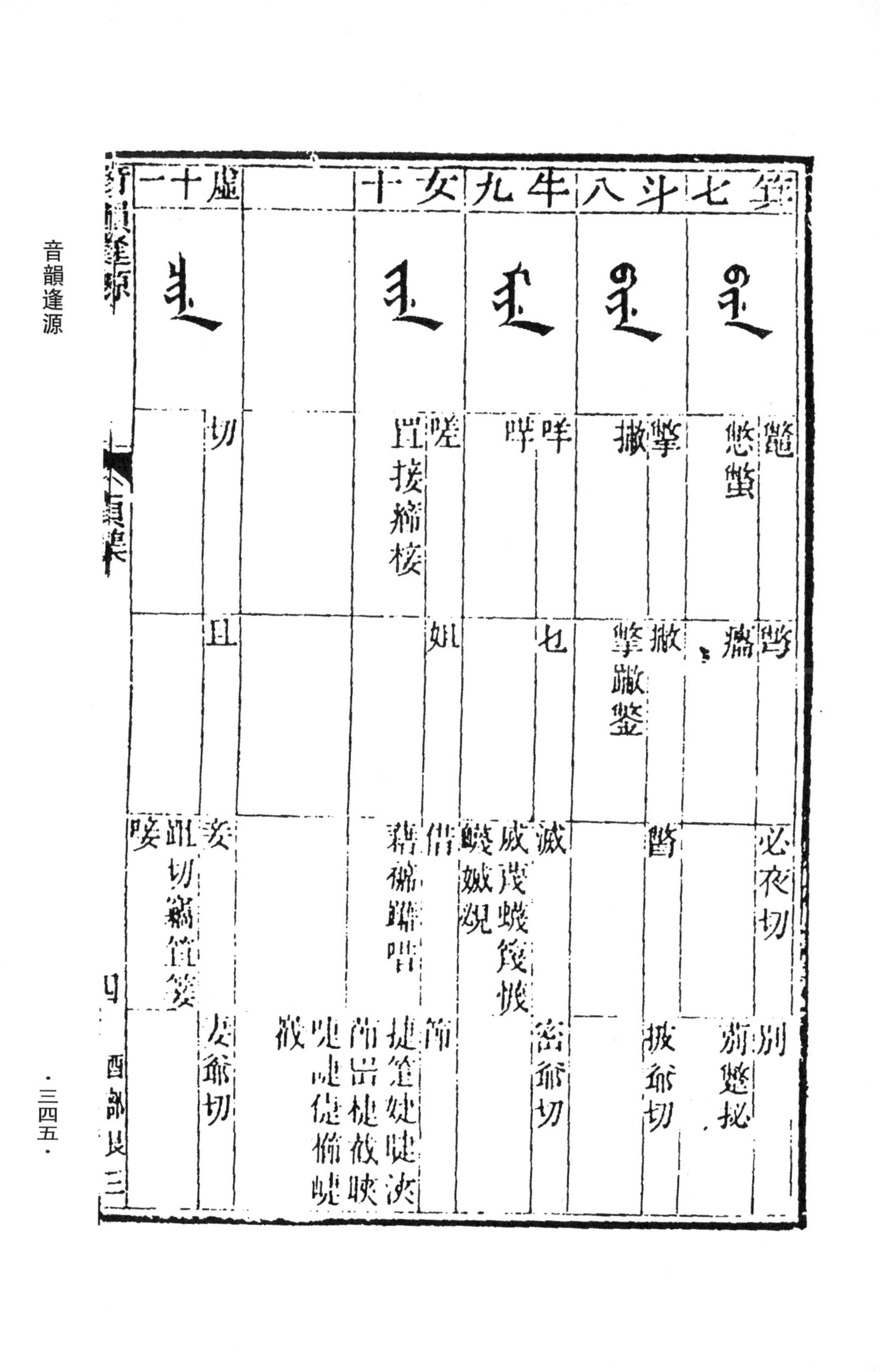

室七	斗八	牛九	女十		虚十一
鼈 憋蟞	撆 撇	咩 哶	嗟 罝接[illegible]椄		切
[illegible] 癟	撇 撆擻鐅	乜	姐		且
必衣切	瞥	滅 烕茂蠛篾懱 蠛[illegible]覕	借 耤褯踖唶		[illegible] 趄切[illegible]笡[illegible] 唼
別 㢼蹩㧙	披爺切	密爺切	節 捷箑婕睫淁 [illegible]崨椄截[illegible] 唼[illegible]倢[illegible]崨	䈂	[illegible]爺切

口

酉部 艮 三

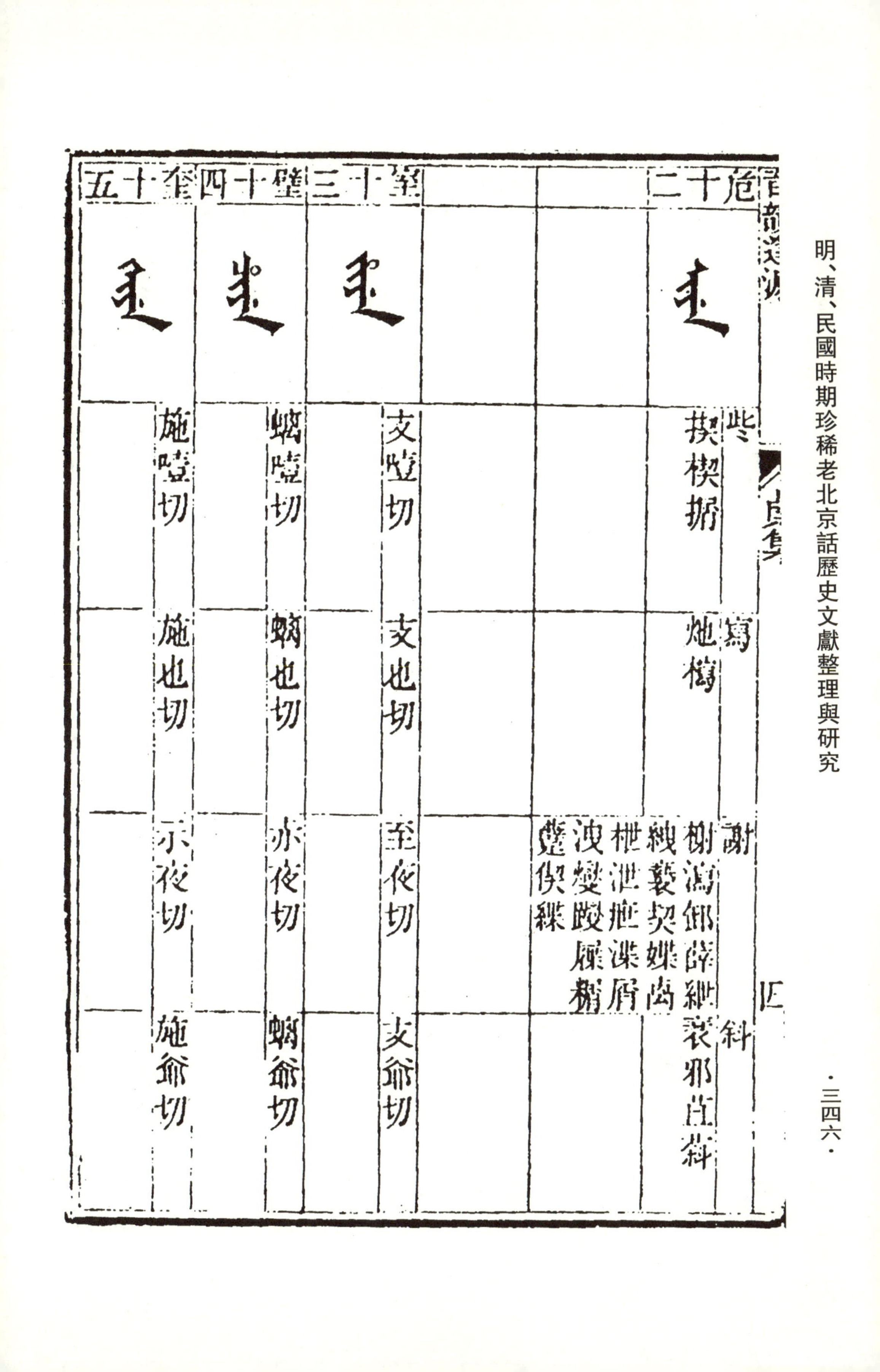

音韻逢源

危十二	些 揳楔㨝	寫 灺㩉	謝 榭瀉䣾辥紲 絏褻契媟齒 枻泄㧪渫屑 洩燮㳠㔎榍 齛偰緤	斜 褻邪苴斜
至十三	支噎切	支也切	至夜切	支爺切
蠻十四	蝸噎切	蝸也切	亦夜切	蝸爺切
奢十五	施噎切	施也切	示夜切	施爺切

婁十六		胃十七		鼎十八	畢十九

歇 蠍猲		噎		非噎切	微噎切
希也切		也 野埜冶		非也切	微也切
遐 蝌獬解邂械 蕸薤懈澥嶰 薢纈頡纈	擷鞢斷縻	夜 射葉餂爕燁 瞖曄噎咽鍱 蠮抴頁謁暍 擫腤壄裛浥		費夜切	味夜切
諧 瑎鞋猰脇鮭 脅協挾俠協 䫋叶㗊愶絜緳		爺 耶揶鋣邪擨		非爺切	微爺切

背 十二

利噎切

利也切

列 烈冽裂颲茢 洌獵躐鴷茢 鬣捩擺咧

利爺切

參 廿一

日噎切

日也切

爇

日爺切

酉部十	震四	巽一	離二	坤三	兌四
角一	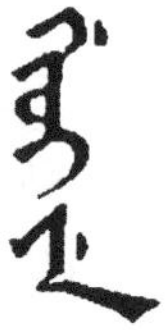	居日切	居也切	倔	厥 撅劂撧蹶蕨 蟨鱖獗橛栓 闕決譎訣鴂 芵墧觖抉鴃 駃吷鐍獗蚗 [illegible]玦潏憰鷸 劂
九二	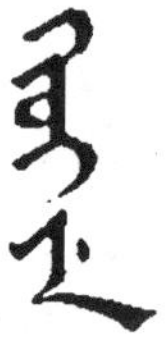	鈌 闕闋	區也切	闕	揔 [illegible]
氐三		魚日切	魚也切	月 刖軏蚏玥	魚厥切

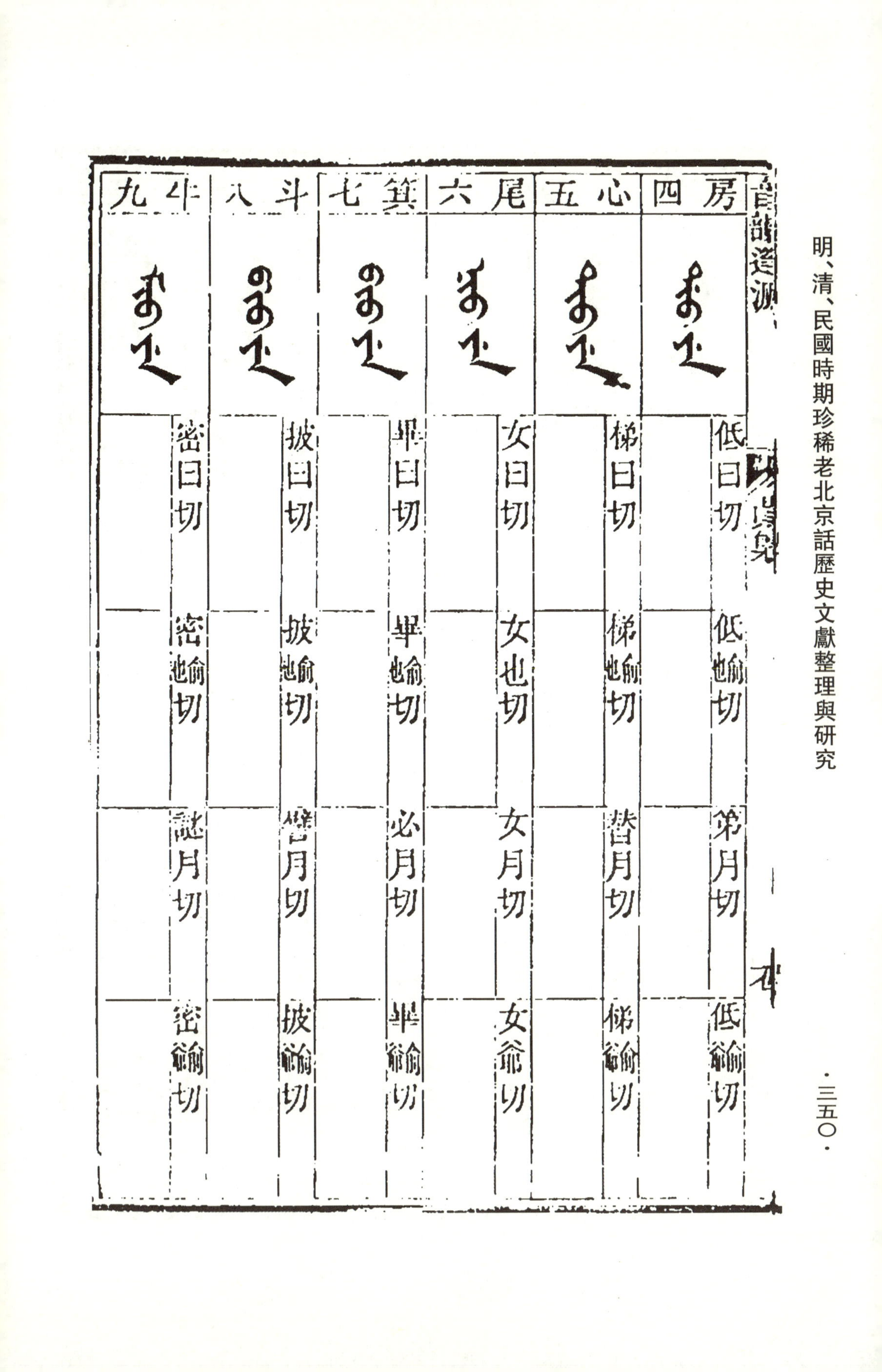

音韻逢源

房	四	[illegible]	低曰切	低也俞切	弟月切	低爺俞切
心	五	[illegible]	梯曰切	梯也俞切	替月切	梯爺俞切
尾	六	[illegible]	女曰切	女也切	女月切	女爺切
箕	七	[illegible]	畢曰切	畢也俞切	必月切	畢爺俞切
斗	八	[illegible]	披曰切	披也俞切	譬月切	披爺俞切
牛	九	[illegible]	密曰切	密也俞切	謐月切	密爺俞切

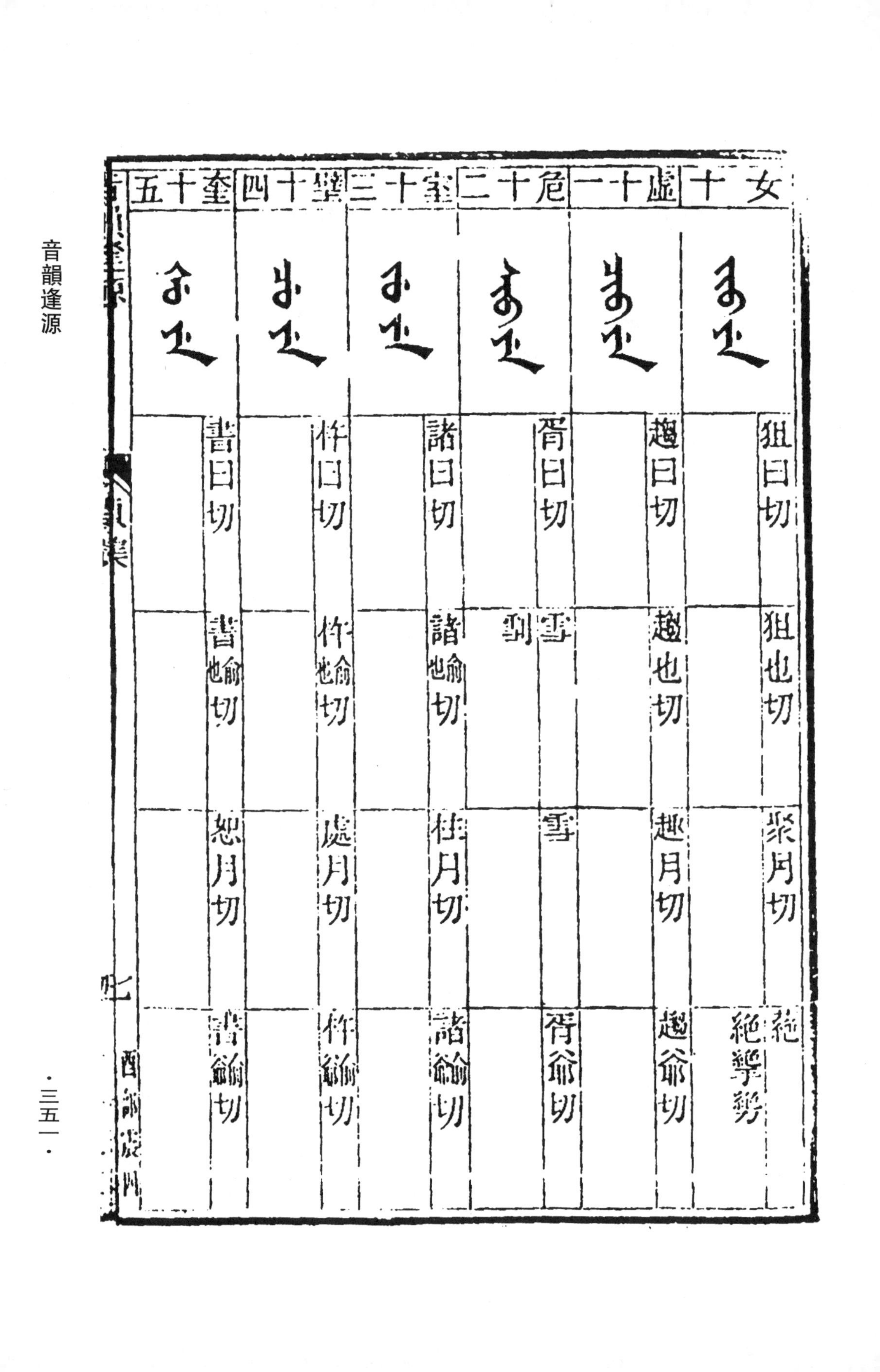

字母	一	二	三	四
女十	狙曰切	狙也切	漿月切	絶 絶學紛
虚十一	趨曰切	趨也切	趨月切	趨爺切
危十二	胥曰切	雪 剟	雪	胥爺切
室十三	諸曰切	諸俞也切	杵月切	諸俞爺切
壁十四	杵曰切	杵俞也切	處月切	杵俞爺切
奎十五	書曰切	書俞也切	恕月切	書俞爺切

靴十六	靴　鞾	血	穴　泬吷血岤狘	虛爺切	四
冐十七	胒　曰	于也切	悅　閱粵越鉞樾	于爺切	
埽十八	大日切	大蝓切	賦月切　蠛說嘬	大緰切	
犨十九	無日切	無蝓切	務月切	無緰切	
猪二十	閩日切	閩也切	劣	閩爺切	
參廿一	如日切	如蝓切	入月切	如緰切	

戊部十	角一			亢二	氐三
乾一				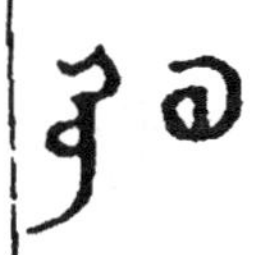	
巽一	姑 孤沽酤辜箍 觚呱鴣蛄軱 罛菰𨪾柧菇 胍帖嫴菰			枯 骷刳挎窟哭 堀	莪烏切
離二	古 詁鼓鼓瞽股 賈牯盬蠱罟 羖狜估鈷谷 榖穀瀫鶻梏 骨汩滑嗗榾 鶻淈扢				午 五伍仵迕逜 忤玝旿
坤三	顧 雇故固凅痼 錮鯝告估崮			庫 袴褲絝酷嚳 [illegible]窟矻搰	悟 晤悞誤寤捂 焐兀杌卼矹[illegible] 吾 吳鋙鋘梧部 蜈珸浯娛
兌四	姑哭切			枯哭切	

戊部乾一

	房 四		心 五		尾 六
	都 / 闍篨肞晉柮肚堵坡賭䐌		琭 / 秃鵚瘯		奴烏切
	覩		土 / 吐		弩 / 努
扤屼阢	杜 / 秺肚度渡妒 / 妬鍍秅蠹螙 / 斁土篤		兔 / 吐菟		怒
峿鴎牾悟禑	讀 / 犢黷瀆獨髑 / 牘匵嬻殰瓄 / 韇韣䃰蘇毒 / 笁堗䓯		圖 / 徒途塗荼涂 / 屠瘏駼菟𨙸 / 捈稌酴騟屠 / 跿揬凸突		奴 / 帑駑砮笯弩 / 諏挐御傚

金七 ◎ 逋 餔晡鵏哮不 補 圃卜樸鳺鳪 濮 布 抪佈步捕哺 部篰埠蔀蔀 不纂瀑 不吳切

斗八 ◎ 鋪 撲誧 普 浦浦譜圃補 譜堡 怖 餔 蒲 捕餔匍葡䑗 莆僕鏷樸扑 墣幞幞纀襆 菩醭攴朴砎

牛九 ◎ 模烏切 母 姆畝牡姥莽 姥鉧鉧畮 暮 慕慕墓木沐 沐目穆睦𦜕 牧苜鶩楘縿 鞪 模 墓謨嫫摹

危十二	虛十一	女十
𣄼	𣄼	𣄼
蘇 穌甦酥蘓	粗 觕麤麁怚	租 柤
蘇午切	粗午切	祖 組珇阻俎詛 岨珇
素 訴塑嗉愫塐 遡溯愬泝膆 傃傃泝㴑𩤒 嗉宿夙㝛謖 速涑餗蔌𩸓 㩋棟觫謖蔛 蹜縮簌遬竦 粟卒㗭𠻃	醋 措厝錯蹴促 族簇猝卒酢 趣	祚 胙阼鏃𨩲踧 䟚蹴作䠞
俗	粗臾切	徂 殂跙族足卒崒 㣜

室三十			壁四十		奎五十
ꡂ			ꡂ		ꡂ
諸 菹葅朱珠豬 硃株蛛藷侏 誅邾潴諸袾 咮			初 芻蒭偏姝 [illegible] 貙摴樗出 齣嗤		書 舒梳疋疏 [illegible] 紓毹輸踈 [illegible]
主 䐗拄煮貲渚 陼𧄼𧌄屬			杵 [illegible] 楚礎		鼠 [illegible] 黍數所屬
助 住腧駐柱亍 註炷萓鑄著 箸筯罜蛀竹 苧耡羜宁紵 羜打貯柷軸 逐舁澍注			處 畜蓄除躇櫥 假取部偣滀 叔諔怵詘黜 韻		疏 恕庶胥曙諸 署樹澍數捒
竹 竺築䥽妯柷 斸躅燭瀦孎 𤁍斸筑豖蠋 蠋躅躅术			除 儲躇蹰滁篨 府廚𧿳𧿳㕑 鋤鉏蜍蠩 趨躕欻𣃁		朮 銖秫茱朱 熟孰淑叔 就 [illegible] 一

音韻逢源 [illegible]虞集

叔蔬

戌輸腧墅豎收倏㹨瞸蜀
術沭鉥述蟀鷸倏鱐翛麲
朮秫豎漱茂𥳊菽鸘
速

六十斐

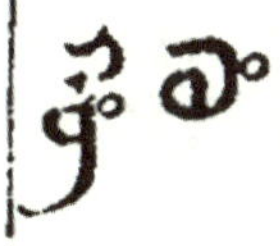

呼
嘑虖滹戲忽唬許
惚芴笏
虎
護
頀濩瓠頀互壺乎狐葫瑚
胡
扈沍冱嫭韄衚𦙶湖
戽冱怙祜扈狐𪂹衚箶
怙楛𪇠滬熩衚猢鶘嘲
鱯穫鄠篧擭斛槲縠核囫
鵠瀫熩縠嫮䩐縠焀

七十胃

烏
打杇嗚圬鎢鴮鳩
於惡洿㳫屋
鄔
塢
洿汙惡汚屋
喔𦙶齷嗢榅
烏哭切

昴八十

夫　脯孚俘孳玞　趺桴莩芀劵　敷鈇諾跗郛　郙琈痡垺莆

府　黼撫輔甫拊　俯頫脯斧篚　莆尃树釜腐　黼頫滏俛簠　父㕮

賦　付傅搏赴訃　附祔賻駙鮒　蚹副覆仆復　輻鍑富婦阜　父賀偩坿紱　黻弗不茀拂　咈第綍紼刜　彿幅服複蝮　輹葍馥由郛　垘汝

扶　符芙苻夫鳧　蚨扶孚柎浮　茯虙復蝠　伏服箙洑艴　袱鵩祓澓莩

汚

鴎谿劇

畢十九

無　無烏切

武　武鉧侮嫵娬憮　甒廡鵡碔鵐

務　務霧騖鍪戊鶩　婺物勿沕

巫　巫無無无毋亡　亡誣

吠部乾一

珷蕪甒潕儛

二

背十二

爐

魯鹵滷澛櫓虜擄樐艣嚕氌

路輅賂璐露潞鷺簬祿鹿簵蕗漉淥綠麓錄轆琭騼簏摝醁角鵱逯錄鹿六僇漉陸棒稑穋蓼戮勠淥騄綠菉睩碌娽排

盧鑪壚蘆顱臚櫨瀘艫罏轤蘆瓐鱸纑鸕臚攎鑪

參廿一

如烏切

汝女乳醹擩敉茹辱

儒孺乳如入肉月蓐溽縟鄏

如茹洳帤絮蕠袽帤蠕

滿窈糯

音韻逢源

戊部土	角一	亢二	氐三	房四	心五
坎二	[illegible]	[illegible]	[illegible]	[illegible]	[illegible]
巽一	歌詩切	克詩切	莪詩切	答詩切	他詩切
離二	歌史切	克史切	莪史切	答史切	他史切
坤三	歌世切	柯世切	額世切	德世切	特世切
兌四	歌時切	克時切	莪時切	答時切	他時切

尾六	[illegible]	納時切	納世切	納史切	納詩切
箕七	[illegible]	巴時切	伯世切	巴史切	巴詩切
斗八	[illegible]	葩時切	珀世切	葩史切	葩詩切
牛九	[illegible]	嘛時切	默世切	嘛史切	嘛詩切
女十	[illegible]	則時切	自 字恣漬截剚齒扻牸	紫 子姊梓秭仔滓笫柹呰胏吁	咨 資姿玆貲仔孜滋粢諮齊呰訾髭孳背秖耔趦菑淄緇輜鎡嵫鯔

虛十一 ⿺辶支

雌 趑差縒

錙呲紫鵞嗞

此 佌泚跐

次 刺佽莿茦厠

慈 磁瓷茨薺疵 玆滋玼骴茈 齋咨詞辭辤 祠貲

危十二 ⿺辶

思 斯絲司私偲 廝緦颸罳禠 凘鬞蒠凘撕 峒澌磃厶

死

四 肆駟泗賜笥 思伺寺飼飤 似巳祀姒汜 耜苡祠兕食 俟涘竢禩傷 儏柶

隨時切

室十三 

支 之枝芝知只梔卮胝脂氏䍡跂蜘䵹祗衹秖榰肢衼鳷吱汁執隻織擲躑

止 指旨芷紙只咫抵枳趾阯址沚畤祉徵黹厎扺跱軹疻

至 摯鷙贄忮志誌痣識製制雉痔峙庤致帙秩袠觗質躓輊栺稚治緻遲置寘蛭滯銍懫猘紩鋕秷茞炙陟隲縶緻庢鑕瓆慹桎疐眰紩桎礩樲䵂跖郅只狾

直 值職胝蟙姪植

壁十四 

螭 癡郗絺𫄨摛魑笞眵蚩彲

齒 侈恥褫艫胣茝尺斥

熾 幟傺懘傺翅赤糦叱抶彳

池 墀遲持治馳踟箎坻泜篪

	奎十五		婁十六
	[illegible]		[illegible]
蚩痴嗤鴟胵 眵屎㒄吃	施 詩師獅蓍尸 屍鳲邿釃葹 尸虱鳾溼螄 失		阿詩切
	史 使始駛豕矢 屎弛		阿史切
勅傷慗敕勑 若泜蚳抄	世 勢貰際筮澨 逝謚示添事 使試弒識施 啻侍眡視豉 士仕柹市恃 是氏舐氏諟	始釋釋適兕 呩試奭褈螫 式飾軾拭鉽 烒殖湜室釋 埴賜	赫世切
	時 𪊿蒔塒鰣旹 僀提鍉十拾 食石實蝕什 射𢉖寔祏		阿時切

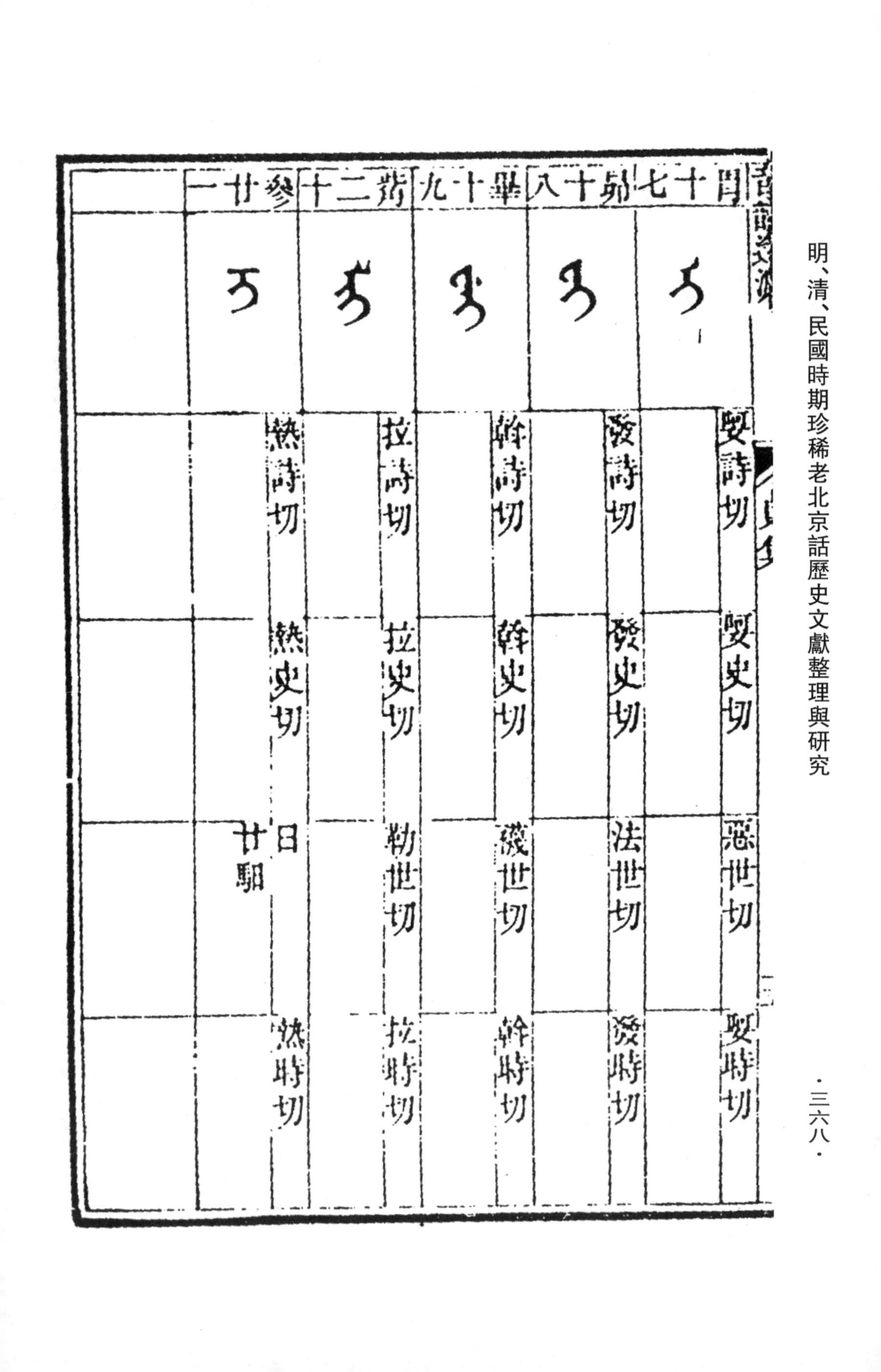

胃十七	昴十八	畢十九	觜二十	參廿一
[illegible]	[illegible]	[illegible]	[illegible]	[illegible]
婀詩切	發詩切	斡詩切	拉詩切	熱詩切
婀史切	發史切	斡史切	拉史切	熱史切
惡世切	法世切	襪世切	粉世切	日 廿駟
婀時切	發時切	斡時切	拉時切	熱時切

戊部十

艮三　巽一　離二　坤三　兌四

角一　ㄋ

巽一　基：箕饑姬鷄機　幾譏璣鐖磯　肌奇羈畸乩　笄稽剞禨錤　畸羇犄掎僟　幾芨几屐墼　擊墼激

離二　己：几紀麂庋幾　蟣戟蕺給撠　机氿

坤三　記：寄冀覬驥異　忌騎芰薇悲　記旣洎鱀劂　計臮繼髻薊　槃槃偈旣技　鮆矶隮琗妓　跽季悸跂劇　棘汲及笈岌　圾訖吃伎芤

兌四　吉：級伋急極佶　姞殛鴶

九二　ㄋ

巽一　欺：崎攲溪谿磎　䳢踦榿娸魌

離二　起：啓豈杞屺芑　綺豈玘棨綮

坤三　器：亟棄弃氣憩　揭契禊摖㮑

兌四　奇：騎琦錡其期　綦棋碁旗琪

音韻逢源　戊部　艮三

音韻逢源

兵

僛 攲 供

脊 稽 啓 企 跂

褎

詰 劼 吃 乞 郤

郄 覷 泣 隟 迄

谿 隙 裕 犵 愒

璨 琪 綦 蜞 蘄

祺 淇 麒 騏 碁

祇 祁 衹 郝 岐

蚑 軝 芪 枝 耆

鰭 鬐 旂 頎 祈

碕 圻 崎 埼 鯵

俟 蜡 肵 婎 惜

氏 三

丂

我伊切

蟻

螘 擬 儗 薿 顗

䓇 艤

義

竩 薏 墍 懿 億

嶬 縊 衣 翳 瞖

殪 醫 悘 鷖 繄

議 誼 瑿 劓 毅

檥 前 狎 藝 懿

嶷 藝 囈 屳 屹

肐 圪 鎰 鷁 扢

艦 覓 仡 乙 億

宜

儀 鯢 驤 涯 疑

嶷 沂 巇 巇

心五	房四	
梯 踶踼剔	低 堤隄衹羝䃅 氐䩚泜滴的	
體	邸 底氐抵詆牴 坻砥阺弤柢	
替 剃薙鬀涕似 殢剔惕遞逖 趯嚏𨇤屜	地 帝諦蔕蔕螮 蝃第杕弟悌 娣締遰遞禘 棣埭睇的菂 玓䗖掎軑樀 靮	憶臆抑益溢 繶檍
題 提蹄啼嗁緹 綈醍騠鵜錦 稊荑鶗鶗騠 鯷䮻禔瑅褫 媞偍蝫	笛 迪滌糴翟荻 狄敵覿藋籊 䗖嫡適鏑商 𧸸篴蹢	

音韻逢源 卷 部 艮三

尾 六	[illegible]	納伊切	旎 伲你抳埿禰 晛晛孼	膩 泥溺愵惄膩 昵尼柅暱衵 惃惄逆鷁鷊 嗌	泥 尼呢怩𢖿倪 觬郳鯢輗鯢 猊兒婗蜺鶂 麑齯淣
隹 七	の	篦 箆鎞篦螕屄 逼偪	比 彼妣匕秕朼 鄙否俻比俾 鞞髀䏶梐髀 狴㘠箄	陛 閉秘泌㥾蔽 毖閟閟祕畀 芘庇蹕鉍湃 弊避閉斃獘 斃敝幣渒萆 箅必珌飶柲 薜獙苾邲鮅 畢佖熚咇韠 䮾辟辟薜躄 蹕鷩鷝䡐逼 愎偪偪湢堛	鼻 [illegible]

十女		九牛		八斗	
ㄋ		[illegible]		[illegible]	
齎 擠齋齏躋賫 臍齏		咪伊切		批 披坯紕砒鈹 鈚被獙陂錍 剌誂劈霹	
濟 擠泲脊齋鮆		米 敉眯弭靡𡾊 洣䋉芈渳		諀 否丕仳庀圮 吡痞披匹疋 癖睥擘	
祭 霽濟隮躋際 漈劑薺嫉迹		謎 縻簃樒宓滵 謐蔤覓汨冪 糸坐		譬 屁媲淠僻闢 澼鸊涄渒擗 甓膍錍	楅枼
積 勣積集蒺脊 籍耤鯖瘠踖		彌 瀰冞迷麛麋 麊麑糜蘼醾 瀰劘縻蘼糜 麽迷		皮 疲郫琵毗毘 比枇貔豼膍 蚍陴埤裨脾 鼙羆罷椑	

音韻逢源 卷 六 戊部艮三

音韻逢源 亥

危十二	虛十一	
ㄘ	ㄙ	
西 栖 恓 棲 撕 嘶 犀 樨 郪 䏁 栖 㟪 悉 蟋 膝	妻 萋 淒 悽 緀 褄 七 漆 桼 沘 棲 郪 桼 緝	
洗 枲 葸 徙 蓰 諰 璽 縰 蹝 屣	妻 倚 切	
細 舄 磶 世 蕮	砌 妻 切 沏 磧 刺 戚 慽 慼 摵 鏚 碱 葦 䗩 刺 緀	蹟 鯽 耤 寂 檝 膌 藉 鶺 疾 踖 稷 蝍 揤 戢 楫 蠀 蕺 齊 櫻 嬰 踖 潸 唧 跡 即
錫 裼 昔 惜 席 蓆 腊 息 熄 隰 郎 熄 熄 習 詔 襲 夕 汐 穸 褶 槢 瘤 晳 晳 晰 浙	齊 臍 蠐 蠀 懠	

	室十三	壁十四	奎十五	婁十六	

	支伊切	螭伊切	施伊切	希 稀熙羲禧僖 嘻熹譆嬉俙 睎唏絺欷豨 巇爔犧曦咦 屎晞醯嚱翕	
	支倚切	螭倚切	施倚切	喜 蟢憘譆鱚	
	至意切	赤意切	施意切	戲 呬屭餼餼系 係禊屓繫肸 咥墍肸覡熂 齂覤㕧虩鬩 欯忾汔隙扱	
蜥淅	支宜切	螭宜切	施宜切	擕 觽畦兮奚徯 蹊鼷謑榽磎 嵠螇蠵鑴傒	

戌部 艮 二

音韻逢源 [illegible]集

門十七

ㄅ

吸 噏 闟 翕

伊 衣依醫猗漪 咿漪瘖蛜噫 黳繄鷖鷖鷖 鷖一壹揖壹

倚 椅矣以已扆 旖苡猗旖苢踦 日旎肔酏迆

易 裔肄勩異 扆袘掖曳拽 刈乂逸佚佾 帙溢泆妷繹 驛嶧懌懌斁 睪譯檡亦奕 弈帟掖腋液 埸場射醳墿 檡睪翊弋杙 熤熠䵒嘿熠 邑悒挹鄓佁 溭熼

獙

移 夷姨籎怡飴 頤貽眙遺詒 迤匜施椸簃 彝虒匜熙吔 [illegible] 台眙蛇虵[illegible]

歸十八	畢十九	踏二十			

非伊切	微伊切	拉伊切			
非倚切	微倚切	里：李理禮裏裡鯉娌履俚醴澧蠡鱧劙邐豊哩[illegible]			
費意切	味意切	利：吏莅荔莉浰痢離鸝涖唎詈例鬁儷勵麗隸儷沴戾栵唳悷鴷力劣立粒笠歷藶櫪癧瀝靂瓅皪鑠嚦礫轢櫟爍瀝礫鏑栗慄篥瑮檪溧凓鷅蠣			
非宜切	微宜切	梨：棃璃鵹騹驪孋犁狸离離黐醨罹蘺縭蠡漓鸝籬褵嫠瓈灕樆剺謧蔾縭鸝樆灕鶩			

參　廿二

丂

日伊切

日倚切丨

日意切　攊苙笠蜧

日宜切

戌部十	角一	九二
震四	ᠵᡳᠣ	ᠴᡳᠣ
巽一	居 車俱裾駒琚 拘据倨岣蜛 痀䵹鋦	區 嶇驅軀祛墟 嘘阹胠呿袪 軀貙曲屈鏂
離二	擧 莒筥欅弆矩 踽踽椇枸蒟榘 篆	齲 去曲笛蛐
坤三	句 具屨懼拘颶 據踞倨鋸踞 鐻䝩遽醵詎 勮巨拒柜秬 距㣐駏簴簴 鉅苣炬粔据 鍋郹淇鶋萁 枸楀嶇	去 㰦呿閲蝺屈 蓲
兌四	菊 鞠掬跼鞠匊 局跼椈椈毱 挶侷鵴	劬 鸜朐躣衢瞿 臞約鸜粔鴝 翑朐䠐句欋 蘧蘧璩磲蚷 䜣䜣蠷氍

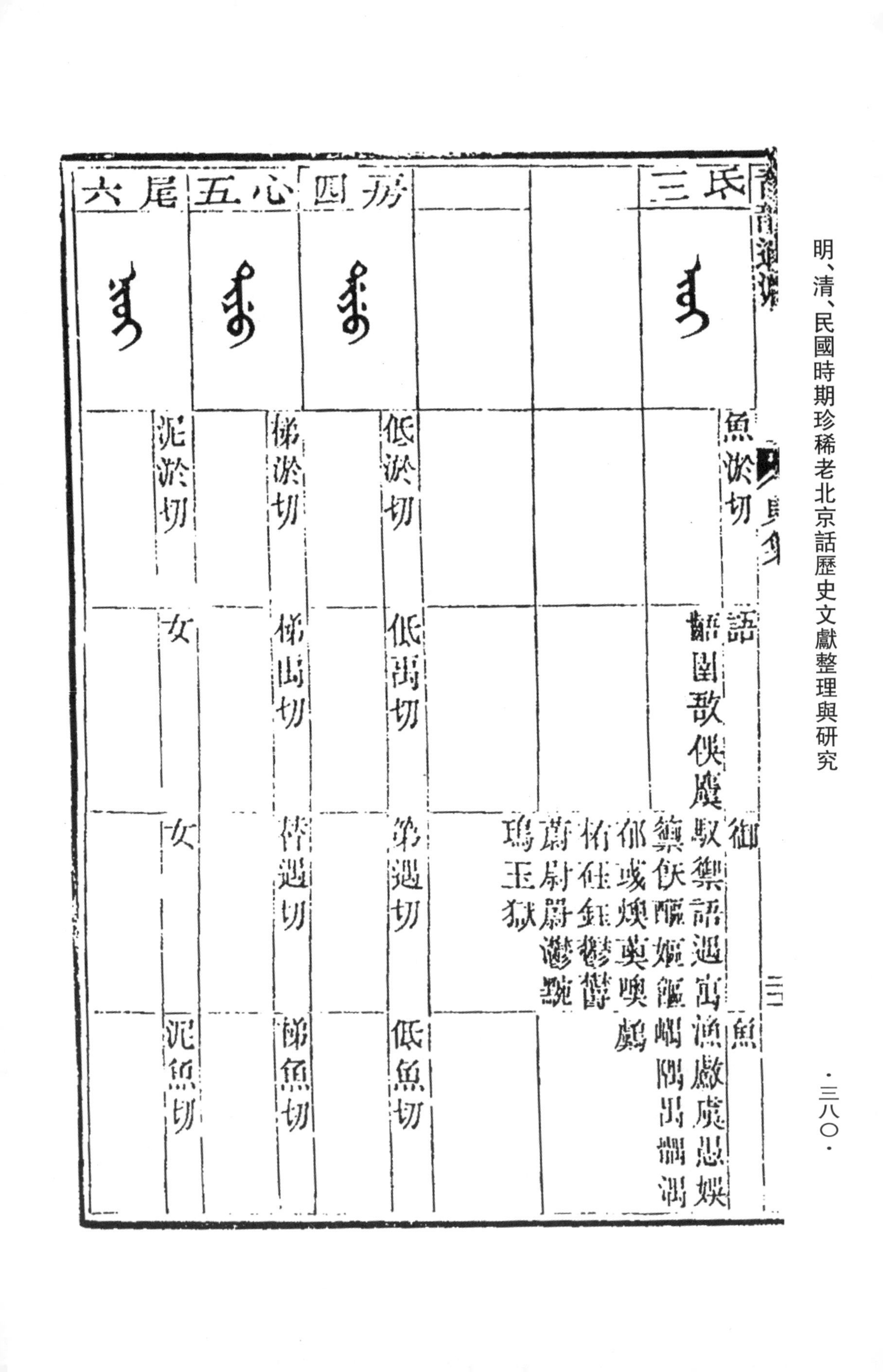

氐 三		魚淤切	語 齬圄敔俁麌	御 馭禦語遇寓 籞飫醧嫗饇 郁彧燠薁噢 栯砡鈺鬱欝 蔚尉罻灪[illegible] 瑀玉獄	魚 漁[illegible]虞愚娛 嵎隅禺齵湡 鸆
房 四		低淤切	低禹切	弟遇切	低魚切
心 五		梯淤切	梯禹切	替遇切	梯魚切
尾 六		泥淤切	女	女	泥魚切

七		畢淤切	畢禹切	必遇切	畢魚切
八		披淤切	披禹切	譬遇切	披魚切
九		密淤切	密禹切	謎遇切	密魚切
十		苴 雎趄疽狙且 蛆菹砠娵沮 麆	咀 詛龃	聚 緅足聖冣	狙魚切
十一		趨 蛆趍趣	取 娶	趣 娶粗覷麬	趨魚切

戌部震四

音韻逢源 巳集				
危十二	須 須鬚需胥賫偦 諝糈湑戍鈘	醑	絮 稸敘序緒嶼蒣 鱮芧壻婿揟 郵恤潊	徐
室十三	諸淤切	諸禹切	柱遇切	諸魚切
壁十四	初淤切	初禹切	處遇切	初魚切
奎十五	書淤切	書禹切	恕遇切	書魚切
婁十六	虛 嘘歔吁盱恂 冔訏盱盱昫	許 詡栩珝昫煦 眗煦栩	旭 酗旭頊畜蓄 慉訹珬欻淢	虗魚切

胃十七 ꡆ

紆 迂於淤菸瘀 唹

禹 雨羽宇瑀鄅 與予与偊貐 瘐愈窳傴㮚 庾蕍萬蕍翿

豫 裕諭礜蕷澦 與芧雨窬籲 覦舉礜蕷歟 欲慾鋊峪鵒 聿鴪鷸矞遹 霱育毓焴昱 鬻浴焴堉淯 獝棫域蜮驈 緎琙淢緎汩 僪燏閾賣淯 欥瘐鋊役䘙

余 予歟好與舁 餘畬于玗旟 盂雩竽璵杅 邪愉伃艅俞 歈逾渝覦窬 瑜揄楰睮蝓 狳圩萸臾腴 揄𢹮諛褕歈 踰貐狳輿釪 瑍

驢 嗽詠伷颭

卯十八 ꡆꡆ

夫淤切

夫禹切

賦遇切

夫魚切

音韻逢源 卷三

畢十九	掲二十	參廿一

無淤切	閭淤切	如淤切
無禹切	呂 膂旅侶縷褸僂梠挹嶁篖	如禹切
務遇切	慮 濾勵屢鑢鋁爈櫖律葎䢖綠碌菉	入遇切
無魚切	驢 閭櫚鏤瘻蘆甊	如魚切

亥部十二	乾一	巽一	離二	坤三	兌四
角一		瓜	寡	卦	姑華切
		媧蝸騧胍緺	剮	挂掛詿絓罫	
		鴰剮刮苦菰		罣罫	
		颳			
亢二		誇	咵	跨	枯華切
		夸姱㚃侉銙		胯骻卝骻銙	
		勸			
氐三		吾洼切	瓦	窊	吾華切
			邷		
房四		鵽	都窊切	杜窊切	都華切
		窡錣			

心五		秃窪切	秃瓦切	兔窊切	秃華切
尾六		妠　肭豽貀	奴瓦切	怒窊切	奴華切
箕七		不窪切	不瓦切	布窊切	不華切
斗八		鋪窪切	鋪瓦切	怖窊切	鋪華切
牛九		模窪切	模瓦切	慕窊切	模華切
女十		租窪切	租瓦切	祚窊切	租華切

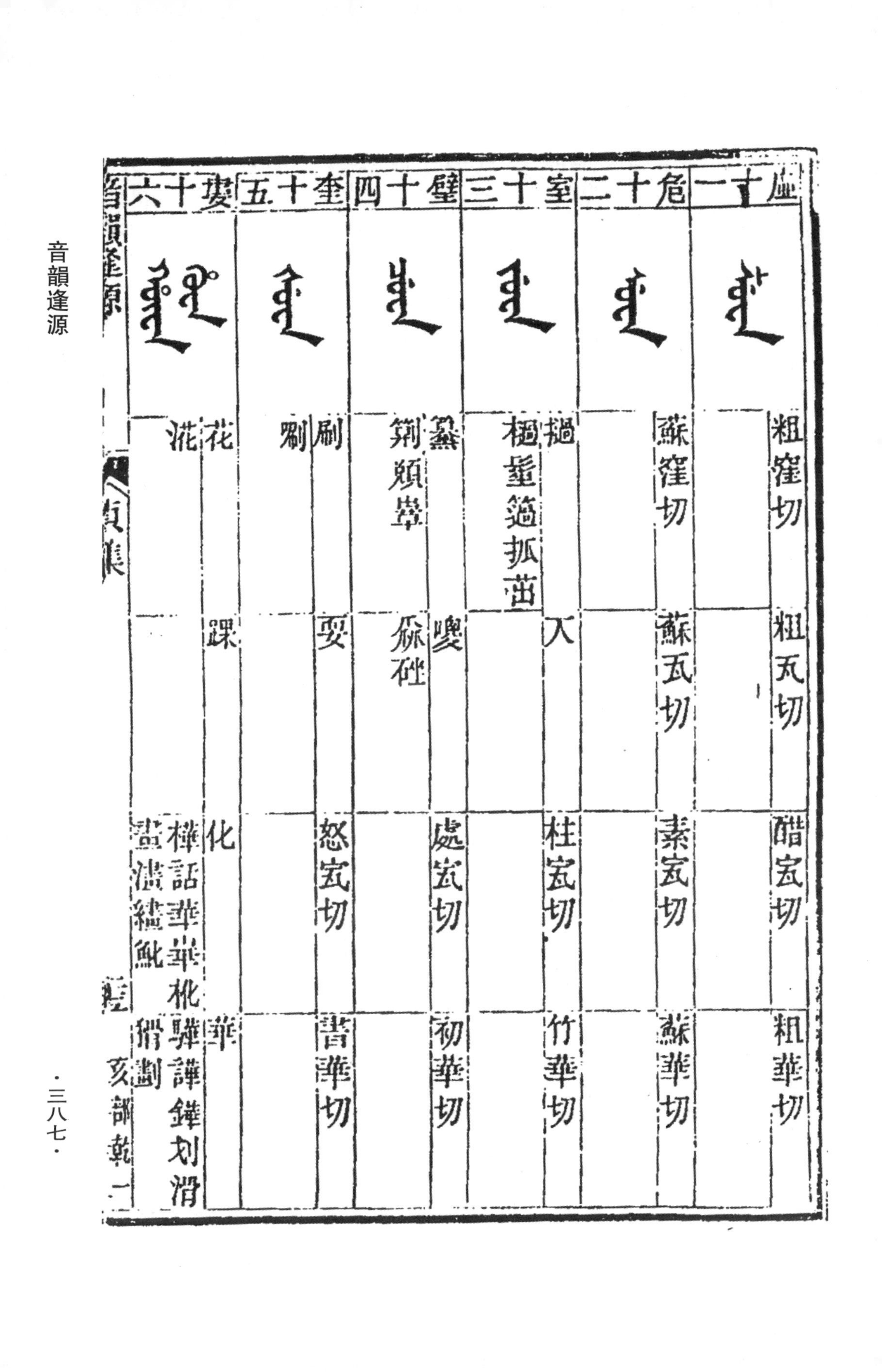

虛十一	危十二	室十三	壁十四	奎十五	婁十六
粗窪切	蘇窪切	撾 檛髽簻抓茁	纂 笰頒崋	刷 唰	花 誮
粗瓦切	蘇瓦切	入	嗖 傢砟	耍	踝
醋窊切	素窊切	杜窊切	處窊切	怒窊切	化 樺話華崋 盂澅繣触
粗華切	蘇華切	竹華切	初華切	書華切	華 桃驊譁鏵划滑 猾劃

哇

亥部乾一

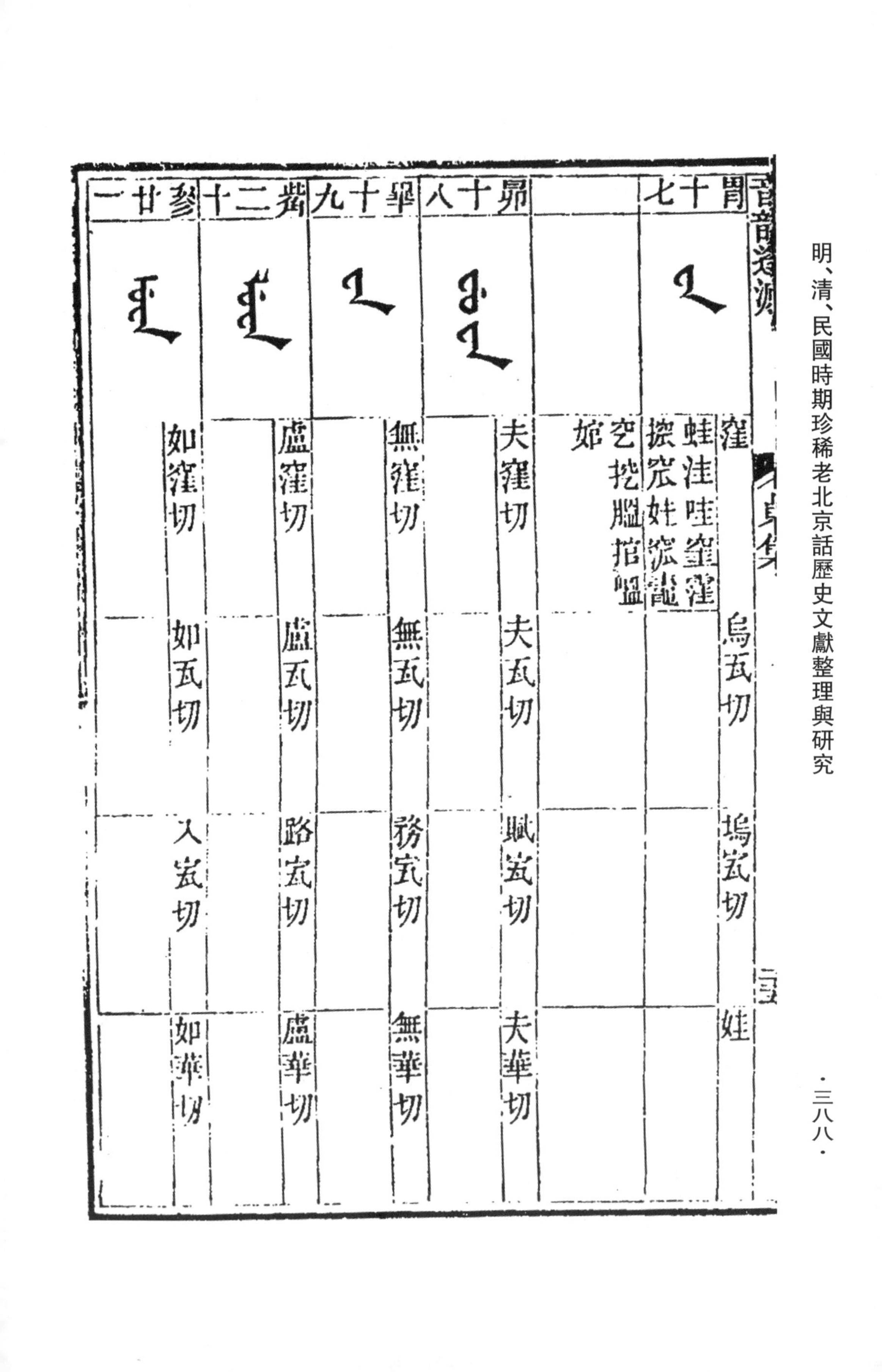

胃十七	[illegible]	窪 蛙洼哇鼃漥 撘窊娃㶠䆟 空挖膃搯嗢 媧	烏瓦切	塢宼切	娃
昴十八	[illegible]	夫窪切	夫瓦切	賦宼切	夫華切
畢十九	[illegible]	無窪切	無瓦切	務宼切	無華切
觜二十	[illegible]	盧窪切	盧瓦切	路宼切	盧華切
參廿二	[illegible]	如窪切	如瓦切	入宼切	如華切

亥部二十	坎二	巽一	離二	坤三	兌四
角一		噶	剛雅切	歌迓切	嗏 嘎
亢二		佉 [illegible]卡擖[illegible]劼	喀	克迓切	克牙切
氐三		莪鴉切	莪雅切	額迓切	莪牙切
房四		答 搭褡踏荅瘩 [illegible]畣[illegible]剔錫 剳傝劄	打	大 炟呾妖	達 [illegible]答畣妲怛 笪薘韃

亥部三	角一	九二	民三	房四	
坎二	[illegible]	[illegible]	[illegible]	[illegible]	
巽一	喝	佉 咯卡掐剖勘	莪鴉切	答 搭褡嗒荅搭 賂奪聅剒䶀 剳傝劄	
離二	剮雅切	咯	莪雅切	打	
坤三	歌迓切	克迓切	額迓切	大 炟吅妖	
兌四	叅 嗄	克牙切	莪牙切	達 撻答韐妲怛 笪鎝韃	

	生九	女十	盧十一	危十二	室十三	
	[illegible]	[illegible]	[illegible]	[illegible]	[illegible]	
平	嘛 媽	啞 啞啞婭	擦 礤	薩 撒潵僁摋跋 馺三	查 參渣艖柞柤 樝柤担摣鯱 遮咤扎札皻 揸喳紮	
上	馬 禡瑪螞	怎雅切	厝雅切	灑 洒撒撒	鮓 蒸苴謯鮓厏 䖳	
去	禡 罵	則迓切	策迓切	颯 薩撒霅跋非	乍 詐醡榨蚱柞 蛇咋蚱笮柵 霅炸痄灺	
入	麻 蟆蔴蔴螞痲	雜 帀匝襍磼咱 迊鉔	倉牙切	三牙切	劄 蝶箚鍘札㮣 砟閘	

咧入聲

迭韻 英二

壁十四		叉 杈差插嗏扠銟㕦 肞扱頒鎈	蹅	詫 姹侘奼汊岔秅垞槎楂 咤衩詫吒垞甗庨査㨃搽 剎胣鍤	茶 蔡詧擦
垄十五		沙 紗砂鯊裟毠 鬖繺褨殺	傻	廈 霎翜箑歃㛼 唼繺鍜萐	生牙切
要十六		哈	哈	赫迓切	哈牙切
咼十七		阿 啊	疨雅切	阿	阿牙切
昴十八		發 伐垡	髮 法灋	法	乏 罰筏閥栰橃

畢十九		觜二十			參廿一
斡	䏚嚩	拉	喇拉磖㕇砬喇	砬傘	䪉
斡雅切		藞			人雅切
襪	䥥	臘	蠟鑞擸䗶剌	辣㻝揦礷瘌	熱迓切
斡牙切		邋	揦犁蜊		然牙切

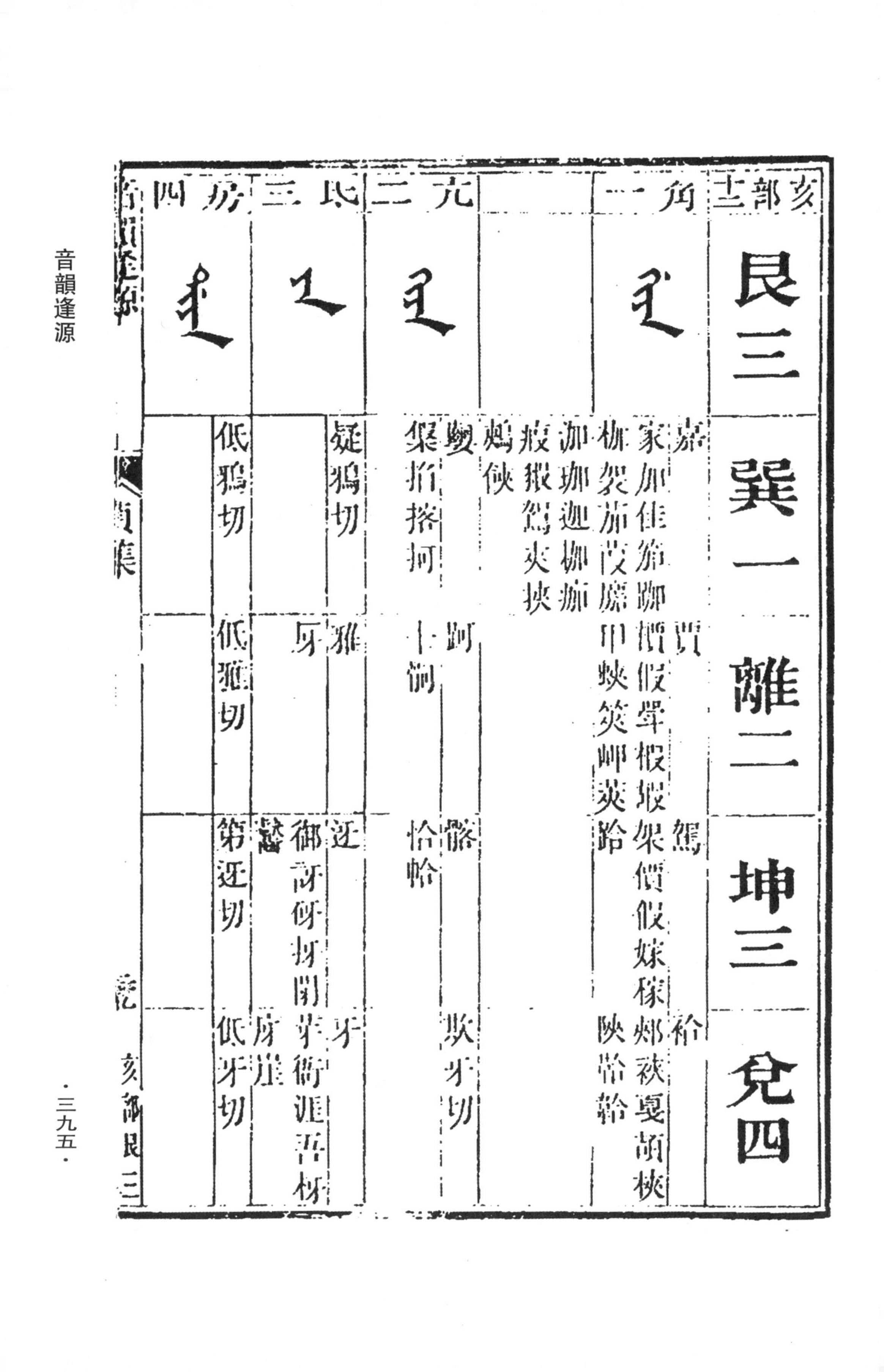

亥部十三	艮三			
	巽一	離二	坤三	兌四
角一	嘉 家加佳笳跏 枷袈茄葭㾺 迦珈迦枷痂 椵猳豭夾挾 鵊俠	賈 檟假斝椵瘕 甲蛺筴岬莢	駕 架價假嫁稼 跲	袷 郟裌戛頡梜 陜㤉鞈
亢二	[illegible] [illegible]掐搭抲	跒 卡[illegible]	髂 恰帢	欺牙切
氐三	疑鴉切	雅 厊	迓 御訝砑捓閜 齾	牙 芽衙涯吾枒 庌崖
房四	低鴉切	低瘂切	第迓切	低牙切

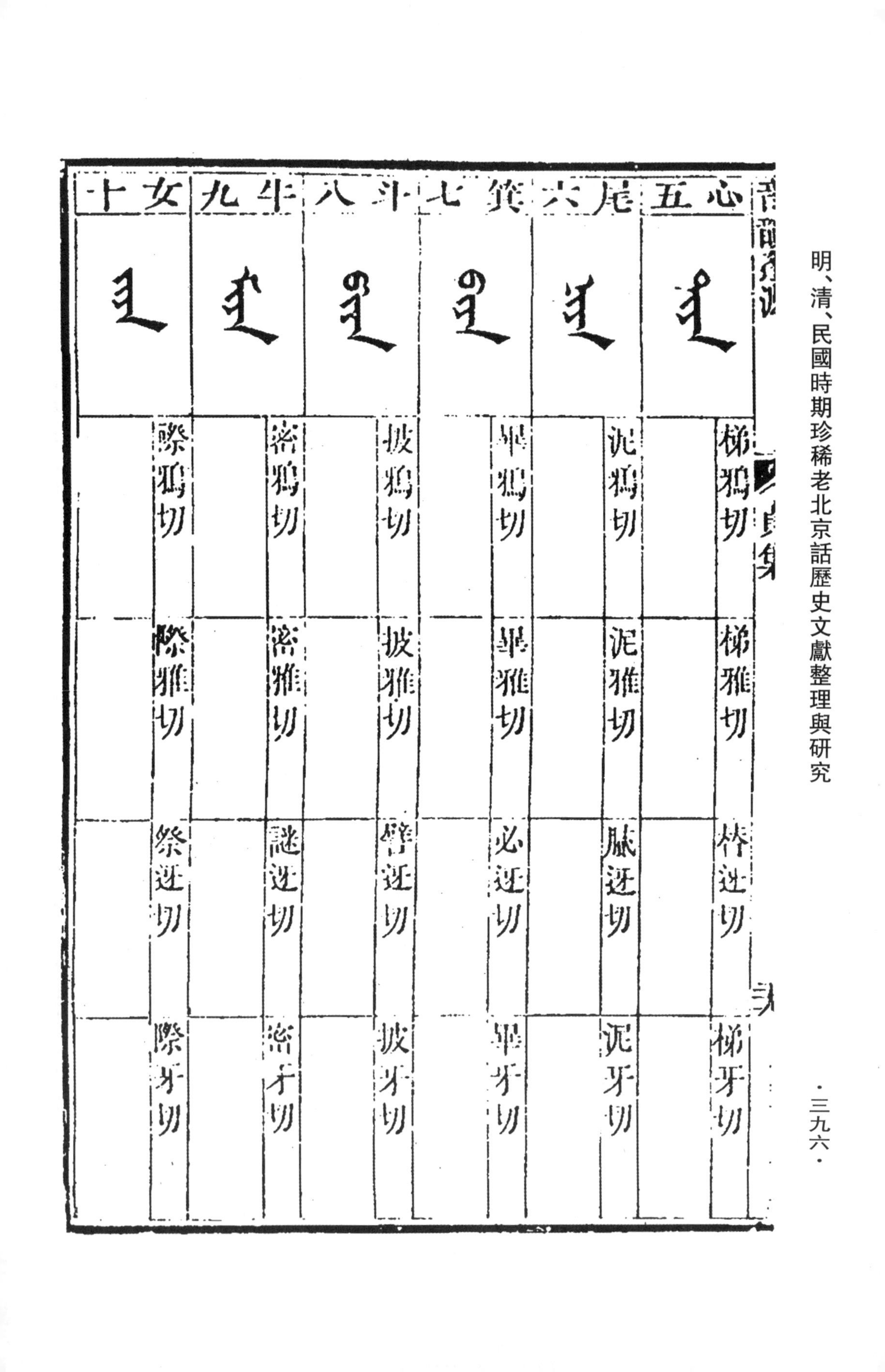

心五	梯鴉切	梯雅切	梯迷切	梯牙切
尾六	泥鴉切	泥雅切	脈迷切	泥牙切
箕七	畢鴉切	畢雅切	必迷切	畢牙切
斗八	披鴉切	披雅切	劈迷切	披牙切
牛九	謐鴉切	謐雅切	謎迷切	謐牙切
女十	際鴉切	際雅切	祭迷切	際牙切

婁十六	奎十五	壁十四	室十三	危十二	虛十一
鰕 煆呀谺瘕蝦 結	施鴉切	螭鴉切	支鴉切	西鴉切	妻鴉切
希雅切	施雅切	螭雅切	支雅切	西雅切	妻雅切
夏 下暇嚇唬謔遐蝦瑕假騢 鍜鰕苄洽呷葭遐舲狹峽	示迓切	赤迓切	至迓切	細迓切	戚迓切
葭	施牙切	螭牙切	支牙切	西牙切	妻牙切

亥部艮三

	閏十七	鳦十八	雅十九	揩二十	參廿一
	鴉 丫雅椏鵶呀 砑壓鴨押瓹	非鴉切	微鴉切	利鴉切	日鴉切
	啞 㕆	非雅切	微雅切	兩	日雅切
頰	亞 婭椏壓揠軋 閜䆀圠猰	費迓切	味迓切	利迓切	日迓切
唊押呷黠㗬 柙楽鍸陜	押	非牙切	微牙切	利牙切	日牙切

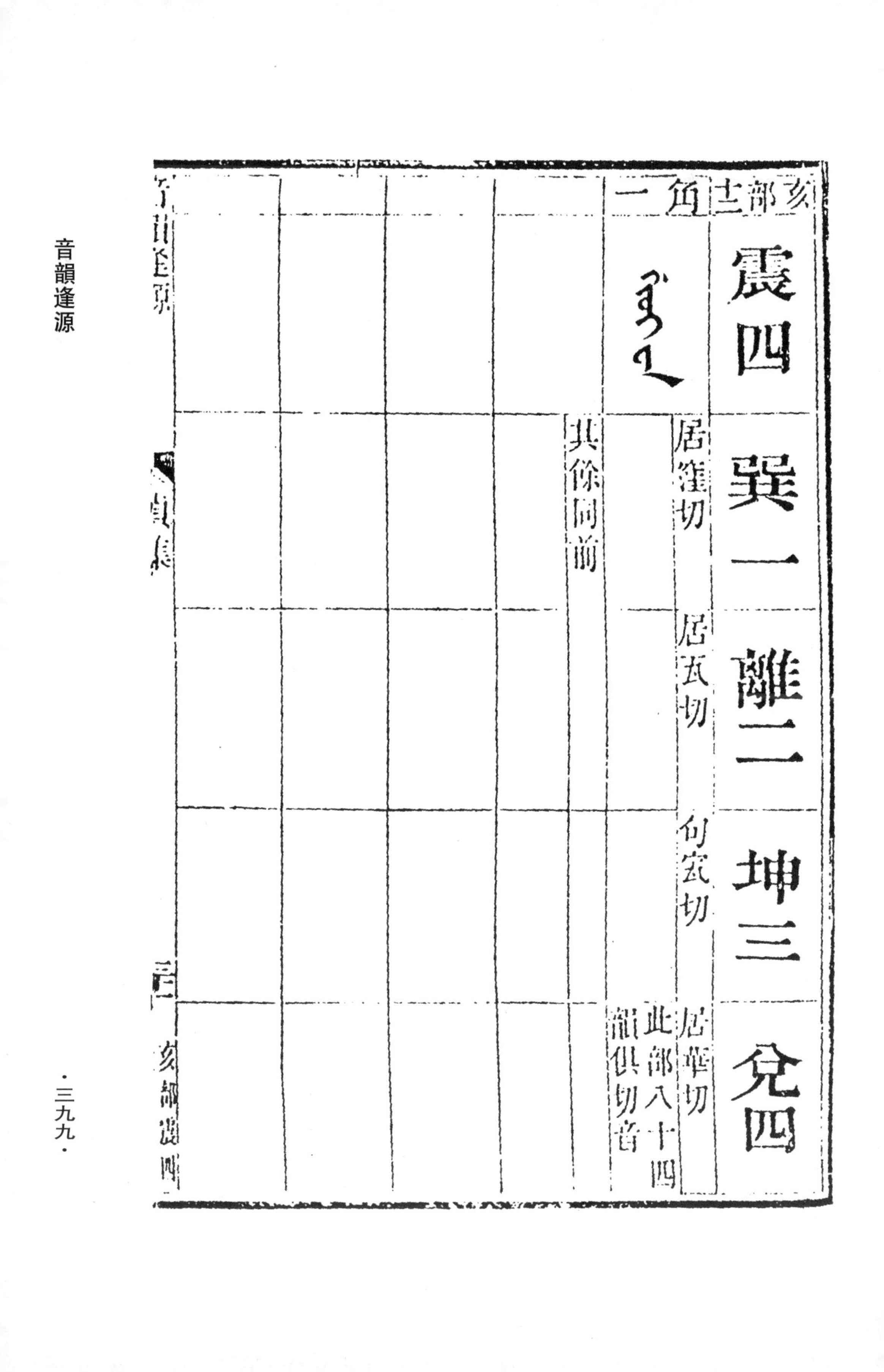

亥部十一

一 （蒙古字）

震四	
巽一	居窪切　其餘同前
離二	居瓦切
坤三	句窊切
兌四	居華切　此部八十四韻俱切音